취준생 일기

- 청년 17명이 기록한 510일의 취업준비 일지 -

취준생 일기

ⓒ권민철 2018

초판 1쇄
발행일   2018년 10월 26일

지은이   권 민 철
발행인   한 용 길
편집인   김 호 정

발행처   CBS북스
등 록   2016. 09. 01 (제2016-000039호)
주 소   07997 서울시 양천구 목동서로 159-1
전 화   070-7576-3310
팩 스   070-7543-3303
원고문의   cbsbooks@naver.com

ISBN   979-11-958884-4-3 03330 (종이책)

책값은 뒤표지에 있습니다.
이 도서의 국립중앙도서관 출판예정도서목록(CIP)은 서지정보유통지원시스템 홈페이지
seoji.nl.go.kr에서 이용하실 수 있습니다. (CIP제어번호: CIP2018033880)

CBS Books 는 CBS가 만든 출판브랜드입니다.

청년 17명이 기록한 510일의 취업준비 일지

취준생
日 記
일   기

권민철

CBS Books

들어가며

"단 3일만 취업을 준비하는 이 세계에서 외출하고 싶다"

취준생(취업준비생) 김혜승(27) 씨는 어느 날 이렇게 시작하는 일기를 녹음했다. 마치 감옥과도 같은 취준생의 세계를 자신의 '목소리'로 기록했다. 음성일기(audio diary), 즉 음성으로 쓴 일기다. 필자는 CBS 보도국 사회부 기자로 있던 2015~2016년 취업준비생들의 음성일기를 채집해 '취준일기'라는 제목의 라디오용 미니 다큐 프로그램을 시리즈로 만들었다. 20대 초반부터 30대 중반의 경향 각지의 청춘남녀 30명으로 하여금 1개월 동안 취업을 준비하면서 보낸 하루하루의 일상을 각자의 스마트폰에 녹음하게 한 후 이를 방송에 내보냈다.

필자는 프로그램이 종료된 이후에도 그들과 꾸준히 연락했다. 취업에 성공했다는 기적 같은 뉴스가 하나 둘 전해져 왔다. 여전히 힘들게 지낸다는 사람들도 있었다. 그러던 중 지난해 여름 우연한 자리에서 이들의 이야기를 책으로 펴내자는 제안을 받았다. 주인공들의 반응이 궁금했다. 공식적으로 다시 연락을 취했다. 20명이 응답해왔다. 필자는 후일담을 들으며 그 내용까지 보태 책으로 펴내자고 권유했다. '취준일기'에 기록한 절망과 희망, 간절함과 절박함, 애절함과 애틋함, 슬픔과 기쁨, 그리고 그 때 못 다한 이야기와 2년여의 시간이 지난 뒤의 감정을 세상과 나누자고 설득했다. 17명이 동의해 주었다.

이 책『취준생 일기』는 '취준일기' 프로젝트에 참가한 대한민국 청년 17명이 각자가 보낸 1개월, 모두 합하면 510일(극히 개인적인 내용이나 중복돼 삭제해도 될 부분이 들어있는 날짜는 뺐다)을 보내며 기록한 내밀한 독백을 묶어낸 것이다. 군이 '대한민국'이라는 수식어를 붙인 이유는, 이들이 지금 우리시대를 대표할 만한 보통의 청년들이기 때문이다. 필자는 '취준일기' 프로젝트 참가자들을 아르바이트 사이트 등을 통해 모았다. 특별한 선정 절차도 없었다. 연락이 온 사람에게 취지를 설명해서 하겠다고 하면 조건 없이 참여시켰다. 따라서 명문대생부터 지방대생, 편입생과 전문대생, 인문대생, 장교·하사관 출신, 유학파 등으로 그 구성도 다양하다. 따라서『취준생 일기』는 우리 곁의 가장 평범한 취준생들의 이야기다. 이 책에는 우리의 아들딸이, 나의 조카가, 내 이웃집 청년이 취업을 준비하면서 맞닥뜨리게 되는 모든 상황이 담겨 있다. 가족들 또는 친구들 사이에서 나타난 인간관계의 변화, 탈락의 비애, 학업과 돈벌이 병행의 애로, 만년 취업 준비생의 애환, 끝도 없는 스펙 쌓기의 길, 영어와의 사투, 면접장에서 벌어진 일, 현재의 비루함을 만든 과거에 대한 회한 등 취업준비의 흔적과 취업준비생들의 상처가 빼곡히 들어차 있다. 아프고 애잔한 이야기만 들어있는 것은 아니다. '상실의 시대'에 방치해 놓고 있는 현 사회에 대한 날선 비판도 곳곳에 숨어있다. 여전히 포기를 모르는 자신감, 누가 이기나 보자는 배짱, 그리고 살아남게 될 거라는 희망 등도 배어있다. '담담'하면서도 '당당'한 참회록이자 생존기다. 그들이 녹음한 음성일기 가운데 일부를 보자.

"나와 같은 취준생들 대부분은 불안감 속에 살고 있다. 상장(賞狀)과 증명서로 자신을 증명해 보이지 않는 한은 자신이 낙오된다는 불안감 속에 말이다. 이 과정에서 취준생 본인은 사라진다. 그리고 종이 한 장에 불과한 상장만이 남는 괴현상이 벌어진다. 주객이 전도된 괴현상 말이다." _이상윤, 26

"'10년만 나 죽었다 생각하고 따라다니면서 기술 배워 봐. 먹고 사는 데에는 지장 없을 거야.' 그렇다. 정말 현실적인 이야기다. 세상에 먹고 사는 것보다 중요한 것이 또 어디 있으랴. 하지만 아직은 꿈을 포기하기엔 이르다. 가고 싶은 길이 있고 보고 싶은 비전이 있다. 내가 가는 이 길이 힘들고 어렵다면 나도 언젠가 포기할지도 모르지만 지금은 아니라는 생각이 들었다." _이성호, 27

"열 번까지는 어떻게든 없는 자신감을 긁어모아서 자신 있는 척 했는데 거의 스무 번째 떨어지니, 내가 잘 못 살았나 생각까지 하게 된다. '서류만 어떻게든 통과시켜주세요.' 나도 모르게 혼잣말로 기도를 한다. 이뤄지기를 간절히 바라본다." _김용휘, 23

"不怕慢 只怕站(부파만 지파참). 천천히 가는 것을 두려워 말라, 다만 멈추는 것을 두려워하라는 뜻이다. 대학교 때부터 장학금도 4년 내내 받고 부모님에게 용돈 받지 않으며 혼자 아르바이트를 하면서 학업도 열심히 해온 나였는데 면접을 보고 불합격을 통보 받으면 뭐가 문제였나 싶은 생각이 들 때가 있곤 한다." _최슬기, 27

"1년이 너무 빨리 간다. 한 것도 없는데 이것저것 몇 개 준비하다 보면 벌써 겨울이 다가온다. 나는 1년 동안 무엇을 했나 불안함이 들기도 한다. 별로 해 놓은 게 없는 것 같아서 시간이 천천히 가기를 바라다가 답답한 마음을 견디기 힘들어 시간이 빨리 가기를 바란다. 그래서 나는 앞으로 가지도, 뒤로 가지도 못하고 있다." _류은지, 24

　이 책의 구성은 이렇다. 17명의 이야기 도입부에는 필자의 각 취준생에 대한 소개 글을 실었다. 이어 각 취준생의 일기를 시간 순으로 배열했다. 서술은 년도는 빼고 월일(月日)만 명기했다. 그때나 지금이나 앞으로나 달라질 것 없는 취준생들의 24시간, 365일을 있는 그대로 고스란히 보여주기 위해서다. 독자들의 입장에서는 여름에 읽는 여름날의 기록에 더 공감할 것이고, 겨울에 기록한 글을 겨울에 읽게 되면 계절의 스산함과 함께 취준생의 처지를 더욱 이해하게 될 것이다.

　일기는 녹음된 그대로 구어체를 유지하되, 읽기 편하게 첨삭하기도 했다. 일기 말미에는 2~3년이 지난 3년 뒤 근황을 담았다. 그간 무슨 일이 있었고, 어디에 취직해 무슨 일을 하는지, 요즘의 고민은 무엇이고, 후배 취준생들에게 들려주고 싶은 충고는 무엇인지 각자가 보내 온 근황을 실었다. 각자가 취업에 성공했는지 그에 대한 정보는 일부러 소개 글에 싣지 않고 뒷부분에서 공개했다. 독자들에게 일기를 읽으며 각 주인공의 훗날을 상상해보도록 여지를 남겨놓기 위해서다. 독자들은 주인공들이 이후 어떻게 변했는지 마지막까지 팽팽한 긴장감과 흥미로 글을 읽어나갈 수 있을 것이다.

　특히 취준생들의 일기를 직접 들어볼 수 있도록 별도의 음성 파일을 마련했다. 3분 분량으로 편집된 mp3 파일을 들어보면 취준생 각자의 취업준비 순간순간을 더욱 생생하게 느낄 수 있을 것이다. 해당 취준생 편에 찍힌 QR코드를 스마트 폰으로 스캔하면 곧바로 들을 수 있다. 이 mp3 파일은 앞서 언급한 CBS 라디오 프로그램 '취준일기'에서 이미 방송된 것으로 한 달 치 음성 파일 가운데 하이라이트만 모은 것들이다.

　사실 취준생을 소재로 한 책은 그동안 무수히 출간됐다. 취업전

략이나 취업비법 또는 멘토들의 격려 글이나 저명인사들의 청춘예찬
이 대부분이다. 기성세대들의 동정 또는 위로의 글이 아니다 싶으면
같은 또래의 성공 스토리다. 이런 책들은 힘든 청춘들을 더 움츠러들
게 할 뿐이다.

이 책은 청춘 자신이 자기에게, 그리고 같은 처지의 동시대 젊은
이들에게 하는 속삭임이다. 스스로를 채찍질하고 서로를 응원하는 글
이다. 다른 사람들은 모르는 '그들만'의 이야기다. 취준생이 아닌 일반
인들에게도, 감격할 내용은 아닐지 모르지만 적지 않은 울림이 있는
스토리, 밑줄 그을 곳은 없지만 마음에 새길 그런 내용이 될 것이다.

이 책은 다음의 독자층에게 도움이 될 것으로 믿는다.

첫째, 지금을 살고 있는 대한민국 취준생들이다. 같은 하늘 아래
에서 고달픈 취준 생활을 하고 있는 많은 동시대 청년들에게 다른 이
들의 취준 경험은 큰 힘이 될 것이다. 17명의 이야기는 비슷할 것 같
지만 결코 같지 않다. 17인 17색이다. 같은 듯 다른 이야기는 또래들
에게 "고독해하지 말고, 외로워할 필요도 없다. 꿋꿋하게 걸어가자."는
희망과 용기를 북돋아줄 것이다.

둘째, 취업 준비생들의 세계를 누구보다 궁금해 할 대학생들이나
휴학생 또는 복학생들이다. 1~2년 후 혹은 3~4년 뒤에 마주하게 될
취준생들의 시행착오를 간접 경험할 좋은 기회가 될 것이다.

셋째, 고등학생들에게도 좋은 참고가 될 것이다. 이 책에 등장하
는 취준생들 17명의 전공과 취직 사이의 관계를 잘 관찰하면 대학진
학이나 미래 진로를 모색하는데 생각거리를 얻을 수 있을 것이다.

넷째, 대한민국 취준생들을 자녀로 둔 부모들이다. 신문과 방송

으로만 피상적으로 전해들은 내 아들, 우리 딸의 이야기를 깊이 있고 디테일하게 들여다 볼 수 있는 기회를 제공할 것이다. 그를 통해 취준생들에 대한 기성세대의 이해를 넓히게 될 것이다.

끝으로 일자리를 국정 최우선 과제로 둔 중앙 정부의 관료 그리고 일자리 관련 정책을 수립하고 집행중인 지방 정부의 공무원들이다. 이 책은 정책 입안자들이 딱딱한 데이터로는 접할 수 없는, 취준생들의 심부에 자리잡은 고민을 들여다 볼 수 있는 창이 되어 줄 것이다. 그를 바탕으로 보다 세밀하고 현실적인 정책을 세우는데 도움을 준다면 더할 나위 없겠다.

추천사

서울특별시장 박원순

일기(日記)는 누군가의 삶을 있는 그대로 담은 가장 정직한 기록물입니다. 일상은 물론 희로애락까지 고스란히 담긴 한 사람의 역사이기도 합니다. 그래서 누군가의 일기를 본다는 것은 그때 그 사람의 내면을 들여다보는 일, 그의 삶을 정면으로 마주하는 일입니다.

『취준생 일기』를 통해 저는 취업 준비 과정에서 끊임없이 고뇌하는 청년 열일곱 명과 마주했습니다. 그 날 그 날 겪은 일과 느낀 점 모두를 한 치의 꾸밈없이 생생하고 적나라하게 기록해 주었습니다.

합격 연락이 오길 손꼽아 기다리며 느낀 초조함과 동료의 취업소식을 전해들은 직후 머릿속을 채운 묘한 감정, 희망과 절망이 반복되는 가운데 끊임없이 이어지는 자기 성찰… 길의 끝이 보이지 않는 안개 속을 걷는 것처럼 한없이 불안한 이 시대 모든 '취준생' 청년들의 삶을 절절하게 느꼈습니다.

먼저 살아온 세대의 한 사람으로서 여러 생각이 들었습니다. 어떤 대목에서는 당장이라도 달려가 '네 탓이 아니야.'라며 어깨를 토닥이고 싶었습니다. 수많은 청년을 만나고 정책을 고민하며 실행해왔지만 『취준생 일기』속 주인공들의 이야기에 마음이 무겁습니다. 아마도 선배로서, 또 서울시장으로서의 책임감 때문일지 모릅니다.

이 책을 꼭 함께 읽었으면 하는 분들이 있습니다. 우선 일자리 정책을 담당하는 정부 관료와 모든 인사·채용 담당자들입니다. 단편적 데이터나 이력서, 자기소개서, 짧은 면접만으로는 다 알 수 없는 지원자들의 절박한 현실을 가슴으로 느껴주시기 바랍니다. 불합격을 알리는 문자메시지 한 통에 심장이 덜컹하는 이가 없도록, 청년이 호기심을 펼치고 도전하며 길을 찾을 수 있는 환경을 만드는 일은 우리 모두의 몫입니다.

한창 취업 준비에 몰두하고 있는 청년들에게도 이 책을 권합니다. 인간은 혼자가 아님을 느끼는 것만으로도 힘을 얻는다고 합니다. 나와 꼭 닮은 고민을 했던 누군가, 그리고 실망과 좌절을 딛고 일어나는 과정을 공유하면서 지치고 힘든 취준 생활에 위로를 얻을 수 있길 바랍니다.

『취준생 일기』는 감히 값어치를 매길 수 없는 시대사의 엮음입니다. 프로젝트를 기획하고 라디오 방송에서 시작해 한 권의 책으로 엮어 내기 까지, 저자 권민철 기자가 기울인 모든 노고에 경의를 표합니다.

물론 누구보다 뜨거운 감사의 인사를 받아야 할 이들은 역시 이 책의 '진짜 저자'인 열일곱 명의 청년들입니다. 고단한 취준 일상을 겪어 내고 공유해준 『취준생 일기』의 주인공인 우리 청년들, 참 고맙고 멋집니다.

감사합니다.

목차

가장 느리게 달릴 때
가장 멀리 달릴 수 있다°

김혜승

~~~~~~
     ~~~~~~

　　김혜승 씨는 1년 6개월간 서울의 한 인터넷 언론사에서 비정규직으로 일했다. 회원을 관리하고 글을 쓰는 일을 했다. 능력을 인정받아 정규직으로 전환되고 얼마 뒤, 그녀는 뜻밖에도 사직서를 냈다. 세월호 참사 때문이었다. TV에 출연해 참척의 고통을 토해내던 세월호 유족 이호진 씨. 말과 글로는 도저히 표현할 길 없는 그의 표정, 몸짓과 마주하면서 영상의 위대함과 글의 초라함을 발견했다. 그 일이 있고 난 뒤 그녀는 한동안 글을 쓸 수 없었다. 다니던 회사를 관두고 그녀는 부천의 한 영상학교에 입교했다.

　　세월호와 함께 그녀의 인생을 바꾼 또 하나의 사건이 있었다. 바로 쌍용차 해고노동자들의 자살사건이었다. 모두들 취업을 위해 몸부림치던 대학 4학년 때 그녀는 서울 시청 앞 쌍용차 노동자를 추모하던 대한문 분향소를 맴돌았다. 죽음의 수렁 속으로 하나둘 빠져들던 쌍용차 해고 노동자들의 이야기를 글로 써서 세상에 알리는 일을 했다. 당시 그녀의 앞을 가로막고 있던 취업문제는 죽음으로 삶을 마감

취준생일기·김혜승

하던 노동자들 앞에서 결코 시급한 일이 아니었다.

　　그녀는 결국 입사원서 대신 휴학계를 썼다. 그리고는 본격적으로 '쌍용차 사건'에 뛰어들었다. 주변에선 미쳤다고 했지만 그 길이 마음 편했다. 또 그것이 도리였다. 돌이켜 생각하면 남들보다 세상에 더 감응하는 사회적 감수성, 사람들의 이야기에 행동으로 반응하는 본능 때문에 가능한 일들이었다.

　　그녀는 '이야기'의 힘을 믿는다고 했다.

　　"섬처럼 떨어져 영원히 닿을 수 없는 당신과 나를 '이야기'가 이어 줄 수 있다. 서로의 슬픔, 행복, 고통, 즐거움을 이야기하며 공감하는 순간 우리는 만난다. 만나면 무언가 반드시 변한다."

　　그녀의 자소서의 한 구절이다. 이 같은 철학적 사유 말고도 사람에 대한 한없는 연민, 생에 대한 관조, 심각하기만 하지 않는 일상의 편린이 김혜승 씨의 '취준일기' 곳곳에 배어있다.

7월 15일 슬럼프에 빠지다. 하루하루 시험당하는 기분

새벽 6시 반에 기상했다. 다시 취업준비에 뛰어든 지 1년이 돼 간다. 1년간 매일 같은 시간에 일어난다. 아버지의 출근시간. 이후 시간의 게으름은 아직 용납 안 된다. 내 나이 스물일곱. 57세이신 아빠가 일찍 나가 하루 종일 일을 하시다 오는데 내가 침대 누워있는 게 용납 안 된다.

6시 전후에 짐을 꾸려 나와 작은 공동체에서 공부 중이다. 공간은 무료 사용 중. 이유는 시사교양 피디를 원해서다. 올해 1월부터 준비 중인데 최근 슬럼프가 찾아와 힘들다. 많은 감정을 요구하는 시기다. 이 직업이 많이 안 뽑고, 확률도 적고. 그래서 막막하다보니 하루하루가 시험당하는 기분이다. 내가 될 수 있는 걸 꿈꾸는지, 안 되는 걸 될 수 있다고 합리화하는 건지 모르겠다.

그래도 맨날 6시에 일어나 공부하러 나간다. 그것만이 지금 내가 할 수 있는 유일한 길. 그걸 꾸준히 하다보면 취업할 수 있지 않을까 싶다. 하루하루 피가 마르는 느낌이라 나를 뭐라 지칭하고 싶지도 않다. 분명한 건, 오늘 나에게 주어진 시간을 내가 최대한 좋게 사용하려고 노력 중이라는 사실이다. 그것은 나를 위한 약속이기도 하고, 내일의 나를 지켜보는 또 다른 자아를 위해서이기도 하다. 나를 유지하려는 목적도 있다.

취준 때 보면, 내가 보는 내가 커지는 경향이 있다. 타인과 시간을 많이 보내도 혼자 들여다보는 시간 많아지게 되고, 내가 보는 내가 조금 그럴싸했으면 하는 건 당연할지도….

열심히 하는 거다. 열심히 애쓰고 포기하고 싶어도 포기하지 않는 것, 계속해 보는 것, 하루하루를 충실히 채워가는 것, 이런 과정은 내가 다음날의 나를 만드는 것과 같다. 지금 취업 준비로 매일 휘청이는 나를 붙잡는 나의 좋은 모습이기도 하다.

7월 16일 늦게 귀가. 기다리는 아빠가 짠했다

오늘은 집에 늦게 들어왔다. 하루 종일 아는 동생의 자소서 준비를 도왔는데, 자소서를 영상으로 만들어서 제출해야했기 때문이다. 영상의 구성을 본인이 본인을 인터뷰하는 형식으로 설정을 했는데, 스튜디오가 없다 보니깐 방 안에 파랑색깔 시트지를 사다가 붙인 다음에 크로마키를 따서 자기가 자기를 인터뷰하는 형식, 그니깐 한 화면에 내가 나를 인터뷰하는 형식이 나올 수 있도록 만들 생각이다. 이 자소서 하나에도 오늘 거의 여덟 시간 정도를 같이 구성하고, 짜고, 촬영하고, 편집을 했던 것 같다. 사람들이 이토록 간절하다는 얘기겠죠? 아마도?

그걸 끝내고 집으로 가는 길에 치맥을 하고 조금 늦게 들어왔는데 들어오는 길에 역 앞에 아빠가 나와 있는 걸 봤다. 멀리서 보는데 미안하고 짠했다.

다음부터는 일찍 다녀야지.

걱정시키지 말아야지.

나는 이제 더 이상 어린 딸로서만 살 수 없으니깐.

속으로 다짐했다.

7월 17일 순수했던 동심, 계속 내 안에 머물길

아는 동생한테 영화 3000원 할인 쿠폰이 생겨서 4개월 만에 극장에 가서 영화를 봤다. 영화 제목은 인사이드 아웃. 픽사에서 만든 애니메이션인데, 사람의 감정에 하나하나 캐릭터를 부여해 만든 영화였다.

음… 보는 내내 내 수많은 기억들은 어디로 갔을까, 많이 생각하게 됐다. 그중에서도 가장 압권이었던 장면은 빙봉이라는 캐릭터가 희생했던 장면이었는데 짠했고.

빙봉은 어렸을 때 나의 상상 속 친구라고 하는데, 그렇다면 나의 상상 속 친구는 누구였을까 다시 한 번 생각해보게 됐다. 난 어렸을 때 핑구라는 펭귄 캐릭터를 되게 좋아했는데, 이 핑구는 무성 애니메이션에 나왔다. 배경 음악이나 이런 것들은 다 준비돼 있는데 목소리가 없어 말하지 않고, 그냥 펭귄의 '끽끽'거리는 소리만 나오는 애니메이션이었다.

근데 나는 이 애니메이션이 되게 좋았고. 사실 내 유년시절을 관통하는 첫 영상이라고 할 때 가장 먼저 떠오르는 것은 핑구다. 핑구는 혼자 있던 적이 없었다. 친구들과 항상 함께 무언가를 했는데, 그게 바다에 낚시를 가는 거든, 이글루를 짓는 거든, 항상 함께 했다. 그 모습이 정말 좋았고. 그 들리지 않는, 펭귄의 속마음이 들리지 않아도 보였다고나 할까? 그것 자체가 신기했던 애니메이션이었고, 마치 내 옆에 있는 듯한 느낌도 많이 받았었다.

그랬던 내가 지금 다시 커서 그때의 나를 반추해보면, 사실 그렇게까지 달라진 게 있을까 싶을 정도로 몸만 큰 것 같기도 하고, 별로 변화한 거가 없어 보인다. 좋은 건지 나쁜 건지 잘 모르겠는데, 동심이라는 것을 유지했으면 좋겠다. 나는 사실 그렇게까지 많이 때가 타거나 변하고 싶지 않은 것 같다.

변한다는 게, 그 어렸을 때, 내가 어렸을 때 가졌던 어떤 본질적인 마음 같은 거는 끝까지 유지하고 싶고 계속 내 안에 있었으면 하는 게 내 바람인 것 같다.

어쨌든 인사이드 아웃, 재밌었다.

7월 18일 매미 소리 무서워, 공채가 다가왔다는 뜻

여름이 진짜 왔나 보다. 매미 소리가 들린다. 여름이 왔다는 것은 이제 나에게도 공채가 코앞에 다가왔다는 얘기이기도 하다. 어떤 얘길 해도 취업 얘기로 귀결되는데, 사실 이 매미 소리가 무섭고 무슨 공포 영화에 전조처럼 들리는 것은 다 취업 때문이다.

지금 걸으면서 녹음을 하고 있는데, 요새 몇 개의 영상물을 작업하게 돼서 정신없이 모니터만 들여다보고 있었다. 음… 그 사이에 되게 많은 일들이 일어났던 것 같다. 사회적으로도 그렇고, 뭐 이슈적으로도 그렇고.

우리나라는 다이내믹 코리아라고 뭔 일이 안 터지는 날이 없다. 이런 나라에서 중심을 잡고 산다는 게 사실 어떤 의미인지도 잘 모르겠다.

7월 19일 내일부터 나는 경주해야 한다

나는 오늘 실패했다. 실패를 거름 삼아서 내가 다시 찾아야할 단어가 있는데 바로 '경주'이다. 경주의 뜻은 힘이나 정신을 한 곳에 집중하여 기울인다는 뜻이다. 액체가 든 그릇 따위를 기울여 붓거나 쏟을 때 옆으로 새지 않게 집중하자는 의미인데, 나는 오늘 경주하지 못하고 하루를 흘날렸다.

육체가 많이 피로했다. 사실은 잠을 굉장히 많이 잤는데, 일요일이기 때문에 잠을 많이 잤다기에는 변명인 것 같다. 많이 피곤하다. 내가 일을 해서 육체적인 노동을 하는 것도 아니고, 어떤 시간의 사용이 누군가에 의해서 결정되는 것도 아닌데 나는 무척 시간이 없고 하루가 버겁고 나날이 무언가에 의해서 짓눌리는 기분이 들 때도 있다. 이것은 내 마음이 여유가 없기 때문이다. 여유가 없음에 가장 큰 이유는 취업을 하지 못했기 때문이다.

취업. 취업을 하지 못했음. 고로 백수다. 이 말 자체가 나를, 나의 시간을, 나의 감정을 제멋대로 흘러가게 만들고. 그래서 후회하게 만드는 것 같다. 내일부터 나는 경주해야 한다. 경주함으로써 나아가야 할 것이다.

그런 의미로 나는 오늘 책을 한 권 샀는데, 재일조선인인 서경식 선생님의 〈시의 힘〉이라는 책이다. 나는 힘들 때 제일 잘 찾는 어떤 것이 시다. 사실 시를 잘 이해하고 잘 받아들여서 찾는다기보단, 이해가 되지 않아도 전해지는 힘이 있다고 믿는 편이다. 그리고 잘 전달받는 기분이고.

책의 서문에 이런 말이 있는데,

O

"'저항'은 자주 패배로 끝난다. 하지만 패배로 끝난 저항이 시가 되었을 때, 그것은 또 다른 시대, 또 다른 장소의 '저항'을 격려한다. 시에는 힘이 있을까? 나의 대답은 이렇다. 이 질문은 시인이 아니라 우리 한 사람 한 사람에게 던져져 있다. 시에 힘을 부여할지 말지는 그것을 받아들이는 우리에게 달린 것이다."

이 말을 읽고 나서 생각을 해본 결과, 이것은 비단 시뿐만이 아니라 나의 모든 상황과 삶의 순간들에도 일치하는 말인 것 같다. 그니까 이 시간을 내가 어떻게 받아들이고 해석하고 이해하는가. 어떤 시각과 시선으로 재해석하느냐. 이를테면 내가 취업을 준비하는 기간을 어떻게 바라보고 있느냐. 단지 고통스럽게 여기고만 있을까. 그렇다면 이 시간은 의미 없다. 삶은 고통으로만 점철되기에는 너무 길기 때문이다. 고통뿐인 삶을 버티는 이유가 도대체 무엇이 있을까. 뭐 내가 사랑하는 사람이 있다. 그렇다면 그 이유만으로 고통은 조금 가려진다. 즉, 내 시간에 의미가 부여된다는 뜻이다. 그러므로 이 과정 속에서 뭔가 찾아낼 의미가 있고 발견할만한 것들이 있을 거란 말이다.

고대 희랍어인가 그리스어에 '퓌시스'라는 단어가 있는데, 순간적인 빛을 발견하는 능력이라고 한다. 어떤 사람이 그랬는데 밝음과 빛을 발견하는 것, 그것도 연습이 필요하고 연습을 통한 근육이 길러져야 한다고 한다. 그렇지 않으면 내 앞에 보물 같은 빛이 있고 발견해야할 고마운 순간들이 있어도 알아차리지 못하고 놓친다는 것이다.

어쩌면 나는 지금 지난하다고 여기는 과정 속에서 매일매일 찾아오는 잠깐의 기쁨과 빛 같은 순간들을 무심히 놓치고 있을지도 모르겠다. 그것을 발견해서 이야기로 가공하는 힘이, 그 역할이 나는 PD라고 믿는데, 그렇다면 내 일상에서 나는 그것을 실현하고 있는가. 그

것은 다시 되물어야할 것이다. 나의 하루가 경주해야할 것은 이 매순간에 충실해야 한다는 거다.

다가오지 않은 미래에 압도돼서, 짓눌려서, 어떡하지 생각하기보단 지금 내 눈앞에 있는 사람, 내 눈앞에 있는 환경, 풍경, 소리, 냄새, 시각적인 것들, 다양한 감각들에 집중하고 그때그때마다 내가 할 수 있는 것, 해야 할 것을 충실히 다할 때, 그것이야말로 내가 꿈꾸던 미래의 나가 아닐까 싶다.

나는 내일부터 경주해야 한다.

7월 21일 스웨터와 최저 시급

스웨터라는 소재를 가지고 영상을 만들기 시작했다. 스웨터의 유래를 따져 물어가다 보면, 스웨터가 옷을 지칭하는 게 아니라는 것을 알 수 있다. 스웨터의 sweat은 땀이라는 뜻인데 'er'이 붙어서 sweater, 땀을 짜내는 사람이라는 의미를 지닌다고 한다. 19세기에서는 공장장, 그니깐 섬유 공장에서 노동자들을 착취하는, 노동자들의 땀을 짜내서 돈을 많이 벌려고 하는 사람들을 스웨터라고 불렀다고 한다. 여기서 추측을 해서 지금 최저시급에 관한 이야기를 해보고자 한다. 아직 초기 단계인데 어떻게 나올지 모르겠다.

영상을 작업하는 일에 있어서, 항상 어려운 부분은 기획인 것 같다. 뭐든지 기획 단계에서 잘 가닥이 잡히지 않으면 음… 밀어붙이는 힘, 추진력이 약해지고 내 안에 있는 확신도 부족해지기 때문에 작품에 대한 열정과 끈기도 부족해지는 것 같다.

○

어쨌든 이 스웨터랑 최저시급을 연결지어보고자 한다.

7월 22일 취준생의 작업기

코리아 스웨터 영상을 만들기 위해서 맨 마지막 부분에 스톱모션과 크로마키가 접목한 하나의 이미지 영상을 만들기로 했다. 스웨터가 짜여지면서 땀과 함께 추락하는 청년의 모습을 표현하고 싶었다. 친한 동생들이 양 옆에서 스웨터를 짜고, 옷 겉면에다가 양면 스카치 테이프를 붙인 청년 그림을 다시 한 번 붙였다. 매 사진에 맞춰서 청년은 점점 추락한다.

다 사진으로 표현했다. 이 부분은 최대한 추상적으로 표현하고 싶었는데, 이유는 영상을 본 우리 세대가 각자의 경험에서 비롯된 저마다의 감상을 할 수 있는 공간을 남겨두고 싶었기 때문이다. 모든 것을 다 깔끔하게 정해버리면, 교감하기 힘들다. 교감이란 결국 나의 감정, 일상, 경험으로 부터 비롯된 어떤 것들이 작품과 합쳐지는 과정이라고 생각한다.

이를 테면 올해 좋게 봤던 영화 중에 버드맨이 있다. 이 영화의 첫 장면에는 행성이 하늘에서 추락하는 모습이 나오는데, 극장에서 2번을 봤는데 두 번 다 다르게 해석이 됐다. 한 번은 한 사람의 자존감이 붕괴되는 과정으로 보였고, 두 번째는 재기가 불가능한 사람의 나락으로 읽혔다.

이처럼 여백이 많은 장면은 다양하게 해석되고 해석된 만큼 하나의 작품은 여러 개의 작품이 된다. 나는 그 추상적인 여백의 힘이 좋다. 그것은 독자가 작품을 다시 써내려가는 과정이기 때문이다. 뭐, 내 영상에 그렇게 커다란 의미를 부여하기는 그렇지만 나도 그런 의미로 요번 작업에 일정정도의 여백을 남겨두고 싶었다.

7월 23일 가장 느리게 달릴 때 가장 멀리 달릴 수 있다.

나는 어떤 것을 할 때 '아, 이제 다시는 못하겠다.'는 마음이 들어도 또다시 한 번 더 하려고 노력하고, 또 어떤 것을 끝까지 하려고 할까라는 생각을 했다. 그것은 김연수 작가의 〈소설가의 일〉을 읽고 나서다. 김연수 작가는 자기가 소설을 계속 쓸 수 있는 이유에 대해서 한 일본 만화의 대사를 인용했는데. 대사는 이렇다.

"이번 시합에서 최선을 다하지는 마세요."

김연수 작가는 이 대사를 보고 나서 달리기를 이 대사에 적용했다. 아주 느린 달리기를 시작한 거다. 그 느린 달리기는 목적 없이 걷는 것과 흡사했다. 근데 그럼으로 인해서 그는 매일 달릴 수 있었다. 경쟁하지 않고 그냥 그 달리기에 충실할 수 있었다.

"세상에서 가장 느린 달리기는 그 어떤 날에도 할 수 있었고, 결과적으로 나는 매일 달리는 사람이 됐다는 것. 가장 느리게 달릴 때 매일 달릴 수 있고, 매일 달릴 때 가장 많은 거리를 달릴 수 있다."

이 말이 나에게 큰 의미로 다가왔다. 거의 중학교 때부터 빠른 경쟁, 성취를 해야 한다는 것에 압박적으로 길들여진 삶을 산 거 같다. 남들보다 사교육을 덜 받았고, 학원이라는 것이 체질에 맞지 않아서 인터넷 강의나 다른 매체를 통해 혼자 공부하는 법을 터득했지만, 그

○

럼에도 불구하고 한국 교육 현실 속에 있다 보면 느리게 나만의 방법을 찾는 것이란 굉장히 어렵다. 그러므로 공부는 계속해야 할 것이 아닌, 끝이 있는 어떤 목적성 달리기와 비슷하다. 대학이라는 공간에 가자마자 내가 중학교 고등학교 과정에 배웠던 공부는 다 휘발되기가 쉽다. 왜냐면 너무 빠르게 달렸으므로. 너무 빠르게 모든 정보를 섭취하려다 보니, 그만큼 토해내기도 쉬웠던 것 같다.

대학교 과정도 피차일반인 것 같다. 느리게라는 말이 사실 우리 나라에서 가능한 말인지 잘 모르겠지만, '이번 시합에서 최선을 다하지 마세요.'라는 이 자세 자체가 우리 사회에 가장 필요한 말일지도 모르겠다는 생각을 했다. 그래야 즐길 수 있기 때문이다. 그래야 매일 할 수 있기 때문이다.

나는 꾸준한 것의 힘을 믿는데, 일시적인 벼락치기 보단 꾸준한 노력의 성과가 더 큰 힘을 발휘한다고 생각한다. 그것은 창조적인 작업의 일에서도 마찬가지다. 매일 3시간씩 글을 쓰는 사람과 갑자기 하루 24시간, 일주일의 딱 하루만 글을 쓰는 사람과의 차이는 언젠가는 분명히 나리라고 생각한다. 그렇다면 그 꾸준히 할 수 있게 하는 것은 압박감을 줄여야 한다는 거다. 압박감. 성취해야 한다는 목적성. 그런 것보다는 이 꾸준하게 하는 과정 자체에 의미를 두는 것. 그게 더 필요한 것 같다.

그래서 나는 교육이란 화두에 굉장히 관심이 많고, 지금의 교육에 어떤 망가져가는 과정들에 브레이크를 걸고 싶은 마음도 많았던 것 같다. 그것은 내가 '이 교육 과정을 겪으면서 사실 얻은 게 무엇일까.'라는 의문을 던질 때가 많았기 때문이다. 음… 돌이켜보건대, 더 많이 기억에 남고 내 삶에 영향을 준 것은, 시험기간이 끝나고 2주 정도 읽었던 책들에서 비롯된 게 많은 것 같다. 그때 역사책이랑 소설책을 많이 읽었었는데, 그런 책들을 읽으며 내 스스로 쌓았던 게 지금까지 오히려 영향을 많이 준 것 같다. 심지어 시험당일 전날에도 꼭 책을 읽었다. 그랬던 나의 꾸준함들이 지금까지 영향을 주고 있지 않나 싶다. 그러므로 이번 시합만 최선을 다하는 게 아니라, 꾸준함의 최선을 다하는 게 필요하지 않을까 생각한다.

7월 24일 서로가 서로를 포기하지 않는 사회

이번 주에는 개인적으로 힘든 일을 겪었다. 힘들기만 하구나 싶었는데, 그동안 몰랐던 게 보였다. 내가 손 내밀 수 있는 사람들이 보였다. 옆에 항상 있었는데 잘 보이지 않고, 알아차리지 못했던 사람들 말이다.

정여울 문학 평론가가 시사인에 기고한 글의 제목이 있는데, 서로가 서로를 포기하지 않는 사회였다. 나를 포기하지 않으려는 사람들이 있고, 나를 사랑하려 노력하는 사람들이 있고, 내 연약한 점, 내 부족한 점을 함께 이겨가려는 사람들이 있다는 사실을 알았다. 결국 사람으로서 비롯된 상처들이 있음에도 불구하고 사람으로써 다시 회복되는 것 같다.

본질적인 질문은 이렇다. 왜 이렇게 수많은 사람들이 부대끼며 사는 걸까. 그렇게 서로를 미워하고 아파하고 결국 사람 때문에 상처를 받음에도 불구하고 왜 우리는 혼자 살지 못할까? 상처를 다시 보듬어주는 것도 역시, 사람이기 때문이다. 함께함으로써 얻어지는 게

○

더 많다. 서로가 서로를 포기하지 않음으로써 지켜지는 가치가 더 소중하다.

　나도 쉽게 당신을 포기하지 않겠다고, 당신의 그 연약한 점에도 불구하고 내가 포기하지 않겠으니 당신도 당신을 포기하지 않았으면 좋겠다고 말해주는 그런 사람이 되고 싶다.

7월 27일 비겁하지 않은 자소서

　짧은 자소서를 쓰게 됐다. 자소서를 쓰려니 갑자기 온 몸에 털들이 곤두서는 느낌이었다. '나를 제대로 설명해야지. 소설 쓰는 거 말고. 나라는 사람을 제대로 설명해야지.'라는 생각에 신경이 곤두서는 기분이었다. 음… 나라는 사람을 설명하는 것은 참으로 어려운 일이고 또 이것을 상대방에게 전달해서 나에게 호감을 느낄 수 있도록 표현하는 것도 어려운 일이다. 그런데 자기 소개서는 대부분 이미 쫌 원하는 상들이 있다. 그거에 짜 맞추어 쓰는 것은 사실 답정너다. 답은 이미 정해져있고, 난 그 답에 맞추어서 글을 쓸 뿐이다.

　음… 그런 것보다 오늘 내가 썼던 자소서는 아무런 형태가 없었는데, 그래서 오히려 내가 더 잘 드러날 수 있는 자소서가 아니었나 싶다. 앞으로 8, 9, 10월은 자소서를 쓸 순간이 많은 거 같은데 매순간 진실 되게 쓸 수 있었으면 좋겠고, 그 진실된 글이 또 좋은 바람을 일으켰으면 좋은 결과를 가져왔으면 좋겠다.

　나를 꾸며내는 일, 꾸며낸 나로 사람들 앞에 서야 하는 일은 조금 비겁하고 초라하다.

7월 28일 내 마음을 접어서 날리는 수많은 종이비행기들

페이퍼 맨. 디즈니의 단편 애니메이션의 제목이다. 페이퍼 맨이라는 뜻은 종이남자라는 뜻도 있겠고, 서투른 연주라는 이중적 의미를 지니고 있다.

어떤 서류회사에 출근하던 남자는 그날 한 여자에게 반한다. 그리고 일하는 회사 창문 너머 그 옆 건물에서 그 여자를 다시 보게 됐다. 남자는 자기의 서류를 종이비행기로 접어 그 여자가 있는 회사의 창문으로 던진다. 닿지 않는다. 종이비행기를 다시 접어 던진다. 역시나 창문으로 넘어가지 않는다. 자기가 갖고 있는 서류 뭉텅이의 모든 종이를 종이비행기로 접어서 여자를 향해 날린다. 그러나 여자는 결국 발견하지 못하고 떠난다. 남자는 좌절한다. 때마침 남자를 발견한 상사가 남자를 나무라자 남자는 회사를 박차고 나온다. 길거리에서 화를 내며 걷는데, 남자가 접어서 던졌던 그 수많은 종이비행기들이 한곳에 뭉쳐서 갑자기 남자를 향해 달려간다. 남자를 여자가 있는 곳으로 이끈다.

그 종이비행기라는 건 결론적으로 내가 애쓴 마음들이다. 마음들이 어디로 흩어지지 않고, 눈에 보이지 않는다고 사라지지 않고, 남아 있어서 존재하고 있어서, 결론적으로 나를, 내가 원하는 방향으로, 원했던 그 여자에게로 데려가는 것이다.

하루하루 애쓰고 있다는 나에게도 그런 날이 올까 싶었다. 내 마음을 접어서 날리는 수많은 종이비행기들이 어디에 쌓이고 있을까. 언젠가 그 종이비행기들도 한데 뭉쳐서 나를 향해 날아올까. 날아와서 내가 날아가고 싶은 곳, 사랑했던 사람, 아니 사랑하는 사람에게로

○

날아가도록 다가가도록 바람을 실어줄까, 라는 생각을 하면서 영화를 봤는데.

그럴 거라고 믿는다. 분명 바람이 불어오고 있다. 바람이 불어오고 있으니까, 믿고 오늘도 나는 조금 더 애쓰고, 내일은 더 애쓰고, 내일 모레는 더더더 애쓰면서, 애쓰는 것밖에 할 줄 모르는 사람이라 불려도 더 애쓰면서 내가 하고 싶은 일, 내가 꿈꾸는 일, 내가 지켜야 할 사람들을 향해 다가가고 싶다.

7월 29일 기다림의 목적지

소리로만 담긴 세상은 어떨까. 취준일기를 녹음하다가 오늘 문득 든 생각이다.

소리로만 느껴지는 세상, 소리로만 이해할 수 있는 세상은 어떤 세상일까? 빗소리를 녹음해서 몇 차례 들어보니 비의 굵기에 따라서 녹음하는 공간에 따라서 비의 느낌도 너무 달랐다. 소리에도 질감이라는 게 있고, 감정이라는 게 있고 형태라는 게 있는 듯한 기분이었다.

오늘은 비가 오고 있고 7월의 마지막 수요일이다. 오전 9시에 문을 여는 도서관에 8시에 도착하는 바람에 바깥에서 비를 맞으며 기다리고 있다. 나쁘지 않다. 그동안 너무 더워서 차라리 축축해도 이 정도의 온도를 바랐던 것일지도 모르겠다. 비가 오면 생각나는 노래가 있는데, 임수정이랑 김래원이 주연한 영화 〈ing〉의 기다림이라는 노래다. 노래 제목은 '기다림'이다.

분명 나도 무언가를 기다리고 있다. 그 기다림의 목적지가 공채의 합격일까, 채용의 합격일까? 그렇다면 또 그것은 그렇지도 않다. 그렇다면 내가 기다리고 있는 날은 무엇일까. 조금 더 기다려보면 그 답을 찾을 수 있을까?

7월 30일 지쳐도 쉴 수 없는 마음

여름은 밤에도 소란스럽다. 매미가 울기 때문이다. 매미는 여름 한철을 지내다 사라지는 존재다. 뜨겁게 울다가 뜨겁게 사라지는 거다.

오늘 문득 한 달 정도, 3일정도만 휴가가 주어졌으면 좋겠다고 생각했다. 안타깝게도 나는 휴가라는 게 있을 수 없는 사람이다. 휴가는 내가 마땅히 일을 하고 나서 받는 보상이지, 그냥 쉬는 게 휴가는 아니기 때문이다. 물론 난 지금 쉬고 싶으면 쉴 수 있지만 그건 진정한 쉼이 아니라 그냥 무언가를 안하고 있는 상태일 뿐이다. 적당한 노동과 적당한 근무 없이, 대가 없이 휴가라는 건 애초에 존재할 수 없는 것 같다.

지쳐도 쉴 수 없는 마음은 여유 없는 취업준비의 과정을 대변하는 이야기일지도 모르겠다. 그냥 가끔 이렇게 밤에 들리는 소리들에 집중하면서 여기가 강원도의 횡성이겠거니, 제주도이겠거니 하며 하루를 마무리 한다.

○

7월 31일 엄마를 걱정할 나이

'72초 TV'라는 프로그램을 봤다. 엄마 편이었다. 20대 후반의 남자가 말한다. 예전에는 내가 엄마를 필요해서 찾았는데, 이제는 엄마가 걱정이 돼서 찾는다고. 무슨 말인지 알겠다. 나 역시 그렇기 때문인데, 엄마랑 연락이 안 되면 혹여나 무슨 일이 생겼을까 하고 걱정이 돼서 전화부터 하게 된다.

엄마랑 나랑 역전이 일어나기 시작했다. 나이가 달라졌고, 삶의 속도가 달라졌기 때문이다. 엄마의 속도에 내가 발맞추어 가려면 내가 더 많이 엄마를 걱정해야 한다. 그런 나이 때가 왔다.

8월 4일 공채라는 기회

나는 항상 1호선을 타고 집으로 간다. 1호선은 사람이 매일 매시간 많다. 다양한 사람들의 표정이나 얼굴을 마주할 수 있는데, 그것이 날마다 신기하기도 하고 새로운 생각들을 던져주기도 한다.

오늘은 나에게도 드디어 공채라는 기회가 생겼다. 무섭고 두렵기도 하고, 한편으로 떨리고 설레기도 한다. 잘 준비해서 좋은 일, 좋은 결과 있었으면 좋겠다.

8월 5일 <u>지지 않는다는 말</u>

아침에 일어나자마자 요새는 커피를 꼭 한잔씩 마시게 된다. 잠을 깨기 위함도 있고, 더위를 물리치기 위함도 있다. 더위서 그런지 잠이 부쩍 늘었다. 늘어난 잠을 줄여야하는데, 어떻게 줄여야할지 조금 막막하다. 그래서 일부러 좀 일찍 자고 더 일찍 일어나는 습관을 들이려고 하는데, 오늘은 새벽 6시에 일어나서 챙기자마자 바깥으로 나왔다.

나오는 길에 읽게 된 책은 김연수가 쓴 산문집 〈지지 않는다는 말〉인데, 음 서문에 이런 말이 있다.

"내 삶에 가장 큰 영향을 끼친 건 지지 않는다는 말이 반드시 이긴다는 걸 뜻하는 것만은 아니라는 깨달음이었다. 지지 않는다는 건 결승점까지 가면 내게 환호를 보낼 수많은 사람들이 있다는 걸 안다는 뜻이다. 아무도 이기지 않았건만, 나는 누구에게도 지지 않았다. 그 깨달음이 내 인생을 바꿨다."

무척 짧은 글귀였는데, 내가 뭔가 착각하고 있다는 것을 깨달을 수 있었다.

'지고 싶지 않아.'라는 말에는 사실은 '누군가를 이기고 싶어.'라는 생각이 내포돼 있던 것은 아닐까. 그런데 지지 않는다는 건 내가 세워놓은 목표나 결과치까지 도달할 수 있다는, 즉 계속해서 포기하지 않고 결승점까지 나아가려는 마음과 태도에서 비롯되는 거지 꼭 등수가 매겨지고 누군가를 이겨야만 지지 않는다는 건 아니구나. 내가 뭔가 잘못된 것에, 잘못된 판단에 휩쓸렸구나 생각을 했다.

오늘 하루도 내가 세워놓은 목표치들이 있고, 이것들을 꼭 이뤄

내길 원하는데. 이것 자체가 내가 지지 않았다는 말, 지지 않고, 포기하지 않고, 또 하루를 채워갔다는 말을 실현하기 위한 하나의 행동이지 않을까 싶다.

8월 6일 비관적인 세상을 낙관하는 이유

그람시는 이렇게 얘기했다.

"이성으로는 비관이되, 의지로는 낙관하라."

분명 이성의 시각으로 바라보는 세상은 비관적이다. 수치가 말해준다. 특히 청년에 관한 삶은 굉장히 비관적일 수밖에 없는 수치가 눈앞에 나열돼 있다. 특히나 놀라운 것은 많은 청년들이 자기 삶마저 포기 중이라는 거다.

흔히들 우리를 오포세대라고 하는데, 이러다가 육포가 되지 않을까. 연애, 인간관계, 집 장만 이런 다섯 가지를 포기하는 와중에 자기 삶마저 포기하는 게 아닐까라는 생각이 든다. 분명 이성으로는 비관적인 삶이다.

그러나 의지로는 낙관해야 한다. 왜 낙관해야 할까. 그것은 우리가 아직 젊기 때문이다. 아직 살 날이 많고, 그 수많은 살 날들에 대해서 예측할 수 없는 것들이 많기 때문이다. 그니까 낙관이라 함이 '취업이 될 것이다.', '집을 살 수 있을 것이다.', '결혼을 할 수 있을 것이다.' 이런 낙관이 아니라, '그래도 살만한 세상일 것이다.', '그래도 살만한 이유가 있을 것이다.'라는 그럼에도 불구하고 라는 낙관이 필요하다.

8월 7일 단 3일만, 탈출을 원한다.

단 3일만 취업을 준비하는 이 세계에서 외출하고 싶다. 먼 제주도 건, 가까운 곳이건 상관없다. 정말 딱 3일만 나는 취업을 준비하고 있다는 이 생각에서 탈피하고 싶다. 3일만이라도 마음 편하게 시간과 공간을 즐기고 싶다.

이야기하다 문득 생각이 든 건데 취업준비라는 건 꿈을 좇는다는 것을 의미하는 걸까, 아니면 생존하기 위한 분투인걸까? 애매하다.

8월 8일 너의 마음이 내게 닿았어

혼자 있는 시간이 대부분이지만, 나는 혼자라고 느낄 때가 별로 없다. 내 주변 사람들과 어떡해서든 연결되어 있다고 믿는다. 오늘은 조금 힘이 들었는데, 어떻게 알았는지 친구가 '나는 너를 믿어.'라는 문자를 보냈다. 그 문자를 받고 내 하루가 살았다.

사람은 섬처럼 언제나 혼자 뚝 떨어져 있지만, 섬과 섬은 대륙 밑에 있는 맨틀로 연결되어 있다. 우리의 마음은 어떻게 해서든지 닿을 것이다. 파이팅이다!

8월 11일 가려워진 길, 믿는 만큼 보인다

유재하의 '가려워진 길'을 들었다. 유재하 노래 중 '사랑하기 때문에'만큼 좋아하는 곡이다.

가리워진 길.

가리워졌다는 건, 무언가를 들추어내면 길이 보인다는 의미일까?

길은 만들어 가는 것일까, 이미 주어진 것일까?

먼 훗날, 27살의 지금 내가 한창 어리고 젊을 때였다라고 여겨지겠지.

'그대여 힘이 돼 주오. 나에게 주어진 길 찾을 수 있도록.'이라고 유재하가 읊을 때 그 그대는 누구일까? 가리워진 길의 끝에는 무엇이 있을 거라고 믿어야 할까.

어떤 확신도 없이 걷는 길 위에 꽃도 내리고 비도 내리고 눈도 내리고 가끔 햇살만 덩그러니 비추기도 했다. 사람들이 모여들기도 하고 모두 떠나기도 하고 발이 아파 쉬기도 하고 목이 말라 주변을 두리번거리다 길을 잃기도 했다. 외롭고 쓸쓸해 발걸음이 무거울 때도 있다.

그래도 계속 걷는다. 멈추지 않고 걷는다. 걷다보면 무언가 보일 거라고 찾을 거라고 믿는다. 길은 가리워져 있지만 내 마음은 가리워져 있지 않다.

믿는 만큼 보이고 포기하지 않는 만큼 길은 계속될 것이다.

8월 12일 이야기의 힘을 믿는 이유

밤이라서 그런지 귀뚜라미소리 같은 게 들린다. 일요일부터 월요일, 화요일, 수요일, 오늘까지 자소서를 썼는데… 아, 잘 써지지가 않는다. 문장 하나하나에 힘이 들어가서 그런 건지, 아니면 아직 깊숙하게 내가 왜 이 직업을 하고 싶은 건지에 대해서 이야기를 찾지 못한 것인지 알 수 없으나 자소서를 쓰는 게 굉장히 힘이 든다. 단언컨대 소설을 쓴다거나, 더 꾸며낸다거나 했던 적은 없는 것 같다. 조금 더 정확하게 나에 대해서 내가 왜 이걸 하고 싶은지에 대해서 이야기하고 싶은 마음이 큰 것 같다. 그리고 그게 내가 지원하는 회사에 더 맞닿아 있을 수 있다면, 그것을 찾을 수 있다면 하는 바람도 있다.

나는 굉장히 이야기라는 것에 대해서 매력을 느껴하고, 이야기가 지닌 힘에 대해서 크게 믿는 사람이다. 이야기가 왜 필요하냐 하면, 사람과 사람이 서로를 이해할 수 있는 매개체가 되기 때문이다. 우리는 이야기하지 않으면 서로를 이해할 수 없고, 서로를 이해할 수 없으면 사회를 이해할 수 없다. 슬픈 이야기건, 화가 나는 이야기건, 어떤 이야기건 자세히 들여다봐야 보이는 것들이 있고, 그 보이는 것 속에 진실이 있다고 생각한다.

이야기. 살아있는 이야기. 실화. 그것을 좇고 싶은 것 같다. 다음 주 수요일쯤에 녹음을 하고 있을 때는 자소서가 잘 써져서 좋은 마음이었으면 좋겠다.

8월 13일 녹음된 내 목소리를 다시 들으며…

오늘로써 취준일기 마지막 날이다. 인터뷰를 마치고 집으로 돌아가는 길이다. 지난 한 달이 스쳐 지나간다. 한 달 동안도 정말 많은 일이 있었다. 참 이상한 것은 많은 일이 있어서 내가 가끔씩 약해지고 힘들 때 찾게 되는 것은 내가 녹음했던 나의 목소리라는 것이다.

O

지난날의 내가 다짐했던 나의 마음과 생각들을 붙잡고 싶어서 컴퓨터에 저장해둔 녹음파일을 수차례 열어서 다시 듣곤 했다. 그럴 때면 어디선가 단단해지는 느낌이, 그리고 다시 한 번 힘내야겠다는 생각이 들었다. 목소리가 주는 위로가 목소리가 주는 다짐이 참 고맙다고 생각하게 만든 한 달이었다.

사람들은 취업을 준비하고 있다면 굉장히 힘들고 어렵고 지난한 과정이라고 생각한다. 사실 자소서 하나를 쓰는 시간만 해도 충분히 지치고 진이 빠진다. 그런데 나는 마냥 힘들다고만 이야기하기엔 다른 무언가가 있다는 생각이 들었다.

이 기간에 내가 더 많은 생각을 하게 된 부분은 사람이 절망적이고 힘들 때 무엇을 찾는가였다. 인생은 모순적이고 순탄치만은 않아서, 이런 취업 준비생의 과정이 아니더라도 힘들 때가 계속해서 찾아올 것이고, 그럴 때마다 내가 어둠을 뚫고 나아가기 위해서 무언가 행동을 할 것이다.

우리는 절망의 끝에 다다랐을 때 무엇을 통해 구원을 얻을까. 근데 그게 혹시 내가 아닐까 싶었다. 즉 나라는 사람 말이다. 나를 믿는 것, 나를 믿어보는 것, 그럼에도 불구하고 나를 사랑해보려 하는 것. 나를 구원하는 것은 어쩌면 내가 아닐까? 내가 스스로 나에게 말하는 이야기들에서, 약속들에서 나는 힘을 얻지 않을까 생각을 했다.

오늘 취준일기를 마지막으로 나는 이제 몇 달간 정진해야할 것이고, 이 과정의 끝에 어떤 결과가 기다리고 있을지는 모르겠다. 다만 내가 녹음했던 이 목소리들을 몇 번이고 다시 곱씹으며 나를 사랑하려고, 나를 이해해보려고, 나를 지키려고 노력할 것이다. 그리고 그렇게 지켜진 나는 또 다른 사람을 더 사랑하려고, 이해해보려고, 지키려고 그 사람들에게 이야기를 묻고 듣고 또 나눌 것이다. 그렇게 하루 하루 채워나가는 과정 속에서 나의 삶이 내 주변의 삶이 밝아지고 환해질 것이라고 믿는다.

정말 좋은 일이 있을 거다.

3년 뒤 근황
김혜승 씨는 서울의 한 NGO에 입사해, 현재는 중남미 국가에 파견돼 생활하고 있다.

그사이 좋아하는 오월의 하늘을 세 번이나 만났다. 벌써 3년이 흘렀다. 지금의 나는 취업준비 당시 상상하고 그리던 모습과는 조금 다르다. 그래도 괜찮다. 덧붙이자면 특별한 습관도 생겼다. 매일 아이들에게 연필 한 자루를 건네주는 모습을 상상하며 하루를 시작한다.

"멕시코 빈민 단체에서 일할 때 우리의 관심사는 학교에 지급할 연필이었어. 혁명적인 개혁이 아니라 연필 말이야. 그 일을 하면서 정말 소중한 일을 하는 사람들은 조용히 일한다는 걸 깨달았지. 명예에도 관심 없어. 과정을 즐길 뿐이야."

영화 〈비포 선 셋〉 중 줄리 델피의 대사이다. '연필 한 자루'는 내게 중요한 은유이다. 연필은 밥, 옷, 물, 희망… 무엇이든 될 수 있다. 중요한 건 그것이 필요한 아이들에게 지속적으로 건네주는 행위다.

스스로 자신을 지킬 힘이 없는 수많은 아이들이 각자의 삶의 현장에서 필요한 것을 제때 지급받아 적절하게 커갈 수 있도록 도와주고 싶었다. 우연히 마주한 NGO 채용 공고를 덥석 물어버린 이유다. 누가 주목하지 않아도, 조용히 하루하루 최선을 다해 맡은 바를 해나가는 이곳에서 내 삶은 빠르게 흘러간다. 조금씩, 천천히 마주할 아이들의 변화와 세상의 나아짐을 기다리는 중이다.

그때는 늘 혼자였다. 카페, 집, 도서관을 오가며 슬픔, 외로움, 두려움, 원망을 느꼈다. '이것밖에 안 되는 나'와 '이것보다 더 나빠질 나'를 두려워하며 지새웠던 새벽은 쓸쓸했다. 진심을 다해 썼던 자소서가 낙방한 날에는 과연 읽기나 했을까 의심하면서도 자존감은 바닥으로 추락했다. 어떤 날에는 인생은 운의 총량이 정해져 있어 지금은 무엇을 해도 안 되는 시기일지도 모르겠다는 한탄만 반복했다.

그 시절 읊었던 혼잣말이 라디오 전파를 타고 흘러나오던 토요일 정오였다.

2차에서 떨어지고 뜬눈으로 지새웠던 밤의 매미소리, 빗소리로 가득했던 동네 도서관, 스터디를 끝내고 오가던 길목의 소란스러운 소리들이 들렸다. 청춘의 한 순간이었다.

헛되게 보이던 날도, 헛되던 날이 아니었다. 아무것도 이룬 것 없이 기다리기만 했던 시간에도 무언가 일어나고 있었다. 이상하게 안도가 되었다. 어디에 도착할지 알 수 없어도 이 순간이 덧없지 않다고 스스로에게 말할 수 있는 용기를 주었다.

그 마음은 지금도 유효하다. 그리고 여러분께 조금이라도 닿았으면 좋겠다.

전부이며, 유일한 바람이다.

선발인원은 12명.
수험번호는 400번.

유민주

~~~~~~

유학을 다녀왔다면 대부분은 이렇게 본다.

'부모 잘 만나 남들은 못한 사치스런 고생을 했다.'고.

유민주 씨를 잘 모르는 사람들도 한 장짜리 이력서만 보면 그런 줄 안다. 그러나 그녀는 결코 '금수저'를 물고 태어나지 않았다. 오히려 반대다.

시장 통에서 가게를 하시는 부모님 밑에서 자란 유민주 씨는 대학에 진학한 뒤부터 경제적으로 독립해야만 했다. 집안형편 때문에 대학을 포기한 오빠에 대한 의리이기도 했다. 성인이 된 뒤에도 부모님께 손을 벌리는 것은 왠지 죄악 같았다. 전문대를 택한 것도 그 때문이다. 학비는 학자금 대출을 끌어다 썼다. 그때까지만 해도 2년만 공부하고 취업하려 했다. 생활비는 아르바이트로 충당했다. 백화점, 편의점, 번역 등 갖가지 알바를 섭렵했다.

하지만 전공으로 선택한 중국어를 공부하면서 거기에 마음을 빼앗기고 말았다. 그래서 눈을 딱 감고 4년제에 편입했다. 꿈에 그리던

○

취준생일기·유민주

교환학생으로 중국에서 1년을 보내고 오니 욕심은 더 커져 있었다. 그러나 대학원에서까지 학자금 대출로 공부할 자신은 없었다.

뜻이 있는 곳에 길이 있다고 했던가. 졸업을 앞두고 우연히 발견한 석사과정 중국 국비 유학 프로그램에 선발됐다.

2012년 9월. 그녀는 드디어 중국 길림대학으로 유학을 떠났다. 아무리 전액 장학금을 받는 유학생이었다지만 생활비까지 온전히 현지에서 조달하며 고단한 석사과정을 밟기란 쉽지 않았다. 그때 이미 머리가 샜다. 박사까지도 생각해봤지만 거기서 멈췄다. '중국문학으로 할 수 있는 게 많지 않다.', '생계 앞에서 박사학위는 허울뿐이다.' 라는 교수들과 주변인들의 충고도 있었고, 그렇게 책에만 파묻혀 지내다가는 어쩌면 세상과 단절될 수도 있겠다는 두려움도 있었다.

이제까지 공부해 온 것이 아깝지 않으냐 하는 사람도 있지만 그녀는 그것이 생계에 도움이 되지 않는다면, 뚜렷한 전망이 없다면 과감히 버려야 한다는 것을 깨달았다.

취준일기를 녹음하던 당시 그녀는 유학의 대가를 혹독하게 치르고 있었다. 남들보다 3년이 더 '늙은' 나이는 취업의 문을 더 좁게 만들어 놨다. 이자까지 불어난 학자금 대출 역시 취업 기회를 위협했다. 대출금 상환 독촉전화도 자주 받았다. 법적조치에 들어갈 수 있다는 그들의 말에 오금이 저렸다. 주변의 신용불량자 이야기가 결코 남의 말로 들리지 않았다.

세상은 그녀에게 두 얼굴로 다가온다.

뜻대로 길을 걸을 수 있는 만만한 세상. 그렇지만 그 길 끝에는 낭떠러지가 기다릴 수도 있는 엄혹한 세상.

그러나 어떤 낭떠러지에 떨어지든 중국어는 자신에게 하얀 날개가 돼 줄 것으로 믿는다.

유민주 씨는 중국어 전문 외사 경찰관 시험을 준비했다. 자신이 빚진 중국이란 나라에 대한 예의 같기도 하고, 돌이켜 보면 또 운명 같기도 했다.

대학 2학년 때 어머니 가게 앞에서 한 중국인 여성과 우리나라 남성 간에 시비가 벌어져 경찰관까지 출동한 일이 있었다. 다행히 그녀의 통역으로 두 사람 간에 오해가 풀려 사건이 잘 해결됐다. 그 뒤 해당 중국인 여성은 그녀의 중국어 교사가 됐다. 그 사람은 어쩌면 지금의 유민주 씨로 이끈 장본인인지 모른다.

자신이 하고 싶던 공부도 외면하고 들어선 외사경찰관의 길 역시 만만치 않았다. 일 년에 한 번 있는 시험, 전국에서 선발하는 인원은 12명. 그나마 서울은 없다.

그 비좁은 길을 걸어 그녀는 마침내 목표지점에 도착했을까?

○

7월 24일 3년 만에 돌아온 한국서 중국어학원 강사. 작게 느껴져…

올해 6월 30일 한국에 돌아와서 이제야 자리 잡힌 느낌이다. 친척, 친구들도 다 만나고 이틀 전 경찰시험을 위해 운전면허 1종도 구비해두었다. 그 사이 중국어학원 아르바이트도 생겼다. 중국에서 함께 중국 현대문학을 공부한 중국 친구들은 적어도 2류 대학 강사로 출강을 하는데, 중국어학원 아르바이트를 하는 나 자신의 입장이 좀 작게 느껴진다. 그렇지만 겨울 방학 때처럼 아예 일자리가 없었던 것보다 낫다고 생각하며, 좋아하는 일이기에 기쁨이 더욱 크다.

나와 함께 중국어를 공부하는 학생이 내게 말했다. "선생님, 중국 현대문학 공부하셨는데 경찰 하시는 것 정말 새로운 일 시작하시는 거네요."라고. 그렇다. 올해 초 생계의 중요성을 깨닫고 취업을 결정했을 때, 앞으로 이런 식으로 공부에만 집중하지 못할 거란 생각에 많이 속상했었다. 중국어와 8년 연애했다고 생각했는데 이젠 생계에 좀더 집중해야 한다고 생각하니 서운했다. 그래서 8년 공부한 중국어를 어떻게 유용하게 쓸 수 있을까 하는 생각이 들어 외사경찰에 지원하기로 마음먹었다.

경찰 지원 요건 중 건강한 신체, 운전면허 1종 보통 보유, 그리고 어느 정도 말끔한 신용은 기본이다. 중국에서 3년간 공부하는 동안 벌이가 없어 대학 때부터 차곡차곡 적립해 둔 학자금 대출을 방치해 두었다. 이 점이 내 취업의 발목을 잡을까 많이 걱정된다.

지금 나의 신용은 최악. 경찰시험 보려면 건강한 신용을 구비해야 하는데 이 점이 매우 걸린다. 오랜 시간 방치해 둔 중국어 실력 역시. 오늘부터 공부를 시작하는데 그래도 중국어 공부를 여전히 너무 좋아하는 건 다행이라 생각한다. 이제부터 차근차근 공부하면서 올해 9월 시험에 도전할 생각이다. 그 사이 열심히 정직하게 일해서 어느 정도 신용을 회복 하고 싶다.

그래도 시작이 마음에 든다. 운전면허 성수기인 이때 운 좋게 어려운 운전면허증을 비교적 빨리 딸 수 있었던 점, 올 초에 비해 소액이라도 원하는 일을 하면서 돈을 벌 수 있는 상황이 내게 많은 안정감을 준다. 드디어 준비의 궤도에 안정적으로 들어선 느낌이다. 상황이 긍정적이지 않지만 나의 20대도 얼마 남지 않았기 때문에 그래도 끝까지 최선을 다해 볼 생각이다.

7월 26일 14년 된 미용실 이용사가 부럽더라

오늘 이발을 했다. 취준생은 이발조차 자유롭지 않다. 이발을 한다고 하니 친구는 기업에서 선호하는 스타일을 말해주었다. 긴 생머리에 앞머리는 없애라고. 그렇지만 나는 이미 중국에서 단발머리로 잘라버렸기 때문에 이번엔 할 수 없이 단정함을 유지하기 위해 좀 다듬었다. 자른 머리가 꽤나 마음에 든다.

이발을 하면서 이발사 선생님하고 이야기 할 수 있었다. 미용사 선생님은 그 직종에서 14년 정도 종사하셨다고 한다. 그래서 그런지 능숙한 손놀림이 남달랐다. 그리고 머리카락과 머리에 대한 해박한 지식도 알 수 있었다. 음… 그리고 무엇보다 부러웠던 점은 14년 동안 한 가지 일에서, 자신이 원하는 분야에서 전문적으로 일하고 배웠다는 점. 14년 동안 한 가지 일을 계속 하며 몰두 할 수 있었던 것은 축

○

복이라고 생각한다. 그리고 자신이 일하는 분야에 자신감과 자부심을 느끼는 것 역시 부러웠다.

그리고 성당에 다녀왔다. 귀국한 후 3주나 지났지만 성당에 가지 않았다. 오늘 성당에 가서 죄도 좀 고백하고 하느님께 일도 좀 달라고 구걸했다. 그리고 무엇보다 유용한 사람이 되고 싶다고 말씀 드렸다. 그리고 신부님은 미사 도중 우리에게 우리 주변에 어려운 사람이 얼마나 많은지 다시금 일깨워 주셨다. 그 어려운 사람들 중 어쩌면 나도 포함된다. 그렇지만 열심히 살아서 갈고 닦은 실력을 이 사회를 위해 쓰고 싶은 바람이다.

외사경찰이 된다면 음… 착한 마음과 유능한 중국어로 한국에서 어려움을 겪고 있는 중국인 혹은 한국에서 중국인 때문에 어려움을 겪는 한국인들을 돕는데 이바지하고 싶다. 그래서 그들의 삶이 좀 나아졌으면 좋겠다. 좀 더 행복해졌으면 하는 바람이다.

이런 이야기를 하면 주변 친구들은 내가 아직 너무 현실을 모르거나 이상적인 사람이라고 말한다. 그렇지만 나는 이런 이상이 필요하다고 생각한다. 앞으로 열심히 얼마 남지 않은 시험을 잘 준비해서 꼭 합격하고 싶다. 아직도 두려움이 많고 어려움이 많지만 차근차근 천천히 이겨내고 싶다.

7월 27일 영화 감상과 운동으로 스트레스 해소

주말에 이력서를 넣었었다. 음… 기업체 출강, 번역에 많이 지원했었는데 대부분 경력직을 원하거나 아니면 좀 더 나은 학벌을 원하는 것 같기도 하다. 음… 27, 28에 신입이라 할 말이 없다.

오늘 도서관 휴일이라 오빠랑 아침에 조조영화를 보러 갔다. 요즘 재미있다는 암살이라는 영화. 친일파를 죽이는 이야기인데 애국지사들이 참 대단하다고 생각했다. 정말 단지 민족과 나라를 위해 투쟁할 수 있었던 그들의 정신이 참 대단하다.

스스로 물었다. '나도 그들처럼 그렇게 할 수 있을까?'라고. 나는 그렇게 못 할 것 같다. 솔직한 마음이다. 나에게도 그런 마음이 생겼으면 좋겠다. 아무 이유 없이 누군가를 위해 스스로 희생 할 수 있는 것이야말로 진정한 사랑이라 생각한다. 나도 그렇게 됐으면 좋겠다.

음, 그리고 오늘 운동도 했다. 아르바이트며 운전면허며 이런 저런 이유로 한동안 운동을 하지 못했었다. 취준생에게 운동은 식사처럼 아주 중요한 것 같다. 운동을 하면 좀 투기와 자신감이 생겨 정신 건강에 좋다고 생각한다. 만약 운동을 하지 않고 하루 종일 도서관이나 집에서 공부를 하다 보면 생각이 부정적으로 흘러가거나 정신적으로 많이 지친다. 그럴 때마다 운동을 하면서 스트레스를 좀 풀어주고 좋은 생각을 하면서 걷는 것, 참 좋다고 생각한다.

내일은 또 일 나갈 생각이다. 소액 아르바이트지만 학생이 한 명 늘어 두 시간이었던 노동시간이 네 시간으로 늘었다. 기쁘다.

새로운 학생을 만나는 건 약간 긴장이 된다. 내가 잘 할 수 있을까, 그 친구와 잘 맞을까 하는 이런 두려움도 있다. 내일 만나는 학생이 좀 나로 하여금 많이 깨닫게 하고 더 노력하게 하는 학생이었으면 좋겠다.

7월 29일 학자금 대출 갚으라는 낯선 전화에, 심장이 덜컥

　　화요일, 목요일 아르바이트를 한다. 하루에 네 시간. 계속 말하고 서 있는 직업이라 조금 피곤했다. 그렇지만 학생들과 소통하는 건 참 좋았다. 음, 앞으로는 어쩌면 수능 중국어도 가르치게 될 것 같다. 수능 중국어를 보면서 '아, 우리가 이렇게 공부해서 벙어리 영어, 벙어리 중국어가 되는구나.' 하고 생각했다. 정말 심각하다고 생각한다.

　　음, 그리고 오늘은 학자금 대출에 대해 말하고 싶다. 요 며칠 학자금 대출에 대해 생각했더니 장학재단에서 어떻게 알고 전화를 했다. 수업 중이어서 전화를 받지 못했지만, 발신자를 본 순간 심장이 덜컥 내려앉았다. 좀 무서웠다.

　　음, 고등학교 때 봤던 '쇼퍼홀릭'이라는 소설 속의 여주인공과 같은 느낌이었다. 말 그대로 여주인공은 쇼핑에 중독된 여자로, 너무 많이 물건을 사서 빚을 많이 진 상황이었다. 그래서 독촉전화에 시달리고 전화를 피하고 그런 내용의 소설인데, 그걸 보던 고등학교 때 '그걸 왜 피하지? 그냥 전화 받으면 되지 않나?' 생각했었다. 그러나 내가 지금 그 입장이 되고 나니 왜 그런지 알 것 같다. 그 책을 읽은 그 당시에는 내가 정말 이렇게 될 줄 몰랐다.

　　음, 학자금 대출에 대처하는 나의 방법은 이랬다. 다시 내가 전화를 걸어서 먼저 연체 상황을 확인하고, 지금 돈이 없으니 언제까지 돈을 갚겠다고 말씀드렸다. 뭔가, 키보드 치는 소리가 났다. 아마 나의 상황을 입력하는 듯 했다. 그래서 좀 기일을 주신다면 방학, 아니 8, 9월 동안 열심히 일해서 일부를 상환하겠다고 말씀 드렸다. 그분들도 확실하게 말할 수 없지만 어쩌면 법적 조치가 들어갈 수 있다고 말씀해 주셨다. 법적 조치라고 이야기하니 법을 모르는 나로서는 정말 너무 무서웠다. 정말정말 무서웠다. 그렇지만 방법은 있을 거라고 생각한다.

음, 그리고 계속 부딪쳐 볼 생각이다. 사실 취업 준비생들에게 아르바이트를 하면서 학자금 대출 이자를 내는 건 너무나 무리다. 음, 그렇지만 내야 한다. 왜냐하면 내가 빚을 졌기 때문이다. 음, 어떻게 이겨낼까 생각하면 막막하지만, 그래도 지금 나는 일을 하고 있고 또 돈 벌고 돈이 생길 거라고 생각한다.

얼마 전 본 '암살'이라는 영화가 내게 정신적으로 큰 위로를 준다. 음, 더 오래 전에 우리 조상님들은 더 큰 일로 자신을 희생했었다. 독립운동. 독립운동에 비하면 나의 학자금 대출은 좀 작게 느껴졌다. 그래서 열심히 살아서 학자금 대출을 상환할 수 있을 거라 믿는다.

7월 31일 동사무소 갔더니 친정 등본 떼러 왔냐고… ㅠㅠ

얼마 전 공무원 시험 준비하는 친구들을 만났다. 지난 번 내게 기업에서 좋아하는 스타일을 조언 해준 친구다. 중고시절을 함께 하고 지금은 어려울 때 힘이 되고, 좋은 일에 나보다 더 기뻐해주고, 자신의 좋은 일도 내게 말해 주는 친구다. 지금은 서로 공무원 시험을 준비하는 입장으로, 여전히 우리는 공감 할 수 있는 부분이 많다. '공무원'이라는 일에 대해 우리는 어떤 일인지, 그리고 스스로 정말 원하는가에 대해 자주 생각할 때가 있다.

취업에 오랜 시간 어려움을 겪던 우리는 이제 나이도 많아 선택의 폭이 점점 좁아지고 있음을 느낀다. 중국에서 3년 지내면서 내가 이렇게 늙을지 몰랐다. 동사무소에 등본을 신청하러 갔다가 직원분의 내게 친정 등본 신청하러 왔냐는 말에, 그때 이후로 내 나이를 자각하기 시작했다. 그러고 보니 20대 중반까지만 해도 계속 공부하라고 격려해 주던 주변 사람들이 이제는 내 나이가 적지 않다고 말한다. 기업에서 원하는 나이보다 점점 많이 벗어나고 있는 우리, 그래서 올해 안으로 취업하고 싶은 마음이 더욱 간절하다.

　친구와 나는 그날 만나서 얼마 전 장안의 화제였던 '마리텔'이라는 프로그램에 대해 이야기했다. 수험생인 우리는 본방 사수를 하지는 못했지만, 김영만 선생님 기사를 보고 친구는 울었다고 했다. 기사를 봤던 나는 '종이접기를 좋아하지 않았으니까 울컥하지 않을 거야, 동요되지 않을 거야.' 생각했지만, 종이접기 선생님 프로를 보고 억눌린 감정이 올라옴을 느꼈다.

　우리 세대를 진심으로 이해해주는 말, 위로가 우리에겐 간절했다고 생각한다. 중국에 있을 때 우연히 한 신부님과 대화할 수 있었다. '요즘 문학해서 어디에 쓸래, 뭐 할래?'라는 말을 듣고 참 걱정이라고 말씀 드렸더니, 신부님께서 먼저 이런 사회를 만들어서 참 미안하다고 사과하셨다. 그렇지만 우리 함께 이런 사회를 고치는 데 노력해 보자고 하셨다.

　어른의 사과를 받는 순간, 사회에서 나의 역할과 책임에 대해 생각하기 시작했고, 다음 사람들에게 어떻게 하면 더 나은 세상을 만들어 줄 수 있을까 생각하게 됐다. 비록 내가, 우리가 취준생이고 쉽지 않은 생활이지만, 그럼에도 불구하고 사회에서 우리의 역할에 대해 생각할 필요가 있다. 다음 코딱지들이 우리처럼 이렇게 암울한 취준생 시절을 똑같이 겪게 하면 안 되므로. 물론 이에 대한 답이 한 번에 찾아지는 것은 아니지만 마음속에 이런 생각을 기본적으로 하고 사는 것과 하지 않고 사는 것은 분명히 다르다고 생각한다.

그러니까… 그래도 생각하자.

8월2일 할아버지 할머니 세대보다는 나으니까

할머니 댁에 다녀왔다. 올해 5월, 내가 중국에 있을 때 할아버지께서 돌아가셨다. 그리고 할머니는 계속 혼자 계신다. 마음이 편하지 않다. 오빠와 나는 특히 할머니 할아버지의 사랑을 많이 받고 자랐다. 그런데 지금까지 공부한다는 핑계로 할머니, 할아버지께 제대로 된 용돈을 드린 적이 없다. 더욱이 귀국하고 취업 준비한다는 핑계로 할머니를 자주 찾아뵙지 못해 죄송한 마음이 크다. 그래서 요즘 마음이 무겁다고 친구에게 털어놓으니 인생은 인과응보라며, 괜찮다며, 네 손녀딸이 너한테 그럴 거라고 말했다. 하하, 그러니 차라리 잘됐다고 생각했다.

이제 내겐 사랑하는 할머니 두 분, 엄마 아빠가 계신다. 뵐 때마다, 특히 몸이 어디 불편하신 것 같을 때 제일 마음이 안 좋다. 나는 아프면 아프다고 말하지만, 아파도 꾹 참으시는 우리 부모님들. 내게는 이 점이 제일 아픈 점이기도 하다. 그래도 다행인 건 일찍 사회생활을 시작한 오빠가 부모님, 할머니들을 챙기며 용돈도 드린다. 그럴 때마다 고맙고, 미안하고 동시에 나도 그럴 날이 곧 오리라 믿는다.

중국에서 공부할 때 내게 많은 위로와 가르침을 주신 수녀님께서 이런 말씀을 하셨다. 할머니들 뵐 때마다 지금까지 세월을 견디고 살아계신 것만으로도 참 대단하다고 생각하신다고. 생각해보면 우리 할머니 할아버지는 전쟁 중 피난을 나오셨고, 특히 할머니는 아이 둘을 잃으셨다. 가까이 보면 우리 엄마 아빠 세대도 가난과 어려움을 겪으면서도 결혼하시고 우리를 키우셨다. 무직자라 안정되지 않은 생활 속에서 감정이 매일매일 널을 뛰지만, 더 어려움을 겪은 어른들을 생각하며 스스로 그래도 나은 상황에 있다고 생각하고, 생각이 부정적으로 흐르지 않게 노력한다.

8월 10일 학자금 대출….

얼마 전 본 영화가 인상 깊어 주인공에 대해 찾아 봤다. 미국 배우인데 아직도 학자금 대출을 상환하지 않았으며 나중에 상환할 생각이라고 했다. 기사를 본 순간 미국은 학자금 대출 이자가 얼마나 낮으면 저렇게 빚도 묵혀둘 수 있을까 싶었다.

중국에 있을 때 중국친구와 학자금 대출에 대해 이야기한 적이 있다. 중국은 학비가 우리보다 훨씬 싸며 학자금 대출이 있어도 정부에서 학생에게 이자를 받지 않는다고 했다. 그래서 졸업 후 직장을 찾으면 학자금 대출을 갚는다고 했다. 실제로 나와 대학원을 다녔던 내 중국친구들은 거의 국가장학금을 받고 공부했으며, 정부에서 책값, 연구출장비, 의료비, 기숙사비 등을 지원해준다. 이는 중국 학교와 학과마다 다르기도 하다.

반면 나는 중국에서 공부하는 동안 학자금 대출 이자를 신경 쓰지 못해 연체 됐고, 연체가 되면 이자가 12%까지 올라간다. 공부하고 있는 상황을 장학재단 상담 선생님과 이야기 해봤지만, '왜 내게 그런 말을 하냐.'는 반응이었다. 상담선생님들께 말씀 드려봤자 아무런 도움도 받을 수 없다는 것을 알았지만 조금이라도 양해를 구하고 싶었다.

그러다 얼마 전 장학재단에서 내게 전화했다. 장기간 근무이력이 없어 그런지 연체이자 얼마를 내면 이자 감면을 신청할 수 있다고. 단 조건은 재산은 없어야 하고, 4대 보험에 가입되어있지 않은 일을 해야 한다고. 이제 귀국해서 열심히 돈 벌어 착실히 빚 갚으려는 내게 때마침 도움을 주려는가 싶었더니 이건 도대체 말인가 막걸린가 싶었다. 재산은 없으니까 그렇다 쳐도 4대 보험에 가입되지 않은 일이 있을까 싶었다.

학교를 마치고 다시 대학원에 진학한 건 내 재정상황에선 정말 무리였다. 그럼에도 진학했던 이유는 정말 내 전공에 미쳐 있었고, 때마침 중국정부에서 장학금을 줬기 때문에. 그리고 더 늦은 나이면 공부를 할 수 없다고 생각했고, 공부에는 때가 있다고 생각했다. 돈 벌고 아무래도 나이가 서른이 다 되거나 넘으면 유학을 생각하지 못하게 될 것 같았다.

그러나 재정상황이 엉망인 상황에서 공부를 하기란 참 괴로웠다. 그리고 유학하고 있다고 말하면 나의 재정상황과 일치하지 않는 단어이기에 의아해하는 사람들도 많았다. 그럴 때마다 설명하기도 싫어 그냥 좋은 기회에 공부한다는 말만 했다.

귀가 길에 문득 어쩌면 내 친구, 나를 가르쳐 주셨던 선생님들이 나의 이야기를 접할지도 모른다는 생각이 들어 이렇게 취준일기를 쓰고 녹음하는 일이 잠시 망설여졌다. 그럼에도 불구하고 요즘 내가 아

○

주 자주 생각하는 그 학자금 대출에 대한 이야기를 자주 하고 싶다.

학자금 대출이 있는 우리는 적어도 남의 돈 훔쳐서 공부하는 것이 아니고, 스스로 자기 자신을 책임지는 일을 하고 있고, 작아질 이유가 없다고 생각한다. 또한, 하루아침에 모든 일이 해결되지 못하겠지만 적어도 이러한 문제제기에 구조적 개선을 위한 노력이 생겼으면 하는 바람이다. 그리고 나는 정말 열심히 빚을 갚을 것이다.

8월 11일 시험 접수, 전국에서 12명 선발

경찰시험을 신청했다. 필기시험은 10월 3일이다. 시험까지 한 달 반 정도 남았다. 여전히 내가 너무 성급하게 결정을 내린 것은 아닐까 염려되고, 내 수험번호를 확인하니 숫자가 생각보다 커서 좀 자신이 없다. 그렇지만 젊은 날에 할 수 있는 멋진 도전이라 생각하고, 또 일단 이런 걱정은 되고 나서 할 생각이다.

내가 일하는 학원에 우연히 학교 선배님이 먼저 일하고 계셨다. 경찰 일을 하고 싶다고 이야기했고 학교 남자선배 중에 해양경찰이 됐는데 정말 현장에 뛰어들어 중국 불법 어업 선박들과 대치하는 것에 스트레스를 받고 결국 이직했다고 했다.

내가 만일 그런 상황을 만난다면 도대체 어떻게 해야 하는 걸까, 잘 할 수 있을까 싶었다. 선배님은 그런 일을 하려면 거칠어야 한다고 했다. 그래도 난 좀 거친 편이고 중국어도 거칠게 잘 할 자신 있다. 중국어로 욕도 할 수 있고 욕도 알아들을 수 있으니. 이제는 욕하지 않고 더 거칠게, 무게감 있게 중국어를 구사하는 연습을 해야겠다.

○

올해는 지난해보다 외사경찰 선발 인원이 적다. 12명. 근무지는 서울은 없고, 경기, 충남, 충북, 부산, 제주 이렇게 모두 집에서 먼 곳이다. 만약 경찰이 되어 타 지역에서 근무를 하게 된다면, 다시 집을 떠나 자취해야 한다. 이제 막 귀가해서 행복했는데 또 출가해야 한다고 생각하니 좀 막막하면서 또 그 일과 자취 생활이 나를 얼마나 더 단련시켜줄까 하는 기대도 들었다.

선배님과 이야기하면서 우리 그래도 열심히 공부하고 생활했는데 사회에 나가면 우리의 가치는 추락하는 것 같다고 이야기했다. 나는 출신학교, 학위에 따라 임금의 차이가 발생하는 것에 찬성하지 않는다. 다만 기본적으로 노동자들의 존엄을 지켜주는 임금을 받고 싶을 뿐이다.

미국에 어떤 유명한 사람이 이런 말을 했다. "가난한 사람은 자유로운 사람이 아니다."라고. 우리는 사치하고 싶은 게 아니라 단지 사회에서 인간으로시의 기본 존엄을 지키고 살고 싶을 뿐이고, 건강을 지킬 수 있고 생활에서 정말 자유롭고 싶을 뿐이다.

요즘 날이 덥다는 이유로 일만 하고 공부는 좀 미뤄뒀다. 시험신청도 마쳤으니 정신줄 잡고 다시 집중해야겠다. 요즘 학원 수강생이 더 늘었고, 잘하면 번역일도 생길 것 같다. 감사한 나날이다.

8월 16일 응급실에서 깨닫는 일상에 대한 감사

오늘 친구에게 갑자기 연락이 와서 응급실에 다녀왔다. 친구가 산에 놀러 갔다가 넘어져서 다쳤다. 코뼈가 심하게 부서지고 피가 엄

○

청 많이 났다. 응급실에 가는 길에 친구가 생각보다 많이 다쳐서 심각하면 어쩌나 걱정했었는데, 그래도 코만 다쳐서 다행이었다. 치료 받는 과정을 보는데 상처가 깊어서 코뼈 위에 찢어진 살을 집게로 잡고 주사기로 소독하는데 정말 소름이 돋았다. 그리고 휴일에 끊임없이 실려 오는 환자들을 보면서 사람들이 참 의외로 많이 다치고 아프다는 것을 다시금 목격했다.

병원, 응급실은 내게 감사를 일깨워준다.

사실, 요즘 생활이 많이 권태로웠다. 소일거리로 새로운 사람들을 만나고 그 일상을 유지하는 게 익숙해졌다. 학생들과 함께 공부하는 것은 좋기는 했지만 정신적으로 신체적으로 좀 힘이 들었고, 무엇보다 나의 공부, 나의 전공이 아니어서 스스로의 공부에 조금 나태해진 건가 싶기도 했고, 도태되는 게 아닐까 두려웠다.

나는 현대문학을 전공했지만, 내가 하고 있는 일은 '중국어'를 가르치는 일이고, 그래서 문법적인 공부가 더욱 필요하다. 문법에 약한 내게 마침 다가온 공부의 기회라고 생각하고 부정적인 생각을 지우려고 노력한다.

우연히 간 병원 응급실의 풍경은 조금 지루해지고 나태해진 내게 다시 감사함을 깨닫게 해주었다. 건강과 일상의 소중함. 항상 무엇인가 되어야 한다는 강박, 일에서 오는 스트레스에 어제가 오늘인지, 오늘이 어제인지도 모르게 지내왔다.

그러나 오늘 내일이 어떻게 될 줄 모르는 우리라는 사실을 절대 잊지 말아야겠고, 비록 취업이 막막하고, 이제 어떤 길을 가야 할지 몰라도, 그래도 걸을 수 있고, 말할 수 있고, 웃을 수 있음에 감사하고 열심히 살아야겠다.

그런데 기대했던 번역 일은 아직 소식이 없다.

8월 17일 로망이었던 프리랜서, 지금은 임시직으로 다가올 뿐

오늘 학원 회식이 있었다. 프리랜서인 선생님들이라 점심 때 회식을 했다. 처음이다. 인턴 때 회식 이후 직원으로서 회식에 참여하는 건.

오늘 수업이 없었음에도 버스를 타고 학원에 갔다. 가는 길에 역삼역 쪽에서 신호대기 시간 동안 길에 누워 계시는 노숙자 아저씨를 봤다. 많은 회사 건물들과 여기저기 바삐 움직이는 회사원들 사이에서 아저씨의 모습은 눈에 띄었다. 햇볕에 그을린 검은 피부와 옆에 놓인 소주병, 눈은 감고 계셨지만 정말 주무시는 게 아닌 듯한 느낌이 들었다.

학생들의 개학과 동시에 중국어 학원 일거리가 많이 줄어든다. 유학 가는 학생들, 개학 후 주요과목에 몰두해야 하는 학생들, 나도 얼마 전 올해 내 첫 학생과 마지막 수업을 했다. 당연 수업 시간이 줄어들면 벌이도 줄어든다. 요즘 문득 정말 일이 없어질까 살짝 걱정이었다.

역삼역 아저씨를 본 순간, 우리 참 비슷한 처지란 생각이 들었다. 그리고 또 취업 사이트에 들어가 이력서를 넣으면서 빛의 속도로 마구마구 클릭했다. 마구마구 클릭해도 한번 전화 받기가 참 어렵다. 특히 올해는.

학원 학생들은 예의를 넘어서 어린아이가 매너가 넘친다는 말이 나올 정도로 바르고 착하다. 학원 선생님인데도 꼬박꼬박 선생님이라

○

고 말해주는데, 나는 그 단어가 참 무거워 '쌤'이라는 단어가 더 편하다. 원장선생님 역시 우리를 '프리랜서'라고 말씀해 주신다. 스스로 '백수', '무직자'라고 여겼던 내게 이 단어가 참 낯설었다.

대학교 때까지만 해도 프리랜서, 전문직에 종사하는 사람에 대한 로망이 있었다. 그러나 지금은 적어도 내게 그 단어는 거창해 보이던 프리랜서가 아닌, 그냥 임시직이다. 일이 없을 땐 불안을 느끼며, 언제 올지 모르는 전화를 기다리면서 계속 빛의 속도로 마구마구 클릭을 해야 한다. 나중에 전화 받으면 내가 어디 지원했는지도 몰라 어리둥절할 때가 있고, 그럴 때면 상대방에 대해 아는 척 해야 한다.

지금 하는 일, 자유로운 시간은 좋지만 앞날을 생각한다면 안정된 직장을 찾아야 한다고 생각한다.

나는 적어도 내 삶에 대해서 스스로 책임지고 싶은 바람이다.

이 기본적인 바람이 이뤄지기도 참 쉽지 않다는 것. 그래서 중학교 때 선생님은 평범하게 사는 게 참 어렵다는 말씀을 하셨던 걸까? 그렇지만 난 꼭 기본적으로 내 삶, 생계를 책임지고 싶다. 오늘부터 술을 먹지 않을 생각이다.

8월 18일 경찰관 시험을 접수하며 유학생활을 떠올리다

오늘 6시, 경찰시험 인터넷 접수를 마감했다. 지원자가 얼마나 되는지 아직 모르지만 꽤 많을 것 같다. 우리 엄마는 가히 '맹모'라고 할 수 있다. 내가 경찰에 지원한다고 말한 뒤로 순찰 도시는 경찰 아저씨들을 만나면 꼭 외사경찰에 대해 물어보신다.

요즘은 취업이 어려워 경찰공무원 시험에 지원하는 사람이 많다고 한다. 그래서 어떤 경찰 아저씨께서 외사경찰 말고 일반경찰시험도 준비해서 수시로 시험을 보라고 권했다고 하셨다. 외사경찰 시험은 일 년에 한 번 밖에 없다. 그래서 시험에 대한 부담감이 좀 있다. 아직도 시험 합격에 대한 확신이 없어 좀 불안하지만, 아직 기한이 남았다.

아침 일찍 초등학생 중국어 수업을 하고 왔다. 학생들을 만날 때마다 열심히 하라고 격려하지만, 사실 마음 한켠은 참 허무하다. 나도 열심히 하래서, 좋아해서 중국어 공부를 했지만 중국어로 할 수 있는 일을 아직 찾지 못했다. 중국어로 방향을 잡지 못했다. 현대문학으론 무엇이 되기에, 일을 하기엔 참 어렵다는 것만 알았다. 그렇기 때문에 특히 중국어를 좋아한다고 공부하는 친구들에게 격려하는 동시에 참 마음이 편하지 않다.

우리는 어릴 때부터 공부 열심히 하라는 소리를 듣고 자랐지만, 그 어떤 공부로 이떤 길을 가서 어떻게 되는 방법은 배우지 못했다. 스스로 평생 터득해야 하는 거라면 할 말은 없다. 그래서 내가 해온 공부와 노력은 공중에 붕 뜬 기분이다. 그리고 그럼에도 내 전공을 놓을 수 없어 관련된 일을 찾은 게, 살면서, 일하면서 보람을 느낄 수 있는 일이 경찰이라는 생각이 들어 선택했다.

누군가는 내게 공부해 온 것이 아깝지 않냐고 하셨지만, 이제는 생계에 도움이 되지 않는다면, 정확한 전망과 방향이 없다면 과감히 버려야 한다는 것도 알았다.

작년에 전공에 대해 회의를 가지고 중국에 논문을 쓰러 갔다. 그때 본 책에서, 임어당 선생님은 문학을 공부하는 학생들에게 생계를 책임질 수 없다면 문학 공부를 하지 말라고 했다. 깊이 공감했다. 생

○

계를 해결할 수 있어야 문학을 할 수 있다고 생각한다. 그리고 문학은 사람들의 이야기다. 생활 자체가 살아 있는 문학이며, 경찰 일을 통한 이웃들과의 만남 역시 또 다른 문학이라고 생각한다.

경찰이 되면 겸손하고 정직하게 일해서 우리들의 삶을 좀 더 보기 좋게 만들고 싶다. 잘할 수 있을까?

8월 19일 친구들과도 점점 멀어진다

오늘 감기 증상이 있어서 좀 골골댔다. 귀국하고 한 달 반 동안 두 번 감기 걸리는 것 보면 나도 좀 늙은 것 같다. 몸이 안 좋으면 생각이 부정적으로 흐른다.

오늘 대학 동기에게 오랜만에 연락을 받았다. 카톡으로 어떻게 지내냐고 묻는데 나는 자주 친구들을 서운하게 한다. 중국에 가서 공부를 하고, 취준생인 지금 친구들에게 자주 연락하지 않는다. 어제 받은 연락도 아직 답하지 않았다. 오랜만에 연락해서 지금 상황을 말하고 싶지 않았다. 그리고 지금 정신이 조금 나약해진 상황이다. 이렇게 친구들과 조금씩 멀어짐을 느낀다. 지금 녹음을 마치고 답장해야겠다.

올 초 경찰이 되고 싶다고 생각한 이후로 신문을 볼 때마다 공무원, 특히 경찰공무원 이야기에 주목하고 스크랩을 해둔다. 경찰일 하시면서 인생의 절반을 서울역 노숙자들과 함께하신 분 이야기, 자살을 막은 여경 이야기, 실종된 할머니를 찾았는데 맨발인 할머니에게 선뜻 자신의 신발을 벗어준 여경 이야기 등등.

　　신문에 부정적인 기사도 많지만, 사실 긍정적인 기사도 꾸준히 있었고 부정적이고 충격적이기에 긍정적인 기사는 많이 부각되지 않는 점이 아쉽다. 그래서 신문을 볼 때, 어떤 소식을 접할 때 일반화하고 전체화하는 사고를 조심해야 한다.

　　경찰이라고 하면 벌을 가하는 위협적인 이미지였다. 그러나 나는 만일 경찰이 된다면 앞서 내가 주목하고 스크랩 해둔 경찰들처럼 이웃과 함께 옆에서 묵묵히 곁을 지키는 사람이 되고 싶다.

　　경찰이라는 꿈은 대학교 2학년 때 생긴 건지도 모른다. 우연히 어떤 중국 아주머니를 알게 됐는데, 집에 가는 길에 치한을 만나 경찰에 신고했지만 경찰과 중국 언니 사이에서 대화가 통하지 않아 경찰 아저씨들과 중국 언니가 함께 우리 집으로 와서 통역을 요구했다.

　　2년 배운 중국어로는 당황해서 랩처럼 빨리 말하는 언니의 중국어를 알아듣기 어려웠지만, 무사히 잘 통역하고 치한이라 여겨지던 남자와 언니 사이에 오해가 있었음을 알고 설명했다. 그 뒤로 중국 언니와(아줌마이지만 언니라고 하셨다) 계속 관계를 유지하면서, 한국에서 문화와 언어차이로 어렵게 지내는 중국인들이 있음을 알게 됐다.

　　그리고 그때 경험한, 나의 배움이 어딘가에 쓰인다는 그 느낌이 내게 인상적이었다.

　　그래서 한결 같이 뭔가 써먹고 싶은 걸까?

　　시험까지 앞으로 한 달 좀 더 남았다. 처음 가졌던 마음, 내가 공부하면서 느끼고 배운 모든 것들을 잊지 말고 착실히 시험 준비를 해야겠다.

O

8월 20일 엄마, 아빠 늘 죄송해요

오늘도 학원에 다녀왔다. 꾸준히 공부할 줄 알았던 학생이 다음 주에 개학해서 학교 다닐 동안 함께 공부하지 못한다고 이야기했다. 초등학생인데 스케줄이 나보다 더 빡빡하다.

내가 일하는 학원은 우리나라 사교육 일번지로, 한 달 정도 일하면서 뉴스와 다큐에서 접했던 이야기들을 눈앞에서 경험했다. 제일 나를 놀라게 했던 일은, 전날 미국에서 왔는데 시차 적응도 되지 않았음에도 학원에 수업 받으러 온 학생이었다. 그럼에도 불구하고 빨간 눈으로 묵묵히 수업을 들으면서 힘들어도 힘들다고 하지 않는 모습에서 부모님보다 학생들이 더 대단하다고 생각했다.

이제 내게 남은 학생은 한 명이다. 그리고 앞으로 중국어 자격증 수업을 맡게 될 것 같다. 그래서 이번 주 동안 문법 관련 공부를 좀 해서 다음 주 시험강의를 해야 한다.

나는 대학 졸업 조건에 맞춰 중국어 자격증을 땄다. 그러나 학원에 다녀서 취득 한 게 아니라 중국에서 공부하고 생활하고 와서 시험에 응시해서 땄다. 중국어자격증을 위해 준비하다 보면 어휘력이 늘고, 평소 구사하던 중국어가 좀 더 정확해지는 건 좋지만, 잘못하면 중국어가 미워진다. 어떻게 즐겁고 재미있게 공부할 수 있을지 오랜 시간 연구해야 할 것 같다…. 그럴 수 있을까?

학원 마치고 오는 길에 감기약을 사면서 부모님 무좀약도 샀다. 평생 우리를 위해 고생하신 부모님. 일하시면서 건강을 챙기지 못하셔서 불편한 부모님을 뵐 때마다 면목이 없다. 그런 내가 감기에 픽픽 엎어져 자고, 일어나서 후회하면 아플 땐 쉬어가며 해야 한다고 하는

○

엄마, 아빠한테 늘 죄송하다.

　　약 먹고 누워 있는데 문득 일찍이 일터에 나가 일하는 오빠를 생각하면서 내가 아프다고 이렇게 쉴 자격이 있나 싶었다. 오빠는 휴일도 없이 2주째 일하고 있다. 힘든 내색을 보이지만 그래도 항상 책임감 있게 나가서 일을 하는 모습에 더욱 미안하고 반성하게 된다.

　　감기약은 또 너무 졸리고 먹고 난 후 며칠간 머리도 띵해서 잘 먹지 않지만, 방치하면 더 안 좋아질까 먹는다. 그것도 제일 안 졸린 감기약으로만. 마음은 급한데 몸이 안 따라주면 정말 최악이다.

8월 21일 자살한 취업준비생에게 하고 싶은 말

　　나는 매일 오전 집에서 신문스크랩을 하고, 소리 내어 중국어 단어를 외우고, 인터넷 기사도 좀 보고 점심 먹고 도서관에 간다. 그리고 저녁에 집에 돌아와 취준일기를 녹음한다.

　　나는 서른이 다 되가는 나이에도 벌이 없이 도서관에 나가는 내 처지가 참 면목 없다고 생각한다. 이제는 공부한다는 말이 참 창피한 입장이다. 그러던 중 오늘 기사에서 4년간 취업을 준비하던 취준생이 술 먹고 자살했다는 기사를 접하는 순간 정말 마음이 내려앉았다. 같은 처지여서 충분히 공감했고, 마음이 많이 아팠다. 얼마나 절망적이고 우울한 생활이 견디기 힘들었으면 그런 선택을 했을까 하는 생각에 가슴이 먹먹했고, 동시에 나의 미래도 두려워졌다.

　　'얼마나 괴로우면 알면서 최악의 선택을 했을까.'라는 생각이 들어 마음이 무너지지만, 그래도 아무리 취업이 힘들어도 제발 그런 선택은 안 했으면 좋겠다. 우리 소유인 것 같은 우리 목숨은 사실 스스로의 것이 아니라고 생각한다. 거기에는 부모님 몫, 가족들 친구들 몫 등등 많은 사람들의 부분이 함께 있다. 그러므로 절대 어떠한 좌절이 와도 그런 선택을 하면 안 된다.

나라에서는 몇 년 안으로 일자리를 많이 창출할 계획이라고 하지만, 아득히 먼 미래 같고 조금도 희망이 보이지 않는 것은 왜일까?

오후에 집에 돌아와 쉬는데 중국 친구에게서 전화가 왔다. 번호가 이상해서 보이스피싱인 줄 알고 굉장히 조심스럽게 받았는데 알고보니 교환학생 때부터 지금까지 계속 연락을 주고받는 친한 친구였다. 중국 친구들은 귀국 후에도 내게 자주 취업했냐고 물어 봐준다.

친구에게 요즘 내가 안고 있던 고민에 대해 말했다. 나도 열심히 살았다고 말하고 싶을 만큼 중국어 공부 열심히 했는데 나름 좌절을 겪고 나니 같이 공부하는 꼬맹이들에게 공부 열심히 하라고 말하는 것이 좀 죄스럽다고 이야기했다. 이젠 열심히 살 이유를 모르겠다고 이야기했다.

그랬더니 친구는 그래도 열심히 살아야 한다고 말했다. 동시에 내 처지를 충분히 이해하지만, 기회는 언제 올지 모르는 것이기 때문에 계속 꾸준히 준비하고 있어야 한다고. 순간 잊고 있던 어느 글귀가 친구의 입으로 전해지는 것 같았다. 나는 친구의 조언 덕분에 다시 마음을 잡을 수 있었다. 그리고 이제 학생들에게 공부 열심히 하라고 조금 더 떳떳하게 말할 수 있을 것 같다.

8월 23일 학점, 취업, 알바, 학자금 대출 말고 사회를 고민하고 싶다

어제 이모부와 오빠와 술을 엄청 마셨다. 하루 종일 어지러워서 집안일만 할 수 있었다. 직장인들은 참 대단하다. '슈퍼맨'이라고 하고 싶다. 같이 술을 마신 오빠는 바로 새벽에 일을 나갔다. 나는 오빠를 '초인류'라고 부른다.

이모부께 이것저것 많이 여쭤봤다. 이모부 젊은 시절에 대해서. 우리와 확연히 다른 젊은 시절을 보낸 이모부다. 음… 민주화 운동을 했었고, 서대문 형무소에 가기도 하셨고, 사랑도 경험해 보셨고, 열정적인 젊음을 보내셨다. 반면 이모부의 젊음에 비해 나는 입시와 학점 고민, 아르바이트의 반복이다가 사이사이 깨알 같이 운 좋게 중국에서 공부할 수 있었다.

이모부는 사회의 정의에 대해 생각하고 행동할 수 있었고, 열정적으로 순수한 사랑도 할 수 있었지만, 나는 그런 경험을 해 본 적이 없다. 항상 학점, 취업, 아르바이트, 학자금 대출이 내 머릿속에서 하루도 떠난 적이 없었으니까. 그렇다고 내가 분투한 지난날을 미워하는 것은 아니지만, 더 나은 가치를 생각하고 추구할 여력은 있었으면 좋겠다.

또래 친구들과도 이야기해 보면 우리에게 사회 정의, 사회에서 우리의 역할 등 이러한 이야기는 너무나 이상적이거나 혹은 해도 소용없는 이야기처럼 느껴진다. 이러한 가치관이 일상생활에서 눈에 보이게 쓰이는 것은 아니니까. 그러나 어쩌면 토익, HSK, 해외 연수 경험보다 이러한 가치관이 더 중요한 게 아닐까.

물론 나도 생각과 가치관이 성숙한 것은 아니다. 그래서 경찰을

O

한다고 하면서도 중국어 실력보다 더 불안한 것은 내 머릿속 가치관
과 생각의 미비라고 생각한다. 하루아침에 어떠한 생각이 떠올라 어
떠한 인간이 곧바로 될 수는 없지만, 꾸준히 책과 신문을 보며 닮고
싶은 삶을 사는 사람들을 보고 연구한다.

　아, 이제 시험까지 술을 먹지 말아야겠다. 하루 사이 안 좋은 머
리가 더 안 좋아진 것 같다.

8월 24일 묵묵히 최선을 다하는 삶

　친구가 수술하는 날이라 병원에 다녀왔다. 수술 전 긴장하고 두
려워하는 친구 모습을 보며 수술실 앞까지 배웅했다. 처음이다. 이렇
게 드라마에서 보던 수술실 앞까지 간 경우는. 그리고 수술 마치고
나온 친구의 모습은 정말 마음 아팠다. 두 시간 전까지만 해도 웃고
이야기했는데 마취약에 취해 정신없는 모습, 아픈 모습은 또 다른 느
낌이었다.

　매번 병원에 다녀올 때마다 느낀다. 아픈 사람이 참 많고, 아픈
사람들을 고쳐 주는 사람들도 참 많다는 것. 도서관, 학원, 집만 왔
다 갔다 하고, 내가 만나는 사람들은 중국과 관련된 사람들이기 때문
에 사실 새로울 것 없는 무미건조한 일상이다. 그래서 건강하다는
것, 일하고 공부할 수 있다는 것 역시 호흡처럼 너무나 당연하고 자연
스럽고 한편으론 지겨운 일이었다. 친구의 수술이 무사히 끝나 다행
이었고 힘찬 월요일인 만큼 다시 정신줄 잡고 한 주 살아봐야겠다.

　경찰 일을 생각하면 아직 낯설고 구체적인 생각이 떠오르지 않는

○

다. 오늘 신문에서 미국경찰이 테러를 막은 일을 봤다. 그리고 어떤 국선변호사가 강간미수 여성을 무혐의로 이끈 것.

　신문과 뉴스를 보면 모두 다 사기꾼이고 나쁜 놈들 천지인 것 같은 세상이지만, 돈의 가치를 넘어서 자기의 영역에서 묵묵히 최선을 다하는 사람들도 참 많다.

　나도 그렇게 내 영역에서 묵묵히 내 일에 최선을 다하는 삶을 살고 싶다.

8월 25일 계속 되는 기회, 힘내자

　오늘은 시청에 다녀왔다. 곧 취준일기 녹음도 끝난다. 출국, 귀국 때마다 버스 밖으로 본 시청은 정말 외국 같았다. 그런데 오늘 직접 시청에 가보니 정말 멋있어서 깜짝 놀랐다. 서울에 살면서 사실 서울에 뭐가 어떻게, 누가 어떻게 사는지 잘 모른다. 그리고 시청 밖으로 시위자들이 신문에서처럼 녹음기를 켜두고 빨간색 글자로 써 놓은 팻말들을 세워 놓고 있었다.

　시청에 간 김에 서울시 시장님께 '성남시 시장님처럼 우리 학자금 대출 이자 좀 면제해 주시면 안 될까요?'라고 말도 해보고 싶었다.

　시청 주변을 배회하면서 높이 들어선 빌딩들, 그리고 그 안에 켜져 있는 불빛들, 사람들을 보면서 저 많은 회사 중에 아직 내가 앉을 자리가 없다고 생각하니 좀 그랬다. 더 나이가 들어서 남산에 올라가 시가지를 보면 '저 많은 집들 중에 내 집은 하나 없네.'라고 말하지 않게 되길 바랄 뿐이다.

○

시청역 입구에서부터 말끔히 차려 입은 노년의 신사들과 목에 직원 카드 걸고 바삐 움직이는 회사원들이 보였다. 아, 좀 많이 멋있어 보였다.

오늘 좋은 소식 하나 있다. 오늘 낮에 기업체 출강 면접 보러 오라는 이야기를 들었다. 이번 주 금요일 시강(시험강의) 준비해서 가면 된다. 낮에 또 연락이 왔는데, 투자법인과 엔터법인 두 가지 사업을 하신다는 분이 연락을 주셨다. 경찰시험을 본다는 가정 하에 기업 취업은 서로에게 무리라고 생각해서 생각을 접었다. 지금 중국발 위기로 경제가 어렵다는데, 그래도 오늘따라 면접의 기회라도 오니 참 기쁘다. 태풍 '고니'가 오니 기회도 오는 '고니'? 크크크. 아, 난 좀 유치해서 그런 개그 좋아한다.

태풍은 오고 가지만, 나의 취업의 기회, 직업, 그리고 월급은 떠나지 않길 바란다.

8월 26일 강아지도 스스로 방법을 찾고 원칙을 세우는데….

오늘 우리 밍키를 보다가 '개 같이 살면 참 좋겠다.'라는 생각이 들었다. 우리 밍키는 우리와 산지 9년 째 됐고, 큰 이모께서 선물해 주신 아기 강아지가 할아버지 강아지가 됐다. 그럼에도 밍키는 한결같이 맡은 바 최선을 다한다.

가게를 하시는 부모님을 도와 부모님이 화장실에 가시거나 부득이하게 자리를 비울 때 밍키는 점빵을 보고 있다가 손님이 오면 알린다. 그리고 지조도 있어서 매일 보고 아무리 밍키의 환심을 사려고 간

○

식을 주는 동네 이웃 아주머니에게도 밍키는 절대 곁을 주지 않는다.

밍키에게도 기준은 있는데, 먼저 방안에 들어온 가족 및 친척, 친구까지는 가능하지만 낯선 이는 절대 안 된다. 그렇다고 낯선 사람을 무는 깡패견은 아니다. 또한 경우도 굉장히 바르게 가족들이 귀가할 때마다 나와서 인사한다. 심지어 밥을 먹고 있다가도 형님이 온다 싶으면 사료 뱉어버리고 나오는 강아지가 바로 우리 밍키다. 심한 배앓이를 해도, 화장실을 열두 번 가고, 눈비가 와도 꼭 인사는 하고 화장실 가서 일을 보는 우리 밍키.

나도 우리 강아지처럼 신념 있고 성실한 사람이어야겠다고 생각한다. 밍키처럼 비가와도 눈이 와도, 화장실에 열두 번 가도 맡은 바 최선을 다하고, 언제나 사람들을 먼저 챙기는 사람이 돼야겠다.

솔직히 나는 밥 먹을 때 누가 부르는 것, 통화하는 걸 제일 싫어한다. 그래서 밥 먹을 때 오빠가 와도 반갑게 인사하지 않는다. 그런 걸 보며 난 참 밍키만도 못한가 싶다. 밍키는 걱정도 없다. 하루 밥한 끼, 개 껌 네 개만 있으면 그만이다. 욕심도 없다. 다만 자기 밥그릇에 손대는 걸 무지 싫어한다. 아무리 주인이어도 자기 밥그릇에 손대면 으르렁 하며 겁을 준다. 나도 나중에 직장인이 되면 밍키처럼 사람과 내 밥그릇 잘 지키는 사람이고 싶다.

강아지도 어릴 때부터 말도 안 통하는데 사람들 사이에서 스스로 방법을 찾고 원칙을 세우며 살아간다. 취준생인 우리도 비록 아직 실질적으로 생계를 책임지는 사회인이 아니어서 사회생활이 막연하고 낯설지만 밍키처럼 우리도 사회에 잘 적응하고, 우리의 방법과 원칙을 확고히 해 나갈 것이라 믿는다.

강아지도 사람세계에 적응해서 내게 '밍키 오빠'라는 말도 듣는데, 우리도 더 잘 적응할 수 있으리라 믿는다. 파이팅~!

O

3년 뒤 근황

유민주 씨는 경찰관 시험에 합격해
현재 지방경찰청에서 근무하고 있다.

히가시노 게이고의 '나미야 잡화점의 기적'이란 소설을 아주 재미있게 읽었다. 작품의 내용은, 3인조 도둑이 30년간 비어있던 주인이 운영하던 '나미야 잡화점'에 몰래 들어와 고민상담 편지를 발견한다. 이들은 상담자들의 안타까운 사연을 접하고 시공간을 초월하여 과거와 현재가 교차하는 나미야 잡화점에서 고민을 가진 사람들과 편지로 따뜻한 상담을 이어 간다.

취준일기에 참여하고 약 3년의 시간이 지난 지금, 나는 시공간을 초월해서 3년 전 나를 다시 만났다.

유학시절 나는 '좋아한다.'는 이유 하나만으로 앞뒤 계산 없이 문학 공부를 했다고 자책하며 발등을 찍고 있었다. 공부를 하며 국내 취업난이 심각하다는 소식을 접할 때면, 이렇게 내가 공부를 하고 독서를 해도 사회에서 요구하는 이력서에는 문학작품, 독서목록 등을 적을 수 있는 자리가 없는데 이런 공부가 도대체 무슨 짓인가 하며 슬퍼하며 자주 자책했다.

그럼에도 공부를 하겠다고 마음먹은 이유는 그 당시 그렇게 하지 않으면 나중에 늙어서 후회할 것이 두려웠기 때문이었다. 나중에 하는 후회보다 공부를 하고 후회하는 것이 덜 아플 것이라 생각했는데, 유학을 마치고 돌아오니 미래에 대한 두려움으로 인해 더 아파서 놀랐다. 캄캄한 동굴을 홀로 방향도 모르면서 걸어가는 기분이었다.

당시 중국에서 공부를 마치고 막 귀국했고, 학자금 대출 이자연체와 연이은 '이력서 광탈'로 잔뜩 좌절하며 어려운 나날을 보내고 있었다. 해결되려면 시간이 아주 오래 걸릴 것 같은 학자금 대출과 공부하며 흘러보낸 시간으로

○

취업에 대한 조급함을 견디기 어려웠다.

　그렇지만 지금 돌이켜 생각해보니 취업을 하고 난 후에는 어차피 벌 돈이고, 어떻게든 갚아질 빚이라면 마음을 조금 더 느긋하게 가지고 내가 정말 원하는 삶과 평생직장에 대해 숙고할 시간을 나 자신에게 충분히 주었으면 하는 아쉬움이 있다. '무엇을 해서라도 빚을 상환하겠다는 의지가 변하지 않을 것이었다면, 좀 더 먼 미래를 내다보고 조급해 하지 말고 준비하는 과정 중 스스로를 더 관찰할 걸.'이란 후회가 되어 아쉽기도 하다.

　나는 그때의 나에게 자신이 살아갈 인생에 대해서 더 많이, 더 자주 생각하고 변치 않을 삶의 태도, 신념을 정하라고 하고 싶다. 그리고 이런 과정 중 많이 힘들어하고 아파하라고 말해주고 싶다. 그래서 그때의 절망을 잊지 않고 나처럼 어려운 타인을 이해하기 위해, 무엇을 이루어도 끝없이 겸손할 수 있도록 세상에서 가장 외롭고 힘든 사람이 되라고 말하고 싶다.

　마지막으로 내가 정한 전공과 신념이 나를 바른 길로 이끌어준다는 것을 믿으며 두려움을 극복하라고 하고 싶다.

　취업이 어려웠던 이유 중 하나는 내가 선택한 전공을 살려 취업을 하려 했고, 이러한 '이상'은 스스로 취업 선택의 폭을 줄이는 것이었다. 그럼에도 나는 내가 배운 중국어, 중국어를 배우는 과정에서 받고 배운 '사랑과 배려'를 활용하여 보람된 인생을 살고 싶다는 이상을 놓을 수 없었다.

　그때의 괴로움과 이상이 나를 이끌어 이 글을 쓸 수 있게 해주었다.

　취업준비가 학창시절 겪었던 각종 시험 준비보다 더 막막하고 괴로운 것은 스스로의 생계를 책임져야 한다는 부담과, 더 이상 누군가 학교에서처럼 '취업'과 '사회생활'을 알려주지 않아 정확한 표준이 없기 때문이라고 생각한다. 그래서 이 기간 동안 취업을 위한 스펙을 갖추는 만큼 더 자신의 내면에 집중하며 스스로 진정 원하는 삶이 무엇인지 아는 것이 중요하고, 자신을 믿고 자신의 신념으로 스스로의 삶을 행복과 보람으로 채울 수 있길 소망한다.

그리고 지금 이 글을 읽고 있는 취업을 준비하며 나처럼 캄캄한 어둠을 걷고 있는 분들께도 꼭 스스로의 길을 찾는 기적 같은 일이, 최상의 순간과 기회가 찾아오길 기원한다.

: 유민주 씨가 중국 유학시절 매일 아침 새벽 운동장 산책 중 채집했다는 클로버.
유 씨는 이 책을 읽는 취준생들에게 행복과 행운이 가득하길 바란다며 이 클로버 사진을 실어줄 것을 요청해 왔다.

수많은 빌딩 속에
내 책상은 어디에 있을까?

이상윤

~~~~~~

이상윤 씨는 전문대를 수석으로 졸업했다. 재학 기간 총장상도 한 차례, 재단 이사장상도 두 차례 수상했다. 나름 실력을 갖췄다 자부했지만 아무리 찾아봐도 마땅한 일자리는 없었다. 대학 친구들은 전공(의료정보학)과 무관한 곳에 계약직, 파견직으로 취직했다. 그나마 전공을 살렸다는 친구들은 자살률 높기로 악명 높은 제약회사의 영업사원이었다. 더 좋은 일자리는 전문대 졸업장으로는 엄두도 낼 수 없었다. 그래서 4년제에 편입했다. 돈을 벌어가면서 2년을 더 공부를 하자니 앞이 깜깜했다. 하지만 이마에 찍힌 전문대 졸업생이라는 낙인을 가릴 수만 있다면 뭐든 감내할 자신이 있었다.

편입학한 학교에서 그는 신문방송학(전공)과 정치학(복수전공)을 공부했다. 대학시절 내내 학교에서 살다시피 했다. 학교는 공부하는 곳이기도 했지만 돈을 버는 일터기도 했다. 친구들은 그를 '노비'라고 불렀다. 무식하게 일하지만 돈은 쥐꼬리만큼도 못 받는, 그러나 학교를

○

취준생일기 · 이상윤

떠나지 못하는 신세라고 해서 붙은 별명이었다. 학교에 일이 없는 일요일에는 부모님이 운영하시던 목욕탕에서 아르바이트를 했다. 카운터를 보고, 목욕탕 청소도 도왔다. 그렇게 모은 돈은 꼬박꼬박 학원에 바쳤다. 영어 점수, 국어와 국사 자격증이 필요했다. 그가 국회 비서관을 지망했기 때문이다.

이렇게 5년 가까이 그는 쉼 없이 달렸다. 취업시장이 원하는 외형에 자신을 맞추어 넣기 위해 달릴수록 그는 자신의 진정한 모습에서 멀어져 가는 것 같았다. 아무리 발버둥 쳐도 벗어날 수 없을 것만 같았던 취준생의 늪에서 그는 과연 빠져 나왔을까?

8월 4일 절름발이 인생

지난 밤 의원실 채용현황을 훑어보았다. 새로 올라오는 채용공고 절반은 입법보조원이다. 입법보조원이란 국회 사무처에서 보수를 받지 않는 의원실 소속 무급인턴이다. 4대보험도 없이 점심식사만 챙겨주는, 인턴 아닌 인턴이다. 그나마 올라오는 유급인턴이나 비서직들도 경력자 중심, 특정 지역구 거주자, 실무능력 소유자 우대 혹은 자격요건이라고 적혀 있다. 여기 어디에도 나는 속하지 않는다. 좋은 소식이 있을 거라는 기대를 안고 늦게나마 잠을 청했다.

잠이 들고 일어나니 오른쪽 발 검지발가락이 심하게 부어올라 있었다. 아마 지금 하고 있는 아르바이트와 부모님의 일을 도우면서 발에 무리가 간 탓인 것 같다. 며칠 전부터 부어오르는 게 보였지만 나아질 줄 알고 내버려 둔 탓에 결국엔 걷기가 불편한 지경에 이르렀다. 출근을 잠시 늦추고, 절룩거리며 병원엘 찾아가게 되었다. 병원엘 가면서 이런 생각이 들었다.

나는 지금 절름발이 인생을 살아가고 있지 않나?

8월 5일 화려한 이력 속에 숨은 핸디캡

채용현황에 그나마 지원할 수 있는 의원실이 나왔다. 이력서를 작성하기 시작했다. 그런데 마음에 무언가 걸리는 게 한 가지가 있었다. 전문대 경력이었다. 전문대학교 재학시절 1번의 재단이사장상, 2번의 총장상, 2번의 학내공모전 수상, 학부전체수석 등의 이력을 가지고 있다. 이러한 경력이 전문대에 대한 일반인들의 선입견을 극복할 수 있다고 생각하진 않는다. 이 이력들을 이력서에 적어야 할까 말아야 할까 계속 고민이 된다.

8월 6일 수많은 빌딩 속 내 책상은 어디에?

학교에서 사진을 공부하는 친구들이 명동 인근에서 사진전을 열어서 가봤다. 방명록엔 익숙한 이름의 사진기자들 이름도 보였다. 사진과 관련된 설명을 듣고 마감 시간이 되어 우리는 뒤풀이를 위해 인근의 두루치기 집을 찾았다. 두루치기와 맥주 한 잔을 걸치며 세상 돌아가는 이야기, 대학 친구들 이야기, 사는 이야기를 나눴다. 술잔이 돌던 중 잠시 담배 생각에 가게에서 나왔다. 가게에서 몇 걸음을 옮기자, 내 눈앞을 남산 타워를 비롯해 수많은 빌딩 숲이 가로막았다. 서울 하늘 아래, 휘황찬란한 빌딩들 중에서 내 책상을 놓을 수 있는 곳이 있을까? 다시 술집으로 들어가며 내일 아침을 기약했다.

8월 7일 보이지 않는다고 존재하지 않는 건 아니다

국회의원실 한 곳에 지원서를 냈다. 9급 행정 비서를 뽑는 곳이었다. 고민했던 전문대 경력은 지웠다. 유권자들이 좋아하는 의원이라도 전문대생에 대한 인식은 보통 사람들과 크게 다르지 않을 것이라는 생각에서 내린 결정이다. 이틀간의 고민은 이렇게 풀렸다. 하지만

○

경력을 지우면서 2년 전 나는 마치 세상에 존재하지 않았던 사람이었나 생각하니 기분이 묘했다. 수많은 성소수자들이 얘기했던 내용이 문득 떠올랐다.

"보이지 않는다고 존재하지 않는 것은 아니다."

맞는 말이다. 비록 경력은 지워졌지만, 내 자신의 존재까지는 지워지지 않았다. 하지만 비어있는 2년을 어떻게 증명해야 할까 또 다른 고민이 짙어졌다.

8월 8일 이불 속에서 흘린 후회의 눈물

1대 99의 사회. 빈부격차를 상징하는 말이지만 취업시장에서도 이 원칙이 적용된다고 나는 생각한다. 나는 전문대학을 다니며 교내 근로와 단기 알바, 그리고 부모님의 가게일인 목욕탕 청소일까지 세 개의 아르바이트를 뛰며 이를 악물고 공부했다. 그 결과 학부전체수석으로 졸업했다. 대외활동도 봉사활동도 학점도 뭐하나 빼놓지 않고 열심히 했다. 나름대로 노력했다.

그러나 현실은 어땠나? 의료정보학이란 그럴듯한 이름을 가진 학과였다. 하지만 막상 교수들이 추천해주는 직장은 계약직, 파견직, 비정규직, 자살률 1위로 유명한 제약회사 영업사원이었다. 월급이나 처우도 월 150만 원을 넘기기도 힘든 그야말로 미래가 안 보이는 직장이었다. 30대엔 직장에서 명예퇴직, 정리해고를 당할 회사들이었다. 그 세상에 남게 된다면 나는 절대로 안정된 삶을 꾸릴 수 없을 것 같았다.

노력으로도, 학교에서 강조한 신앙으로도 그 같은 운명을 극복할 수 없을 것 같다는 생각에 이르자 이불 속 내 얼굴에 후회의 눈물이 흐른다. 전문대 출신이라는 주홍글씨를 지울 수 있을까?

8월 9일 300원짜리 자판기 커피처럼 사람도 보통·고급이 있을까?

책이나 읽을 겸 토익학원 숙제나 할 겸 동네에 있는 구립도서관에 왔다. 몇 시간을 공부하다가 바람이나 쐴 겸 도서관 뒤편 정원으로 산책을 나왔다. 생계와 학점, 스펙관리 때문에 스무 살 이후론 여행다운 여행 휴가다운 휴가 없이 지낸 지 오래인지라, 이렇게 잠깐 산책이라도 나오면 음료수 하나로 소풍 가는 기분을 낸다.

여느 때처럼 도서관 출입구에 있는 커피 자판기에서 300원짜리 커피를 뽑았다. 오늘따라 자판기 버튼의 글씨가 눈에 들어왔다. 모두 같은 300원인데 어떤 건 고급커피, 어떤 것은 일반커피로 표기돼 있었다. 그러고 보니 사람도 그렇지 않나. 같은 사람일지라도 누구는 고급대접을, 누구는 일반대접을 받는 것이 아니던가. 자판기 커피처럼 자신을 뽑아갈 사람을 찾는 것 역시 우리네 삶이 커피 자판기를 닮은 거 같다.

8월 10일 학벌 때문에 희망을 자꾸 놓게 된다.

지난 며칠 동안, 지원한 의원실에서 혹시나 소식이 올까 조마조마 했다. 하지만 어떤 연락도 오지 않았다. 이메일은 수신은 한 것으로 확인됐다. 그러나 감감무소식이다. 지원 마감날짜는 아직 1주일가량 남았다. 그렇지만 대부분의 의원실 유급인턴, 직원들이 그렇듯이 이곳도 자신들이 원하는 사람 혹은 안 좋은 경우엔 낙하산 직원이 내려와 조기마감이 될 것이다. 취업난이 취업난인지라, 9급 행정비서라는 자리라도 분명 석·박사 학위의 사람들도 엄청 몰렸을 것이라고 상상이 되었다. 이력서 마감일은 멀었다. 하지만 내가 수많은 경쟁자들과 상대할 생각을 하니 계속 풀이 죽는다. 더군다나 내가 지원한 당이 학벌을 많이 본다는 건 이미 파다한 소문인지라 희망을 자꾸 놓게 된다.

8월 11일 조교 명함에 울컥

일자리 제안이 들어왔다. 학교의 겸임교수님이 제안한 일자리이다. 교수님의 연구소에서 연구소 내 교수님들의 일정과 연구소 카페를 관리하는 조교 자리다. 일단 수락을 하고 교수님께 감사의 인사를 드렸다. 다음 주쯤에 명함이 나온다고 하셨다. 명함이라니 뭔가 울컥했다. 그동안 여러 가지 아르바이트를 하면서 나는 이름 대신 "야", "너" 같은 말로 대부분 불렸다. 명함이 나오는 일자리는 처음이다. 정말 좋은 소식이다. 안 그래도 영어와 자격증 취득을 위해 휴학을 망설이고 있던 터라 더 없이 좋은 소식이었다.

○

8월 14일 잘하는 것, 좋아하는 것을 직업으로 삼기엔…

내가 어렸을 때 많은 내 또래친구들은 유치원이나 어린이집을 다니는 대신에 태권도학원이나 음악학원을 다녔었다. 나도 마찬가지였다. 나는 한문학원엘 정말 오래 다녔다. 누나들을 따라 4살 때부터 13살 때까지 다녔던 것 같다. 덕분에 주변에선 나의 한문 실력을 부러워했다.

하지만 막상 이것이 취업준비를 앞두곤 힘이 없는 지식, 별 도움이 안 되는 지식이라는 걸 알게 됐다. 작년 교내 역사자료관에서 순한문 신문을 번역하며 받았던 돈은 시급 6000원이었다. 9년 간 배운 대가치곤 적다는 생각을 지우긴 힘들었다. 그리고 오늘 교내의 한 교수님으로부터 한문과 관련된 알바 자리를 제안 받았다. 그 일 역시 시급 6000원 안팎일 거라고 한다.

많은 취준생들도 어쩌면 나와 비슷한 경험을 했을지도 모른다. 잘하는 것, 좋아하는 것을 직업으로 삼기엔 미래가 암울하다. 분명 내 또래 세대들이 배워온 지식들의 가치는 최저임금 이상일 텐데 말이다.

8월 18일 사냥개처럼 쫓았지만, 늘 쫓기는 느낌

그동안 방학 때면 대외활동과 인턴, 실습 혹은 자격증 공부를 꾸준히 해왔다. 의원실 인턴비서, 대학병원 실습, 언론사 취재기자 연수, IT기업체 OJT 등. 그간 나의 방학을 채워왔던 것들이다. 하지만 이번 방학엔 교내근로와 영어학원만을 다니고 있다. 그 때문인지 기분이 묘했다. 불안감이 내 주변을 계속 맴도는 느낌이었다.

한때 나는 경력에 도움이 될 것 같아서 국회의원 표창에서부터 대학재단이사장까지 상이란 상은 모두 쫓았다. 마치 사냥개처럼 내달렸다. 하지만 그렇게 무언가 쫓을수록, 늘 무언가에 쫓기는 것 같았다. 남들을 앞서가야 한다는 압박이었던 것 같다. 이번 방학만이라도 잠시 여유를 찾으려 했으나 엄습해 오는 불안감을 주체하기 힘들다.

사냥개는 사냥감을 물어 와야 하는 이유를 묻지 않는다. 다만 자신이 물어 와야 할 사냥감이 없을 때 토사구팽 당할 처지를 걱정할 뿐이다. 다른 취준생들도 나와 같은 불안감 속에 살고 있을 것이다. 상장과 증명서로 자신을 증명해 보이지 않는 한 낙오될 수밖에 없다는 불안감 속에 말이다. 이 과정에서 취준생 본인은 사라진다. 그리고 종이 한 장에 불과한 상장만이 남는 괴현상이 벌어진다. 주객이 진도된 괴현상 말이다.

8월 20일 알바 하지 않고 학교만 다니는 것도 사치

오랜만에 고교동창들과 연락을 하다 친구의 한 마디에 기분이 상하는 일이 생겼다. 내가 나온 고등학교는 지역 특성상 부유층의 친구들이 많았다. 그 때문인지 20대 후반이 되어도 생계를 직접 꾸려 본 친구들은 손에 꼽을 정도다. 동창들은 학비와 용돈을 스스로 번다는 것과 취업준비까지 해야 하는 것이 얼마나 막막한 일인가에 대해서는 알 리가 없는 친구들이다. 간만에 연락된 동창들에게 취업준비의 푸

넘을 늘어놓았다. 친구들에게 돌아온 말은 이랬다.

"그럼 돈을 벌라."

친구들과의 대화는 거기까지였다. 알 수 없는 벽이 느껴지는 것 같아 대화를 중단했다. 친구들은 취업준비에 대한 나의 노력 부족을 탓할지도 모른다. 노력을 하면 뭐든 된다는 말을 너무나 흔히 접한다. 그리고 버릇처럼 내뱉기 일쑤이다. 하지만, 노력이란 걸 할 수 있는 최소한의 토대조차 주어지지 않은 사람들에겐 노력이란 것도 때로는 사치로 느껴질 때가 있다. 아무런 아르바이트를 하지 않고, 그저 학교만 다니는 것조차도 사치라고 느끼는 사람들이 주변에 많다.

8월 22일 취업 못하는 게 노력 부족이라고요?

어른들은 취업을 못하는 청년들에게 노력부족과 눈높이가 높은 탓을 한다, 그래서 때로는 이렇게 묻고 싶을 때가 많다.

"어르신이라면 지금 청년들이 쌓고 있는 스펙에 안 뒤질 자신 있으십니까? 눈이 너무 높다고요? 하루에도 망하는 회사가 수백 수천인데, 어르신이라면 아무 회사나 들어갈 수 있나요?"라고 말이다. 더 나락으로 떨어지지 않으려는 몸부림을 노력부족 때문으로 치부할 때 우리들은 상처를 입게 된다.

○

8월 24일 탈락 소식. 부모님은 취직하라 하시고…

국회의원 비서실 취직은 물 건너 간 것 같다. 5일이 지나도 아무런 답장이 없는 걸 보면, 결국 탈락인 듯하다. 무엇이 문제였을까 고민해봤다. 학벌이 안 좋은 탓인지, 아니면 남들이 다 가진 흔한 국가자격증이 몇 개 없는 탓인지 말이다. 아니면 아직도 그 많은 경력이 부족한지 고민했다. 과거에 받았던 국회의원의 표창도, 직접 공부를 해서 법안을 작성한 것도 무의미해지는 순간이었다. 부모님의 취직하란 소리가 오늘따라 더욱 따갑게 들리는 하루였다.

8월 28일 컵밥이 노량진 문화? 가난을 상품화하다니….

노량진을 지나는 1호선 지하철을 타는 중이었다. 빠르게 지나가는 풍경에서 눈에 들어온 게 있었다. 수많은 수강생들을 삼키는 듯한, 거대한 학원건물 사이에 있던 컵밥을 파는 노점상이었다. 창문 한 켠의 점처럼 빠르게 지나갔지만, 새벽까지도 머릿속에서 그 찰나의 풍경이 쉽사리 지워지지 않았다. 신문에서 컵밥을 노량진의 문화로 포장한 기사를 봤기 때문이다.

컵밥이 정말 노량진의 문화라고? 주린 배를 달래기 위해 꾸역꾸역 넣어야하는, 수중에 가진 돈이 없는 이들에게 조촐하고 슬픈 한 끼가 문화라니. 이들의 슬픔이 문화로 포장된 기사를 보고 분개하지 않을 수 없었다. 3년 전 내가 경험한 컵밥이란, 문화가 아니었기 때문이다. 토익학원과 알바를 함께 다니며 내가 먹었던 컵밥은 눈물이 담긴 밥상이었다. 기약 없는 취직 날을 기다리며, 그렇지만 부모님에게 기대기는 어려웠던 처지에서 하루 생활비 5000원에서 차비 2400원을 제하고 먹었던, 눈물로 지은 밥이나 다름없었다.

인천시에서 쪽방촌 체험이라는 코너를 열었다는 소식을 들은 적이 있다. 이 역시 가난마저도 상품화한다고 지탄을 받았다. 빈곤이라는, 어쩌면 타인의 불행일 수도 있는 것이 문화라는 이름으로 상업화되는 게 너무나 서러웠다.

8월 31일 21세기 디오니소스

요즘에는 맥주전문점으로 이름을 날리지만, 디오니소스라는 이름은 그리스 신화에서 술과 도취의 신으로 알려져 있다. 신화에서 디오니소스는 자신의 신성을 인정받고자 그리스 전역을 돌아다니며 문명을 세웠다고 전해져 내려온다. 디오니소스의 모습이 요즘의 청년층의 모습에 오버랩 되기도 한다. 신성이라는 제우스를 중심으로 한 기성의 질서나 문화를 묵묵히 받아들여 인정받으려는 모습에서 말이다. 무엇이 문제일까 고민하기보다는 자신의 탓으로 너무도 많은 것을 돌리고 있는 모습은 특히나 더욱 마음을 무겁게 만든다.

디오니소스! 그 이름은 많은 것을 오버랩하게 만드는 것 같다. 기성의 질서에 묵묵히 인정을 받으려는 모습, 그것이 열정이든, 도취이든, 절망이든 무언가에 취해있는 모습. 이게 우리의 모습이 아닐까 스스로 되새겨 본다.

(이상윤 씨는 언론계에 진출한 뒤 현재는 한 노동단체에서 일하고 있다)

'15분 공부법', '서울대 공부 비법', '집중의 기술' 지하철 가판대부터 대형서점에서 흔히 볼 수 있는 책들이다. 수십 년간 공부법에 대한 저서가 못해도 족히 수백 권은 나왔을 텐데, 이상하게도 보편적인 효과를 누릴 수 있는 공부법은 아무도 찾아내지 못한 것 같다. 나는 조심스럽게 그 원인을 노는 것과 공부하는 것을 서로 대립 관계라고 생각하는 데 있다고 추측해 본다.

여기서 잠깐 생각해보았다. 한국에서 '공부'란 무엇인가? 아마 절대 다수 사람들에게는 입시, 취업준비, 자격증 취득, 중간·기말고사 시험 준비 등의 의미가 강할 것이다. 즉, 수학(修學)의 의미보단 '시험 통과'라는 뜻으로 받아들인다는 말이다. 그 때문인지 '공부'라는 개념은 매우 좁은 영역의 의미로 받아들여진다.

나는 대학교 입학에서부터 취업까지, 남들이 말하는 공부인 '시험 통과'보다는 '노는 것'으로 입학과 취업을 한 케이스다. 나는 전문대 졸업을 앞뒀을 때 학내언론사의 편집방향에 문제의식을 느끼고—어쩌면 어용언론에 가깝다는 불만이었다— 조금은 괴상한 작업에 돌입했다. 과연 나의 생각이 잘못된 건지, 학내언론사가 잘못된 건지 취미 삼아 검증을 시도해 보았다. 그 과정은 언론정책에 관해 '공부'를 해보는 중요한 계기가 되었다. 물론 여러 명과 함께 공식적인 운동이나 조직으로 나가지 못했다. 그러나 나의 생각이 틀리지 않았다는 사실을 검증할 수 있었다

얼마 뒤 그 괴상한 취미 덕에 아주 쉽게 신문방송학과로 편입학을 했다. 프로그래밍보단 사회과학에 흥미가 많았던 나에게는 '편입학'이란 표현보단 '대학이 나에게 왔다'는 표현이 정확할 것이다.

그러나 입학 뒤엔 말이 신문방송학과였지 그 흔한 기사작성도, 언론고시 준비도 해보지 않았다. 언론고시란 것이 창의성을 요구하는 것처럼 보이지만 작문시험 때 주어지는 주제어와 내가 써본 주제어의 글이 맞아떨어져야 하는, 말 그대로 운에 가까워보였다. 모든 것이 시험 주제어가 될 수 있는 시험에 남은 4학기를 보내기엔 짧아보였다. 대신 언론인, 학자들의 세미나, 학회에 참석하는 것이 내 딴엔 더욱 더 유익해보였다. 공부했다기보단 소위 '덕질'에 가까웠던 대학시절을 보낸 셈이다.

졸업을 앞두고 아무 직장에나 합격소식을 듣고 대기하고 있을 적엔 우연과 우연히 만났다고 밖에 이야기할 수 없던 일이 일어났다. 재학시절 존경하던 해직기자 선배로부터 같이 일해보자는 연락이 왔다. 과거 소논문 제출을 위해 개인적인 흥미에서 '2008년 언론인 사태'와 원인을 가져온 정책들의 역사를 분석한 적이 있었다. 그 과정에서 실제 해직언론인들을 만나 이야기를 나누기도 했었다. 그때 만났던 분 중 한 분이 나에게 연락을 준 것이다. 나중에 들으니 내가 직장에 합격했다는 소식을 몇 다리 건너 인맥으로 들었지만 제안이라도 한번 해보고자 연락을 한 것이라고 들었다. 취업과 졸업은 이렇게 나에게 다가왔다.

아는 자는 좋아하는 자만 못하고, 좋아하는 자는 즐기는 자만 못하다는 말이 있다(知之者 不如好之者, 好之者 不如樂之者). 소위 '덕질'과 가장 상응하는 선인들의 가르침일 것이다. 그러나 덕질의 가장 큰 의미는 '나를 알아줄 동지를 찾아가는 과정'이었던 것 같다. 부족하면 부족한 대로, 나라는 존재를 알아줄 동지를 찾는 과정 그것이 내 취업과정이자 공부였고, '덕질'이었던 것이다. 마지막으로 동지로 받아주셨던 해직선배들에게 감사하다는 이야기를 건네고 싶다.

가고 싶은 길이 확실한데 °

이성호

〰〰〰〰〰〰〰〰〰〰〰〰〰〰〰〰〰〰
　　　　　　　　　〰〰〰〰〰〰〰〰〰〰〰

　　이성호 씨는 육군 특수부대에서 중사로 군 복무를 마쳤다. 그의 성실성을 높이 산 부대는 몇 번이나 직업군인의 길을 권유했지만, 그는 그 권유를 듣고 오히려 용기를 내서 제대를 선택했다. 지방의 4년제 대학에 복학해 취업 경쟁에 나섰지만 또래보다 다섯 살 많은 나이가 핸디캡이었다. 아르바이트 면접 때면 받는 것이 나이 질문이었다. '그 나이까지 학교 다니면서 뭐 했냐.'는 것이었다. 그가 취업을 준비하면서 가장 두려웠던 것도 취업이 안 되는 것보다 시간이 흘러가는 것이었다. 오죽했으면 '비육지탄(髀肉之歎)'[1]의 유비의 마음을 알 것 같다고 했을까.

　　그는 대학에서 문화재를 전공했다. 문화재를 도구로 살아있는 역

---

1) 중국 촉나라의 유비가 은거하고 있던 시절에 오랫동안 말을 타지 못하여 넓적다리에 살이 찌는 것을 한탄한 고사에서 나온 말로, 재능을 발휘할 기회를 가지지 못하여 헛되이 세월만 보냄을 탄식함을 이르는 말

취준생일기 · 이성호

사 교육을 하는 것을 인생의 도구로 삼는 것이 그의 꿈이었다. 그래서 잡은 진로가 역사 관련 재단이나 박물관 쪽 직업이었다. 교육과 역사 중간 지점에서 타협한 희망직종이었지만, 현실의 벽은 너무도 높았다. 취업 성공 가능성에 대해 주변의 시선은 늘 부정적이었다. 그로 인해 위축되는 자신의 모습 또한 극복 대상이었다. 현실의 높은 담장이 느껴질 때면 그는 노래 '마음먹은 대로'를 읊조렸다.

'이젠 올 수도 없고 갈 수도 없는 힘들었던 나의 시절 나의 20대, 멈추지 말고 쓰러지지 말고 앞만 보고 달려 너의 길을 가.'

이성호 씨는 끊임없이 꿈을 꾸고, 또 끊임없이 자신을 갈고 닦으며 한 걸음 한 걸음 준비된 사람으로 뚜벅뚜벅 걸어가는 사람이다.

그의 취준일기는 취준생들이 자기 자신과, 자신을 둘러싼 환경을 상대로 벌이고 있는 처연한 싸움의 흔적들로 채워져 있다.

8월 5일 불안 속에 취업을 준비하다

27살, 대학교 3학년의 늦은 나이의 대학생인 나는 문화재보존학과에 재학 중인 학생이다. 역사가 좋아서, 일반적인 사학과보다 좀 더 특별한 것을 배우고 싶어서 진학했다. 그렇지만 학과에서 지향하는 방향과 나와는 어울리지 않는다는 생각이 시간이 갈수록 든다.

취준일기 녹음을 시작하는 오늘, 나는 다시 한 번 무엇을 향해 달려가고 있는지 되돌아본다. 나는 꿈이 있다고 항상 말해왔다. 그것은 바로 문화재를 이용해 청소년들을 대상으로 역사 교육을 하는 일이다. 내가 좋아하는 일이기도 하고 청소년들의 역사의식을 효과적으로 심어주는 일이기도 하다.

하지만 과연 나는 잘해나갈 수 있을까, 취업은 잘 할 수 있을까, 늘 불안 속에 취업을 준비하고 있다.

8월 7일 식당 알바 시작… 이 또한 새로운 경험

27살인 나에게 아르바이트 자리를 구하기란 여간 어려운 일이 아니다. 군대에서 4년, 예비역 중사로 전역한 나에게 고용주들은 한결같이 물어본다. 그 나이까지 학교 다니면서 뭐 하는 거냐고. 아무런 사정도 모르면서 나를 한심하다는 듯이 말하는 사람들이 열에 여덟은 된다. 그것이 지난 2년간 내가 겪어야 했던 최대의 스트레스였다.

이번엔 식당 아르바이트에 도전한다. 편의점에서 일해보기도 했지만 식당은 처음이다. 취준생이자 학생인 나에게 생계라는 것은 피

○

할 수 없는 부분이다. 누군가는 얘기할지도 모른다. 그깟 식당아르바이트가 무슨 대수냐고. 하지만 나에게는 커다란 의미가 있다. 바로 '새로움'이니까 말이다. 인생의 보물은 다양한 경험이 아니던가.

8월9일 알바 현장에서 미래를 상상해보기

사람을 대하기란 역시 어려웠다. 나의 내성적인 성격을 고치기 위해, 또 미래를 생각해서, 현재 생계를 위해서 선택한 일이지만 어려운 부분이 있었다. 근무시간은 12시부터 오후 8시까지였는데 상당히 많은 사람들이 몰려왔고 지속적으로 왔다. 사람들은 다양한 요구를 했다. 맵고 짜게, 이건 많게 저건 적게, 포장은 이렇게 등등… 앞으로 내가 꿈을 이뤘을 때를 생각해봤다. 나에게 역사교육을 받는 이들 또한 이처럼 다양한 요구를 하지 않을까? 나는 과연 지치지 않고 밝은 미소로 그들에게 답해줄 수 있을까?

학교에 나가지 않고 아르바이트를 하는 것이 더 좋다. 살아있는 느낌이라고 해야 할까? 이 작은 일이 내가 취준생 생활을 빠르게 벗어날 수 있는 전환점이 됐으면 좋겠다. 기회와 변화는 항상 생각지 못한 순간에 찾아오는 법이니까 말이다. 취준일기는 생각보다 좋다. 나를 하루에 한 번씩은 되돌아보게 만드는 신기한 일기다.

8월 10일 손님에게 상처받은 사장님을 보면서…

식당 아르바이트를 한 지 이틀 째 되는 날이다. 오늘은 어제와 달리 조금 특이한 일이 있었다. 내가 일하는 곳은 상당한 맛집이다. 많은 사람들이 몰리는 곳인데, 어떤 손님이 맛이 예전 같지 않다며 타박하면서 나갔다. 그걸 듣는 사장의 마음은 어떨까? 자존심에 상처가 나지 않았을까? 나아가 자신감 결여로 이어지지 않을까? 역시나 사장님의 기분이 내내 좋지 않은 거 같았다. 결국 평소보다 문을 일찍 닫았다.

이 과정을 지켜보면서 드는 생각. 사람들의 삶에는 여러 난관이 있는 것 같다. 취준생의 경우 대기업에 원서를 내고 합격·불합격을 기다리는 것이다. 취준생뿐 아니라 아르바이트 문을 두드리는 사람, 특별한 경험을 하기 위해서 지원하고 기다리는 사람, 자원봉사를 신청해놓고 결과를 기다리는 사람들도 있을 것이다. 이런 사람들도 자신이 원하는 목표를 이루기 위해서 도전하고 결과를 기다리는 처지에서는 모두 취준생과 다르지 않다. 실패는 때로는 기회로 작용하기도 하지만, 자신감 결여로 이어지는 경우가 더 많을 것이다. 나 역시 취업을 준비하는 과정에서 수많은 고난을 맞을 수 있다. 이러한 부분을 어떻게 받아들이고 개선하느냐에 내가 원하는 취업의 성공 여부가 달려 있는 것이 아닌가 생각이 든다.

ㅇ

8월 12일 내가 졸업 논문을 중하게 생각하는 이유

대학생이라면 많은 학생들이 거쳐야 할 통과 의례가 있다. 바로 논문이다. 논문은 단순히 대학을 졸업하기 위해서만 쓰는 것은 아니라고 생각한다. 나는 졸업 이후에도 나의 전공을 살리고 싶은 마음이 간절하다. 그래서 더욱 논문을 잘 쓰고 싶다. 주제는 정해졌다. '문화재를 통한 역사교육'이다. 나는 문화재보존학과 학생으로서 문화재의 중요성을 누구보다 잘 안다. 또 이것만큼 교육적 효과가 좋은 것도 없다고 생각한다. 위험부담은 있다. 현재 나의 학과에서 이것을 주제로 논문을 시도한 사례가 없다.

인생이 도전이듯 논문도 도전이다. 취업도 그러하지 않을까? 위험부담이 있다고 해서 망설이고 도전하지 않는다면 내가 원하는 분야에 취업하는 것도 어려울 것이라고 생각한다. 나는 이 분야로 논문을 쓰기 위해서 많은 고민을 해야 할 것 같다. 또 실천해야 할 일들이 많을 것이다. 중요한 것은 단순한 논문이라고 여기지 않는 것이다. 어쩌면 내가 취업하는 데 있어서 중요한 터닝 포인트가 될지도 모르는 일이라고 생각한다.

8월 14일 좋아하는 것과 잘하는 것은 다르다

요 근래 나에게 많은 변화가 있다. 새로운 아르바이트를 시작했고, 취업준비 일기를 쓰기 시작했으며, 논문에 대해서 고민하기 시작했다. 어쩌면 이런 것들이 남들이 보기엔 일상적인 부분일지도 모르고, 누구나 겪는 일이라고 생각할지도 모른다. 그러나 어떠한 일이든 본인이 어떻게 받아들이느냐에 따라서 그 의미는 달라진다. 예전에 '굿 닥터'라는 드라마를 본 일이 있는데 거기서 주인공 주원의 대사가 기억난다.

"잘하는 것과 좋아하는 것은 다르다."

맞는 말인 것 같다. 나는 몸을 쓰는 일을 잘한다. 하지만 누군가를 뒤에서 지원해주고 도와주는 일을 좋아한다. 과연 이러한 성향을 가진 내가, 교육이라는 분야에 뛰어들 수 있을까. 이것은 대한민국의 취업준비생이라면 누구나가 겪는 고민이 아닐까 생각된다.

요즘 대학졸업생 중에 전공을 살려서 취업하는 사람은 10명 중 2명 정도라고 한다. 물론 나도 그럴지도 모른다는 생각이 최근에 많이 든다. 하지만 노력은 해봐야 하지 않겠는가? 내가 잘 할 수 있는 일은 교육이 아닐지도 모른다. 하지만 좋아하는 것이 있기에, 그것을 향해 달려가고 싶은 마음가짐이 있기에 그나마 힘을 내서 취업준비생이라는 고단한 길을 걸을 수 있는 것이 아닐까 생각된다. 미래에 대한 고민으로 잠을 이루지 못하는 밤이다.

O

8월15일 공기업에서 걸려온 전화 한 통

오늘은 좀 특별한 일이 있었다. 어떤 공기업으로부터 연락이 왔다. 나에겐 참으로 반가운 일이었다. 나를 알아주는 곳이 있다는 게 신기할 따름이다. 물론 대학교 3학년의 신분으로 취업을 한다는 것은 현실상 불가능하다. 그렇지만 기분이 좋았다. 나의 가치를 알아주고 나를 필요로 하는 기업이 있구나 하는 생각 때문이다.

최근 취업 자료를 많이 찾아본다. 주요 기업들의 인사요건이 무엇인지 알아본다. 세상은 참 빡빡하고 냉정한 것 같다. 어느 TV 프로그램에서 유병재가 했던 말 중에 "나는 경력을 쌓으러 왔는데 다 경력직 뽑으면, 나 같은 신입은 어디서 경력을 쌓나?"라는 말이 있었다. 오늘 하루 종일 나의 머릿속을 맴도는 말이다. 사실 나와 같은 취업준비생들은 이러한 사회를 두려워하고 있는지도 모른다. 나 또한 예외는 아니다. 나와는 먼 일인 것만 같던 미래가 어느새 내 앞에 성큼 다가와 있었다.

8월 18일 고민 많은 대한민국 취준생들에게

최근에 논문, 미래, 전공, 취업 등과 관련해서 굉장히 마음이 복잡해서 나 홀로 여행을 떠나기로 마음먹었다. 그리하여 선택한 곳은 마곡사라는 절 아래에 있는 개울가다. 날씨는 더웠지만 사람이 많지 않아서 머리를 식히고 오기에는 더없이 좋은 곳이다. 내리쬐는 햇빛과 흐르는 물을 보니 만감이 교차했다. 미래에 대한 불투명성과 나 자신에 대한 자신감 부족의 이유가 나의 마음을 흔들었다. 취업준비생도 힘들 때가 있다. 그것은 바로 취업이 안 되는 시기와 나는 누구인가에 대해 고민하는 그 시기가 아닌가 싶다.

잠시 동안 떠난 이 여행은 사실 머리를 식히러 간 것인데, 조용한 곳에 앉아 여름을 즐기고 있는 사람들을 보고 있으니 오히려 내가 당면해 있는 고민들이 머릿속을 가득 채웠다. 하지만 집에서 인터넷을 통해서 혹은 신문을 통해서 취업 자료를 찾고 정보를 획득하는 그 시간만큼이나 나 홀로 잠깐의 여행은 꽤 소중했다.

여행을 통해서 모든 걸 정리하거나 완벽하게 답을 찾는 것은 불가능 했다. 하지만 무언가 나 자신에게 환기구 같은 통로를 만들어준 것은 분명했다. 방학 동안 답답했던 마음들을 조금이나마 풀어준 것도 분명했다. 나와 같은 고민을 하는 취준생들도 이런 외출을 잠시 해보는 것 또한 굉장히 좋은 방법이라고 생각한다.

8월 19일 기업에서 연락 왔다. 월 100만 원 주겠다고…

온라인 취업 정보 사이트에 올라와 있는 나의 이력서를 보고 한 기업에서 연락이 왔다. 물론 좋은 조건이 아니다. 하지만 젊은 날에 하는 첫 취업인데, 어떻게 좋은 조건을 바라보며 할 수 있겠느냐는 생각을 한다. 그럼에도 열정페이라는 말이 생각났다. 대기업보다는 중소기업이 특히 더욱 그런 것 같다. 연락이 온 곳은 내가 가고자 하는 길과는 많은 차이가 있다. 특히 월급은 100만 원. 아르바이트 수준 정도였다. 돈이 중요하지 않고 돈을 쫓으면 안 된다고 생각도 하지만 이번은 좀 심하다는 생각을 했다. 이런 열정페이의 제안을 받는 나 자신이 조금은 한탄스럽게 느껴지기도 했다.

나도 알고 있다. 또한 많은 취업준비생들도 알고 있을 것이다. 사회가 이렇게 돼가고 있고, 또 거쳐 가야 할 부분이리라는 것도 알고 있지만 막상 이런 일을 맞게 되니 무언가 씁쓸한 기분이 들었다. 무엇보다 나 자신에 대해서 너무 자신이 없게 만드는 일이었다. 있던 자신감마저 사라지는 하루였다.

8월21일 북한이 도발해오면 취준생들이 들고 일어설 것

요즘 나라가 시끄럽다. 대외적으로 북한의 거센 도발에 연일 난리다. 나는 대한민국 육군 특공대의 중사 출신으로 이 상황이 어느 때보다 심각하다고 느끼고 있다. 내가 현역으로 겪었던 천안함, 연평도, 김정일 사망 등 여러 사건 때와는 또 다른 국면에 처해있다고 볼 수 있다.

이러한 관심과 걱정 속에 인터넷에 달린 한 댓글이 기억에 남는다. '대한민국 청년들은 취업도 되지 않아서 화가 나는데, 너희들이 도발한다면 그 화를 너희들에게 풀겠다.'는 것이었다. 그저 웃어넘길 수 있는 댓글이지만 취준생인 나에게는 그만큼 공감되는 말이 또 없었다. 사실 우리들 입장에서는, 취업도 어려운 이 나라 청년들에게는 도발을 일삼는 북한은 눈엣가시가 아닐 수 없다. 취업에 대해서 고민하는 것도 좋고 필요한 부분이지만 대한민국 남자로서 여러 가지에 대해서 다시 한 번 생각해보는 것도 좋은 자세가 아닌가 싶다.

8월 22일 노인복지 센터 봉사활동하면서…

북한이 제시한 데드라인은 바로 오늘 오후 5시까지였다. 불안하긴 했지만 북한이 도발할 가능성은 적다고 스스로 판단하고, 계획하고 있었던 터라 봉사활동은 예정대로 했다. 나는 내가 하는 사소한 일이라도 미래에 연결시키고 싶다. 오늘 봉사활동은 노인 복지센터에서 교육 보조 역할이다. 물론 이 교육은 역사 관련 교육이 아닌 컴퓨터 관련된 것이었다. 하지만 뭐 어때? 누군가를 교육하는 일을 간접적으로 체험해볼 수 있는 좋은 기회인데….

이곳에서 본 어르신들은 확실히 교육에 대한 흡입력이 떨어지신다. 하지만 이런 부분이 중요한 것이 아니라 바로 교육에 대한 열정일 것이다. 어르신들은 이 부분에 대해서는 어떤 청소년, 대학생, 직장인보다 뜨거운 열정을 지니고 계셨다. 모르면 질문하는 습관은 내가 꼭 본받아야 하는 것이 아닌가 생각되기도 했다. 교육이 진행될수록 집중력이 떨어지시는 분들도 계셨지만 전체적으로 좋았다. 후반부를 지나 수업이 종료되었을 때는 왠지 모를 안도감이 찾아왔다.

나는 군대에서 간부로 있으면서 병사들 교육을 수없이 해봤다. 하지만 그 당시의 교육과 지금의 교육은 다른 느낌이다. 뭐랄까… 글쎄… 내가 이 느낌을 깨닫는다면 나는 이미 상당한 수준의 교육가가 되어있지 않을까 싶다. 이런 소중한 경험들이 취업할 때에 나에게 어떻게 작용할지는 아무도 모르는 일이다.

8월 24일 새벽 입출고 알바가 주는 충고

오늘부터 유니클로에서 실시하는 입출고 아르바이트를 단기간으로 하게 됐다. 단순하게 의류들을 매장 안으로 가지고 들어오고 진열을 도와주는 아르바이트였다. 새벽부터 진행한 작업인데, 이 시간에도 많은 사람들이 움직이고 하루를 시작하는 것에 새삼 놀랐다. 육체적으로 조금은 고된 작업이지만, 새벽부터 움직인다는 점에서 오래간만에 알 수 없는 무엇인가를 느꼈다. 마치 군대에 있을 때에 새벽부터 움직였던 그 시절의 나를 되찾은 듯한 느낌이 들었다. 취업준비생이라는 핑계로, 대학생이라는 보호막 하에 편안하게 지냈는지도 모른다. 그러나 사람들은 나보다 훨씬 더 부지런하게 움직이고 열심히 살아간다. 많은 부분이 느껴졌다. 세상이 날 외면하는 게 아니라 내가 나를 외면하고 있었던 건 아니었을까? 새벽 아르바이트는 보다 많은 깨우침을 준다.

8월 25일 목수직을 제안 받다.

나이가 27살이고 취업전선에 나와 있다 보니 여기저기서 많은 조언이 들어온다. 주변에 지인으로부터 꽤 진지한 조언이자 제안이 들어왔다. 나는 잘 몰랐으나, 한국에서 전도유망하다는 목수직에 대한 제의였다. 사실 나는 손재주가 매우 없으며 이런 계열에는 관심이 없었다. 그래서 조언을 듣는 와중에도 별다른 감흥을 느끼지 못했다. 다만 목수직을 제안 받으면서 내가 느낀 것은 이 분야에는 젊은 청년들은 드물다는 것이다.

나 같은 젊은 청년들은 모두 사무직, 대기업, 공기업, 공무원을 쫓아간다고 한다. 기술 분야에 종사하는 사람들은 마지못해 오거나, 나이가 많은 그런 분들이라고 한다. 이 목수직은 수요는 꽤 있는데 공급이 줄어들면서 어느새 전도유망한 자리에 올랐다고 했다.

"10년만 나 죽었다 생각하고 따라다니면서 기술 배워 봐. 먹고 사는 데는 지장 없을 거야"

그렇다. 정말 현실적인 이야기다. 세상에 먹고 사는 것보다 중요한 것이 또 어디 있으랴. 하지만 아직은 꿈을 포기하기엔 이르다. 가고 싶은 길이 있고 보고 싶은 비전이 있다. 내가 가는 이 길이 힘들고 어렵다면 나도 언젠가 포기할지도 모르지만 지금은 아니라는 생각이 들었다.

8월27일 영화 베테랑이 현실세계의 이야기인 이유

내가 오늘 본 영화 이야기다. 영화가 취업과 무슨 상관이 있냐고 할 수 있겠지만, 영화 속에 담긴 강력한 메시지가 머리에 맴돈다.

영화 속 정웅인은 화물트럭 운전기사로 임금을 제대로 받지 못하고 사회 지도층에 폭행을 당하고 그 대가로 170여만 원을 받게 된다. 이 장면을 보는 동안 이게 영화에서만 볼 수 있는 가상의 세계가 아니라 어쩌면 내가 처한 현실이라는 생각이 들었다.

요즘 페이스북, 인터넷에 재미있는 설문조사가 진행되고 있다. '과연 서민들은 노력하면 현실을 극복할 수 있을까?'라는 주제이다. 하지만 80%이상이 불가능하다고 답변을 했다. 나도 불가능하다에 한 표를 던졌다. 이 입장에 서 있지 않은 나와 같은 취업준비생이 얼마나 될까…? 그리고 내가 열심히 한다고 하더라도 과연 지금의 삶과 다른 삶을 살아갈 수 있을까? 분명한 것은 나와 같은 처지의 사람들은 스스로를 비관해서는 안 되지만, 그렇다고 현실을 외면해서도 안 될 것이다.

이 영화는 그냥 단순히 재미있는 영화가 아니라 나에게 어쩌면 인생을 더 살아본 선배들이 던지는 다잉 메시지 같은 것이 아닐까?

8월28일 친구의 취업 소식에 잠 못 이루고…

광장히 우울하고 울적한 하루를 보냈다. 새벽 1시 30분이 되는 지금도 잠이 오지 않는다. 주변에서 가장 친한 친구가 취업을 했다. 한동안 함께 취업준비생으로 지내던 친구가 드디어 취업을 했고, 난 기뻤고, 축하를 해줬다. 그러나 다른 한편으로는 뭐랄까… 씁쓸했다. 아직 취업할 시기가 되지 못한 나 자신에게 실망스러웠다. 그래서 나는 오늘 유난히 노래를 많이 들었던 것 같다. 유재석과 이적이 부른 '말하는 대로'라는 노래인데, 말하는 대로 할 수 있다고 믿는다면 될 수 있다는 가사의 내용이 나를 위로했다.

대한민국의 취업준비생은 주변 사람들이 하나둘 목표를 이루면 초초해지고 다급해지는 것 같다. 나만 도태되는 것은 아닐까 하는 생각을 더욱 하는 것 같다. 나 역시 그러하다. 그래도 아직은 믿고 싶다. 내가 말하고 있는 대로 내가 꿈꾸는 대로 다가가고 있다고 아직은 믿고 싶다.

○

8월30일 비육지탄, 너무 공감 가는 말

내일이면 개강을 한다. 나는 심각한 고민에 빠졌다. 내가 다니는 학교와 학과가 내가 꿈꾸고 있는 미래에 어느 정도 도움이 될지는 미지수다. 앞으로 상당한 시간과 돈을 대학이라는 공간에 쏟아 부어야 한다. 그게 두려운 건지도 모르겠다. 내가 무슨 일을 할지 무작정 기대만 하기엔 내 나이가 적지 않다. 취업준비생들이 제일 두려워하는 것은 취업이 안 되는 것이 아니라 시간이 흘러가는 것인 것 같다. 최근 들어서 너무 여실히 느껴진다. 가장 두려운 것이 하염없이 이루어낸 것 없이 흘러가는 시간인 것 같다.

사자성어 중에 '비육지탄' 이라는 말이 있다. 정처 없이 시간이 흘러간다는 뜻의 사자성어인데 이 말이 너무 공감이 된다. 대한민국 취업준비생으로서 해야 할 일과 갖추어야 할 조건은 굉장히 많다. 그 모든 것들을 모두 충족시키기에는 시간이 부족하다. 이런 것들을 조금 더 일찍 깨우쳤다면 준비를 할 수 있었을 텐데, 아쉬운 생각이 유난히 드는 어제와 오늘이다.

8월 31일 개강에 맞춰 공지된 공채··· 다만 도전할 뿐

원하지 않는 날의 아침이 밝았다. 바로 개강이다. 학교에 가는 발걸음은 가볍지 않고 무거웠다. 어떠한 즐거운 일이 있을까보다는 앞으로 어떻게 대처를 해야 하느냐의 문제가 더 크게 다가왔기 때문이었다. 시간은 하루하루 나의 목을 졸라오고 있다. 개강을 하고 여러 후배들을 만났지만 즐겁지 못했다. 또 교수님과의 면담조차 할 수 없었다. 명확하게 목표를 가지고 있었지만 그 세부적인 방법들이 아직은 부족하다고 여겼기 때문이다.

오늘, 사실 여러 기업의 공채 사실이 공지되었다. 기아, 현대, 이랜드 등 다수의 대기업이 대졸자를 기준으로 신입 인턴 채용에 나섰다. 문득 그런 생각이 들었다. 나 정도의 지방대 학생이, 이런 평범한 성적과 내세울 것 없는 스펙으로 과연 문이나 두드려볼 수 있을까 하는 의구심이었다. 개인적으로는 어렵다고 판단했고 스스로 좌절했다.

하지만 이 정도의 좌절은 대한민국의 취업준비생이라면 누구나 하는 것이다. 취업준비생이라는 문턱을 넘어서기 위해서 필요 사항들을 확인하고 나만의 색깔로 입혀가는 작업이 필요할 것이다. 어쩌면 방학이 끝난 것은 또 다른 전환점이 될지도 모른다. 개인적으로는 이번 하반기 기업 공채들을 노려볼까 한다. 될지 안 될지는 모른다.

다만, 도전할 뿐이다.

9월 1일 담당 교수님과의 면담

개강 이후에 반드시 거쳐야 하는 한 가지는 담당 교수님과의 면담이다. 방학 동안에 지내왔던 근황과 앞으로 나아갈 길에 대해서 깊이 있는 대화를 나누었다. 내가 꿈꾸고 있는 문화재를 이용한 교육업무에 대해, 또 이것이 어려울 경우에 대해서도 이야기를 나누었다. 교수님 의견은 굉장히 현실적이었다. 아무래도 길이 좁고 생활하기에도 어려운 부분이 있다고 말씀하셨다. 나도 잘 알고 있는 문제라 반박할수 없었다. 교수님은 다른 길에 대해 더 많이 말씀해주셨다. 내가 잘할 수 있는 부분들에 대해서 더 알아보고 그 길을 찾는 데 주력해보라는 것이었다.

취업이 눈앞으로 다가온 지금 이 길과 저 길을 고민한다는 것은 상당히 우스운 일이 아닐 수가 없다. 하지만 어쩌면 지금이 바로 내길에 대해서 심도 있게 고민하고 방향을 정할 수 있는 좋은 기회가 될지도 모른다.

9월5일 또 다시 면접제안, 희망을 보다

이상한 일이다. 취업이 어렵다고 판단하고 있으면 이상하게 연락이 온다. 최근에 에듀코라는 회사에서 면접제안 연락을 해왔다. 처음에는 무슨 일을 하는 회사인지 잘 몰라서 자료를 찾아봤는데 학생들의 교육을 컨설팅해주기도 하고 1:1 강의를 하기도 하는 그런 회사인듯싶었다. 하지만 내가 과연 누군가를 지도할 능력이 되는가라는 의구심이 들었고, 대학생이라는 신분에 가로막혀 상당한 고민을 했고 결국 아쉬움을 삼켜야만 했다. 특히 그 중에는 내가 하고 싶었던 교육컨설팅이라는 직무가 있었다. 그래서 더욱 더 아쉬웠는지도 모르겠다.

그렇지만 좋은 경험이었다. '나와 같은 스펙으로 지방대 출신으로 무엇을 할 수 있나'라는 의구심만 갖던 나에게 나도 일할 수 있다는 자신감을 심어줬기 때문이다. 더욱이 내가 하고 싶었던 교육 분야에도 다른 길이 있을 수 있다는 희망을 봤기 때문이다. 이것은 취준일기를 통해서 나를 돌아보며 소소한 일상들에 대해서 나의 감정을 추려가며 잘못된 것들을 변화시켜온 결과물이 아닌가 한다.

9월9일 인생의 터닝 포인트가 이미 왔는지도 모른다

마지막 일기다. 취준일기는 간단한 것 같지만 놀라운 힘을 가지고 있다. 하루에 한 번씩 자기를 되돌아보는 것은, 불확실한 자기 미래에 대해 생각하고, 고민한다는 것은 그 자체로서 나 자신에게 놀라운 영향력을 발휘한 것 같다. 그만큼 요즘의 취업준비생들은 자기를 돌아볼 시간이 없다. 앞으로 나아가기 위해서만 노력한다.

이번에 취준일기를 녹음하면서 내 인생의 방향을 정해보고 진정한 꿈이 무엇인지도 되돌아보게 되었다. 인생의 터닝 포인트는 쉽게 찾아오지 않는다. 취준일기는 어쩌면 터닝 포인트였는지 모르겠다.

3년 뒤 근황

3년이 지난 지금, 나는 ○○교육에서 논술과 역사 등을 가르치는 교사 일을 하고 있다. 역사가 좋아서 대학원에 가려고 합격까지 했지만, 나는 현실적으로 등록금과 29세라는 나이를 생각하지 않을 수 없었다. 그래서 나의 낮은 학력으로 할 수 있는 교육 분야, 학습지 교사를 선택했다.

처음엔 이 일을 하는 게 너무나 부끄러웠다. 물론 지금도 그런 마음이 남아 있다. 하지만 그렇지 않으려고 노력하고 있다. 일이 너무나 바빠 지난 6~7개월간 토요일에 쉬어본 적이 없어 지금의 나는 지쳐있고, 많은 청춘들이 그러하듯 나 역시 이직을 고민한다. 아마 이직을 한다면 그 때는 내 인생의 3막, 역사가 있는 삶을 살지 않을까?

취준생 준비기간은 인생에서 참으로 고달픈 시기이다. 할 수 있는 것도 많지 않고 시간은 하염없이 흘러가며 부담감은 점점 커져간다. 그리고 가장 큰 문제는 자괴감과 남의 시선이다. 솔직히 자괴감은 별 수 없다. 하지만 남들의 시선은 신경 쓰지 않았으면 한다. 어려운 일이지만 시선 때문에 무조건 대기업 높은 연봉, 좋은 복지를 추구하다가는 눈앞에 와 있는 자신의 기회를 자기도 모르게 놓쳐버릴지도 모른다. 조언을 하는 나도 역시 어쩌면 아직도 취준생일지도 모른다. 아직도 진로를 고민하니까…. 그렇지만 남의 시선을 신경 쓰지 말자.

그들은 나에게 단 1원의 돈도 나를 대신하여 벌어주지 않는다.

적어도 끝까지 걷지 않았다°

김용휘

~~~~~~~~~~~~~~~~~~~~~~~~~~~~~~~~~~~
　　　　　~~~~~~~~~~~~~~~~~~~~~~~~~~~~~~

　　김용휘 씨는 서울의 4년제 대학 응용물리학과에 입학했지만 원자력 발전 분야에서 일하고 싶어 2학년 때부터 복수전공을 시작했다. 복수전공을 위해 다른 공대 친구들보다 20학점이 많은 149학점을 이수하느라 치열한 대학 생활을 보냈다. 거기에 융합학습 장학생, 아랍에미리트 원전 건설 현장 인턴, 국가 주관 플랜트 엔지니어 인재양성 과정 수료까지, 전공과 관련된 여러 경험도 보유하고 있다. 그래서 최악의 취업난이라고 연일 언론에서 떠들어도 자신은 별로 힘들이지 않고 취업할 수 있을 거라 생각했다.

　　그런데 졸업을 앞두고 취업을 준비해보니 그렇지 않았다. 그렇게 열심히 대학 생활한 것이 쓸데없는 노력이었나 싶은 회의가 들 지경이었다.

　　10학번에 동갑인 룸메이트도 삼성 인턴에 외국계 기업 인턴까지 포함해 수많은 대외활동을 한 친구였다. 그러나 결과는 서류전형에

○

서 22전 22패. 김용휘 씨도 9월 한 달에만 수십 개의 자소서를 썼다. 곧 붙을 거란 희망으로 시작한 달이었다. 그러나 추풍낙엽처럼 서류 전형에서 다 떨어지고 나니 좌절하지 않을 수 없었다.

취업시험은 대학을 다닌 4년 동안 준비해온 전공이나 역량평가가 아닌 아이큐 테스트 같은 것이었다. 공기업을 위한 적성 검사라는 NCS 수험서에는 회사에서 명함 받는 법, 악수하는 법까지 나왔다. 회사에 들어가기만 하면 누구나 알 게 되는 것들이다. 그러나 취업을 위해서 돈을 주고 책을 사서 이런 것조차 미리 공부해야 하는 것이 현실이다. 이 시험을 통과하지 못하면 면접까지 가지도 못하니까.

김용휘 씨의 취준일기는 4년제 대학을 졸업한 이 땅의 지성인들이 내몰려 있는 취업전선, 그곳의 처절함을 생생히 보여준다.

10월 12일 NCS 공부 시작

내가 NCS를 처음으로 시작한 날이다.

NCS는 이제 공기업을 상대로 바뀐 적성검사인데 지금까지 사기업 적성검사에 맞춰서 공부하다가 또 이것에 맞춰서 하려고 하다보니까 조금 어렵기도 하고 힘이 들기도 하다. 특히 내가 지금 배우고 있는 게 회사에서 명함을 받는 법, 악수 하는 법. 이런 것을 공부하고 있으니까 뭔가 좀 이상하다. 회사에 가서 충분히 배울 수 있는 것, 그리고 회사에서 배워야 하는 것이 맞는 것인데도 그것을 지금 내가 돈 주고 책을 사서 공부하고 있다는 것이 굉장히 웃긴 거 같다. 뭐 그래도 이 시험을 통과하지 못하면 면접을 갈 수 없으니까 공부하고 있다. 오늘은 여기까지.

10월 13일 한국원자력안전기술원에 서류 제출

오늘은 내가 가장 가고 싶어 하는 회사 중 하나인 한국원자력안전기술원에 서류 제출하는 날이다. 그래서 아침 7시부터 서류를 다시한 번 정리하고 뭔가 빠진 게 없는지, 자소서의 문맥은 이상 없는지 검사하느라 5시간을 썼다. 그리고 제출하고 나서 다시 NCS와 원자력 전공 시험을 준비하였다.

이 회사를 지원하기 위해서 나는 포트폴리오를 만들었고 교수님들께 각각 메일을 보내서 추천서를 얻기 위해 노력했는데 그 결과가 어떻게 될지는 다음 주 월요일이면 알 수 있다. 잘 됐으면 좋겠다 하

○

시면서도 애초에 뽑는 게 연구원이라 바라면 안 되기 때문에 교수님
도 바라지 말라고 하셨다. 그래도 이렇게 준비한 노력이 있기 때문에
나는 다르겠지란 생각으로 기대를 한 번 품어 보려고 한다.

오늘은 여기까지.

내일은 또 NCS 시험 준비를 해야겠다.

10월 14일. 복수전공, 졸업이수 조건 확인

복수전공을 하면서 드디어 졸업이수 조건 확인을 마친 날이다.
이 이수조건을 확인하기 위해서 두 전공의 학과 행정실을 왔다 갔다
3번을 했다. 학과 행정실에서 처음에 졸업이 안 된다고 해서 일이 커
질 뻔했지만 다행히 내가 계산한 대로 이번 학기를 마지막으로 4학년
을 마칠 수 있게 됐다.

내가 이수한 학점은 총 149학점. 다른 공대 친구들보다도 20학점
이나 더 많이 들었다. 거의 반 학기 이상을 더 다닌 셈이다. 지금까지
의 취업준비 기간 동안 서류에서 통과한 것이 2개라는 것이 내가 지
금까지 이렇게 열심히 대학교 생활을 한 것이 무슨 소용이 있었나, 그
런 후회, 아니면 쓸데없는 노력이었나 이런 회의감이 들게 하는 날이
다.

오늘은 여기까지.

10월 15일 나는 다를 줄 알았는데

나는 학교 운동장 벤치에 앉아 있다. 과자 한 봉지와 초코 우유 하나를 사왔다. 사실 오늘은 밥을 한 끼 밖에 안 먹었다. 입맛이 없다. 요즘은. 한 달 동안 취업 준비에 시달려서 그런지, 또 그 결과가 안 좋아서 그런지, 밥을 먹고 싶은 마음이 들지 않는다. 그래서 이 저녁이 돼서야 배고파서 잠깐 나와 과자 한 봉지를 까먹는다.

어떻게 해야 될지 모르겠다. 살면서 이렇게 혼란스러운 적은 처음이다. 정말 모르겠다. 운동장에서 운동하는 사람들, 기숙사 앞에서 시끌벅적하게 노는 학생들을 보면 마치 나만 처한 문제인 것 같아 더 심각해진다. 정말 힘들다.

나는 다를 줄 알았는데, 나는 별 대수롭지 않게 넘길 줄 알았는데 아니었다. 그럼에도 포기하지 않을 것이다.

결국 될 것이다. 내가 준비해온 시간들을 믿기 때문이다.

10월 16일 서류 통과만이라도, 제발

여자 친구와 함께 목동에 양천도서관에 갔다. 처음으로 가본 그곳에는 나와 같은 취업준비생들이 적성검사 문제집을 풀고 있었다. 이번 주 삼성 적성검사가 있기 때문일 것이다. 나는 삼성에 지원해서 떨어져 이 시험을 준비하지 않는다. 그 사람들이 부러웠다. 지난 학기만 해도 풀고 있는 사람들을 보며 별 생각이 없었는데 지금은 부러웠다. 적어도 적성 문제집을 풀고 있다는 것은 1라운드는 통과했다는

О

거 아닌가? 부러웠다. 여자 친구도 부러워했다. 잘 돼서 맛난 밥 매일 사달라고 했다. 나도 그러고 싶은데 지금은 자신이 없다. 너무 많이 떨어졌다. 열 번까지는 어떻게든 없는 자신감을 긁어모아서 자신 있는 척 했는데 거의 스무 번째 떨어지니 내가 잘못 살았나 생각까지 하게 된다. '서류만 어떻게든 통과시켜주세요.' 나도 모르게 혼잣말로 기도를 한다. 이뤄지기를 간절히 바라본다.

10월 17일 과거의 나를 마주한 오늘

어저께와 마찬가지로 다시 양천 도서관에 갔다가 집에 가는 길이다. 어제와는 또 다른 사람들이 눈에 들어온다. 그 중 한 명이 지금까지 머리에서 잊히지 않는다. 내가 아침 8시에 왔을 때도 엎드려 있었는데, 점심을 먹으러 갔을 때도 저녁을 먹을 때까지도 엎드려 있었다. 나는 그 사람을 이해할 수 있었다. 내가 꿈을 잃었던 고등학교 2학년 때, 나도 그랬기 때문이다. 그때의 나를 보는 것 같아 가슴이 아팠다. 그때 나는 두 달 동안 엎드려 있었다. 저렇게 오래 엎드려 있어도 누구도 등을 토닥여주지 않는다. 저 사람도 아마 그럴 것이다. 그래서 더 슬프다. 누구도 관심을 가져주지 않는다.

나는 시간이 한참 지나서야 스스로 일어날 수 있었다. 그리고 지금 힘든 시기가 다시 나에게 찾아왔다. 그래도 그때의 기억이, 그때의 아픔이 다시 엎드리지 말라고 버팀목이 되어준다. 힘들지만 앞으로 가야 된다고. 저 분한테도 지금 엎드려서 혼자만의 고통 속에 잠긴 이 날이 훗날 양분이 됐으면 좋겠다. 오랜만에 과거의 나를 마주한 오늘은, 마음이 좀 뒤숭숭하다.

엎드리지 말라고 버텨주는 그때의 내가 참 고맙다. 지금.

10월 18일 시험도 보기 전에 겁이 난다

여자 친구가 SSAT(삼성직무적성검사)를 보는 날이다. 시험이 끝나자마자 연락 온 여자 친구의 목소리는 무거웠다. 어렵게 잡은 기회라 꼭 붙고자 학원까지 다니며 준비한 시험인데 한 번 꼬이기 시작하니 늘 잘 풀던 문제들까지 못 풀었다고 한다. 여자 친구가 얼마나 속상할지 그 마음이 전해졌다. 이 시험을 못 통과하면, 면접에 갈 수 없다.

우리는 대학 4년 동안 준비해온 전공이나 역량에 대한 평가가 아니라 아이큐 테스트 같은 이 시험으로 결정이 나버리는 것이 억울하다. 나도 지금 다른 회사 시험을 위해 준비 중이지만 참 이해가 안 간다. 어차피 회사에 가면 새로 배우니 머리 빨리 돌아가는 사람을 뽑겠다는 취지겠지만, 빠른 것이 옳기만 할까? 나는 그렇게 생각한다.

나는 꽤나 느긋한 사람이다. 하지만 확실하다. 맡은 일은 제 시간에 무조건 끝낸다. 번복하지도 않는다. 하지만 그런 나는 이런 시험에 맞지 않는다. 늘 천천히 곱씹고 속을 보려고 하는 내 태도와 자세는 이 시험에서 고려되지 않는다. 그래서 나는 시험을 치기도 전에 겁을 먹었고 분통해한다.

여자 친구를 위로해주러 가는 길. 남의 일 같지 않기에 위로해주면서도 무서움을 느끼는 나다.

10월 19일 블루먼데이, 어쩌면 좋을까 우리는

새로운 월요일은 누군가는 블루먼데이라고 부르듯이 꽤나 기운 없는 날이다. 하지만 나에게 월요일은 처음부터 다시 시작하는 날이다. 지난주가 어쨌든 오늘은 다시 시작하는 날이라고 마음을 먹어본다. 그리고 오늘 지원한 두 회사가 발표하는 날이다. 그래서 유난히 기대가 되어 발표가 6시인 줄 알면서도 수시로 들어가서 발표가 났나 확인했다. 그러나 결과는 2패. 우리 취준생들은 떨어지면 패 또는 탈이라고 한다. 오늘도 나는 2패를 기록했다. 정말 기대하지 말라고 속으로 다짐하고 다짐했지만 역시나 기대는 하게 되고 기다리게 되고, 그 결과는 기대한 것 이상 속을 쓰리게 한다.

기운차게 시작한 월요일부터 꼬여버렸다. 블루먼데이다. 우울하면 초코우유가 당기는 나는 제일 달다는 초코에몽이란 우유 하나를 사서 운동장 벤치에 앉았다. 여자 친구도 1패, 기숙사 룸메이트도 1패, 내 주위의 사람들은 오늘도 탈락 하나씩을 기록했다. 하지만 취업 카페에는 '승!', '합!'이란 자신의 합격을 남기는 사람들이 보인다. 속이 참 쓰리다. 어쩌면 좋을까 우리는. 우유 하나를 마시고 룸메이트와 떨어뜨린 회사나 욕하며 잠이나 자야겠다.

10월 20일 룸메이트와 나의 이야기

룸메이트와 나의 이야기를 잠깐 해볼까 한다. 우리는 동갑, 10학번, 취준생이란 명목으로 순식간에 절친한 사이가 됐다. 이 친구는 이미 삼성 인턴에 외국계기업 인턴, 수많은 대외활동을 한 친구이다. 나 또한 지지 않을 만큼 열심히 살았다. 우리는 8월 31일에 만나 우리의 희망찬 미래를 꿈꾸며 얘기하다 잠들었었다.

나와 내 룸메이트는 사정이 별로 좋지 않다. 내 룸메이트는 22전 22패이다. 우리끼리 약속했다. 서류가 하나 떨어질 때마다 또 다른 회사 하나를 더 쓰기로. 이 친구는 그래서 지금까지 40개를 썼다. 나는 지원하다가 그만 쓰기로 하고 정말 가기 원하는 회사만을 위해 준비하고 있다.

우리는 9월 수십 개의 자소서를 쓰면서 힘들었지만 붙을 것이란 희망에 차 즐겁게 시간을 보낼 수 있었다. 하지만 지금 우리는 거의 다 떨어졌고 자신을 부정하는 단계에 와 있다. 이 친구가 그랬다. 자기가 살면서 이렇게 자신에게 확신이 사라진 때는 처음이라고. 나 또한 그렇다. 열심히 살아온 것에 부정 당하는 기분이 들어 며칠 동안 마음이 꺾인 채로 지낸 적도 벌써 몇 번이다.

오늘 룸메이트는 신경성장염에 걸려 내가 없는 3일 동안 휴지 하나를 다 썼다고 웃으며 얘기했지만 그 마음을 이해할 수 있는 나는 웃지 못했다. 누군가 우리의 간절함을 알아줬으면 좋겠다. 정말이다.

10월 21일 1차 전형 합격, 그러나 기쁨도 잠시

오늘 뜻밖의 좋은 소식을 들었다. 금호타이어 1차 전형을 통과했다는 소식이다. 하지만 기쁨도 잠시, 다음 전형 공지를 보는데 적성검사 및 한자시험… 여기에 왜 한자시험은 따로 명시돼 있을까? 다른 회사도 한국사 상식 등은 보는 것을 알고 있지만 아예 이렇게 따로 명시돼 있으니 덜컥 겁이 났다. 나는 중3 이후로 한자에 손을 댄 적이 없기 때문이다. 그래서 곧장 한자시험 난이도를 보기 위해 서점에 갔다. 예상대로였다. 한자문제가 너무 많고 어려웠다. 공부를 따로 해 놓은 사람 아니면 풀 수 없다고 생각했다. 마음이 꺾였다. 한자 때문에 간만에 잡은 기회가 날아가게 생겼다. 회사에 가서 한자를 한 번이라도 제대로 쓸지 모르겠는데 이게 준비가 안 되어 떨어질 판이다.

어떡할까? 지금부터 외울까? 아니, 스펙 하나 추가하려고 한자급수 딴 사람들도 수두룩하다. 그 사람들 못 이길 것 같다. 같이 서류에 합격한 학교선배는 중국 유학도 갔다 와서 잘됐다면서 가볍게 생각하고 있다. 나는 합격에서 더 멀어진 것 같다. 결국 문제집을 사지 않았다. 대신 할 수 있는 부분만을 더 집중하기로 했다. 그래서 오늘 새벽까지 이러고 있다.

10월 22일 그래도 다시 파이팅!

3시까지 무기력하게 기숙사에 누워 있었다. 왜 이럴까? 혼자 일어나 보려다가 시간 때우기 웃긴 동영상이나 게시물을 보며 웃지도 않고 누워 있었다. 곰곰이 생각해 보니 어제 금호 서류가 되고 한자시험 본다는 것 때문에 의욕이 꺾인 거 같다. 그리고 한수원 인적성 책을 이제 4권 째 푸는데 처음으로 시도하는 시험 유형에 출판사도 문제가 각양각색이다. 그래서 나도 내가 잘 준비하고 있는지 의구심이 들어 기운이 쏙 빠져버렸다. 하마터면 그렇게 하루를 몽땅 쏟을 뻔했다.

그런데 다행히 나의 이런 상태는 언제나 최대가 반나절이다. 일어나서 셀프 반성문을 쓰고 계획을 짜고 도서관에 왔다. 계획한 일들을 척척 해내니 무기력증은 금세 날아갔다. 상식이라는 이름으로 회사 비전부터 올해 회사 목표 등을 공부하고 혼자 문제 빨리 풀기도 해보며 시간을 보냈다. 솔직히 공부 같지 않은 이 공부들을 하면서 참 이상하다고 생각하지만, 기업이 원한다면 맞춰야만 하는 게 취준생이니까. 오늘도 나는 한다.

할 것을 다 마치고 기숙사로 가는 지금. 수 없이 다닌 이 길, 올해로 그만 걸었으면 하고 기도해 본다. 오늘은 여기까지.

10월 23일 적어도 끝까지 포기하지 않을 것이다

내 마지막 취준일기 날이다. 벌써 이 일기를 시작한지 12일이 지났다. 짧았다. 이번 학기는 시간이 너무 빨리 간다. 4년을 통틀어서 이번 학기만큼 강의를 조금 들어본 적이 없는데 그 어느 때보다 바빴고 우울하고 쳐진 날이 많은 학기이다. 그럼에도 포기하지 않고 꿋꿋이 준비하는 중이다.

오늘로 내 취준일기는 끝나지만 내 취업 준비는 아직 끝나지도, 제대로 시작하지도 않았다. 오늘은 현대건설 인적성 검사 발표를 기다리고 있고 내일은 금호타이어 인적성 검사, 다음 주에는 한수원 인적성 검사가 기다리고 있다.

내가 가장 좋아하는 책 구절을 얘기 하면서 마치겠다. 일본 소설 작가인 무라카미 하루키가 자신의 오랜 취미이자 인생인 마라톤을 얘기하며 이렇게 얘기했다.

"적어도 끝까지 걷지 않았다."

나 또한 적어도 끝까지 포기하지 않을 것이다. 나를 비롯해 모든 취준생들이 끝까지 힘을 냈으면 좋겠다. 오늘은 여기까지.

3년 뒤 근황

3년 전 취준일기를 다시 들어 봤다. 그때는 일이 참 안 풀려서 우울한 일기가 많았다. 그런데 그 이후에 신기하게도 대학 내내 준비하고 원했던 직장에서 일하게 되었다.

나는 현재 한국원자력연구원에서 일하고 있다.

전공으로 원자력공학을 선택하면서 가장 일하고 싶었던 곳이었고 근무 특성을 알고 있던 터라 너무나 만족스런 직장생활을 하고 있다. 힘들 때도 있지만 학창시절 내내 꿈꿨던 현장에서 직접 일하고 있단 생각에 즐거운 마음으로 다니고 있다.

취업 준비 기간을 생각하면 지금도 숨이 턱 막힌다. 무거운 안개 속을 걷는 갑갑함. 한동안은 입맛이 사라져 밥이 넘어가지 않을 정도였다. 열심히 준비했다면 무조건 될 거라고 생각했는데 예상과 다르게 흘러가니 실망감이 무척 컸다. 내 삶의 선택들이 후회로 바뀌어 갔고 깜깜한 어둠 속에 있는 기분이었다. 그때 방에 누워만 있었던 날이 며칠인지 모르겠다.

지금 생각해보면 그때의 나는 스스로 너무 어둡고 절박한 상황으로 내몰았다는 생각이 든다. 그렇게 하지 않았어야 했는데 아쉬움이 많이 남는다.

○

밝고 긍정적인 생각을 가지고 준비해도 쉽지 않은 과정을 스스로가 구렁텅이로 내몰았다. 만약 내가 그때의 나를 만날 수 있다면 이 얘기를 꼭 해주고 싶다.

'안 된다고 해서 스스로를 너무 책망하지 않았으면 좋겠다.'고.

자기자신만큼은 스스로를 아껴줘야만 그 시기를 버틸 수 있다고 생각한다. 그리고 막연하게 '어디든 가자.'란 생각으로 준비하는 것보다 정말 하고 싶은 일을 위해 준비하라고 얘기해줄 것 같다. 시간이 걸릴지라도 취업 후 만족도는 더 크지 않을까 생각한다. 내가 하고 싶은 얘기를 멋진 래퍼가 노래로 냈다. 래퍼 우원재의 '시차'라는 노래다. 가사는 이렇다.

'내 새벽은 원래 일몰이 지나고
하늘이 까매진 후에야 해가 뜨네.
내가 처량하다고 다 그래.
야 야 난 쟤들이 돈 주고 가는 파리의 시간을 사는 중.

…중략…

We're livin' in a different time zone.
바뀌어버린 낮과 밤이야.

…중략…

야, 일찍 일어나야 성공해. 안 그래?
맞는 말이지 다.

근데 니들이 꿈을 꾸던 그 시간에 나도 꿈을 꿨지.

두 눈 똑바로 뜬 채로.'

나는 이 가사를 이렇게 해석했다.

'각자 자신만의 시간 속에 살아가는 것이다. 그렇기에 주위에 휩쓸릴 필요도, 눈치 볼 필요도 없이 나의 길을 가라.'

주위에 누가 취업을 먼저 했든지 SNS에 취업이나 직장 자랑을 하든지 그들의 삶에 휩쓸리지 말고 본인만의 시간 속에서 준비하다 보면 어느새 목적지에 도착하지 않을까 생각한다.

○

°생생히 꿈꾸면 이루어 질 것°

김다진

~~~~~~~~~~~~~~~~~~~~~~~~~~~~~~~~~~~~~~~
~~~~~~~~~~~~~~~~~~~~~~~~~~~~~~

김다진 씨는 스무 살에 중국 유학길에 올라 5년을 보내고 한국으로 돌아왔다. 그런 그녀에게 유난히 낯선 사람들은 공모전, 자소서 등 취업준비 때문에 얼굴보기도 힘든 친구들이다. 그런 친구들과 만나게 되면 자신만 아무런 준비를 안 해온 사람이 돼 버린다.

오랜만에 어린왕자 책을 읽고 이 세상에서 진정으로 중요한 것이란 무엇일까? 지금 하고 있는 일은 우리 인생에서 얼만큼이나 중요한 일일까? 이런 고민에 빠지다가도 당장 중국어 단어 50개를 외워야하는 현실로 돌아오게 된다.

김다진 씨는 항공사 승무원 준비를 했다. 자나 깨나 미소연습, 발음연습, 목소리 톤 연습이었다. 승무원 면접에서 중요한 것은 회사가 추구하는 이미지와 맞는 것이라고 했다. 열심히 공부해서 올릴 수 있는 시험성적과 달리 외모에 대한 평가 때문이다. 주위사람들은 참하

취준생일기 : 강나린

고 단정한 외모라서 승무원에 쉽게 합격할 것이라고 했지만 정작 면
접장엔 진짜 승무원 같은 외모를 지닌 사람들로 가득했다.

　진짜 같은 예비 승무원들 틈바구니 속에 들이켰던 탈락의 고배.
하지만 그 속에서도 그는 그들 먼저 합격한 동료 승무원들과 함께 세
계를 누비는 상상의 날개 짓을 해보곤 했다. 마음씨도 단아한 김다진
씨의 '취준진담'이다.

○

10월 21일 아직은 낯선 한국 생활

요즘은 저녁밥을 먹으며 뉴스를 보는데, 오늘은 초미세먼지에 관한 내용이 나왔다. 조만간 초미세먼지 지수가 높아질 것이라고 한다. 문득 중국에서 학교 다니던 때가 생각이 났다. 중국에서도 이맘때쯤이면 한국과는 비교도 안 되게 자욱한 안개 속을 마치 산신령이 된 듯한 기분으로 등교를 하곤 했었는데… 그리고 수업을 마치고 집에 돌아와 손을 씻고 코를 풀면 마치 놀이터에서 흙장난을 하고 온 마냥 검은 물이 나오고 휴지엔 검은 콧물이 묻어 나왔었다. 참 신선한 경험들이었다. 그렇게 중국에서 지내던 때가 불과 4개월 전이라니.

스무 살에 중국 유학길에 올라 5년이란 시간을 보내고 한국에 들어온 지 어느덧 4개월이 지났다. 한국엔 고작 일 년에 한두 번 왔다 갔다 했었기 때문에 아직까진 한국 생활이 새롭기도 하고 설레기도 하고 때론 낯설기도 하다. 아직 가보지 못한 수많은 맛집들, 대학교 축제, 열기 가득한 콘서트장 이런 걸 생각하면 마냥 설레지만, 유난히 낯설게 느껴지는 것들은 공모전, 자소서 등 때문에 얼굴보기도 힘든 친구들과 한국에선 절대 적지 않은 스물다섯이라는 지금의 내 나이이다. 친구들과 있으면 가끔 의기소침해져 있는 날 발견하기도 한다. 마치 아무런 준비도 안 해온 사람이 된 듯한 기분이 든다.

10년이면 강산도 변한다는데 내가 중국에 있었던 5년이란 시간 동안 변한 건 강산뿐만이 아니었나보구나 하고 느끼기도 한다. 그렇게 설렘과 쓸쓸함을 오가며 하루하루 한국생활에 적응해 나가고 있다. 물론 나도 내 나름대로 취업을 향한, 나만의 꿈을 향한 준비를 해 나가고 있는 중이니까 아직 좌절하기엔 이르지 않나 싶다.

이제 시작이다.

나한테 말해줘야지. 오늘도 수고했다고.

10월 23일 취업한 친구들의 배부른 고민

오늘은 저녁에 친구를 만나 맥주 한 잔 했다. 친구는 3년을 휴학하고 다른 공부를 하다가 이번에 다시 복학을 했는데 학교에서 나이많은 복학생들을 화석이라고 부른단다. 우리가 공룡도 아니고 암모나이트도 아닌데 화석이라니. 맥주 한 잔에 열변을 토했다.

그 친구는 지금 중간고사 기간임에도 불구하고 내일 학술대회 참가를 위해 새벽부터 일어나야 한다고 했다. 좀 쉬엄쉬엄 하라고 해도 주위에 친구들이 다 그렇게 열심인데 자기는 쉴 용기도 엄두도 나지 않는다고 한다. 나를 포함한 수많은 취준생들이 매일 투지를 불사르며 맥주 한 잔에도 몸을 사리게 된다.

그런데 이미 취업에 성공해서 직장에 다니고 있는 친구들은 일하기 전에 맘껏 놀아라, 여행 많이 다녀라 취업하는 순간 끝이다, 하고 말한다. 과연 이 일이 자신과 맞는지, 자신이 행복한 건지, 이러려고 그렇게나 공부했는지 등의 고민과 걱정을 털어놓는데, 네가 배가 불렀구나 하고 생각한다. 얼마나 많은 사람들이 취업하기 위해 죽기 살기로 노력하는데 말이다. 참 아이러니한 세상이다.

오늘 마신 맥주가 해독되면서 오늘 했던 걱정들도 함께 사라졌으면 좋겠다. 꿈을 가진 사람들의 꿈이 모두 이루어지기를 간절히 바라는 밤이다.

11월 8일 어린 왕자, 인생에서 정말 중요한 건 뭘까?

오랜만에 어린왕자 책을 읽었다. 일 년에 한 번씩 읽어야 하는 책이라고 들은 적이 있어서 스무 살 때부터 생각날 때마다 한 번씩 읽곤 하는데, 신기한 건 매년 밑줄 긋는 부분이 다르다는 것이다. 이러다 나중엔 모든 문장에 밑줄이 그어져 있는 건 아니려나 모르겠네. 그 중에서도 매번 인상 깊게 느끼는 부분이 있다.

주인공인 '나'가 비행기를 고치기 위해 고군분투 중일 때 어린왕자가 장미꽃에 가시가 있는 이유에 대해서 물었다. 주인공 '나'는 자신은 지금 매우 중요한 일을 하고 있다고 소리쳤다. 그러자 어린왕자는 장미꽃은 수백만 년 전부터 가시를 만들어왔고, 양은 수백만 년 동안 꽃을 먹어왔는데 그럼에도 불구하고 장미꽃이 끊임없이 가시를 만드는 이유가 왜 중요하지 않냐며 화를 냈다. 수많은 별들 중에 어느 한 별에 있는 장미꽃을 사랑하는 사람에겐 그 꽃이 존재한다는 이유만으로 하늘을 바라보는 것이 행복할지 불행할지가 결정되는데 어째서 그것이 중요하지 않는 거냐며 울음을 터뜨리고 만다.

우리가 하고 있는 일들은 우리 인생에서 얼만큼이나 중요한 일일까? 이 세상에서 진정으로 중요한 것이란 무엇일까? 가끔 이렇게 정답 없는 문제 속에 빠져 고민을 하곤 한다. 어린왕자 책은 나를 어른 직전의 모습으로 돌아가게 만든다. 아니, 어른세계로부터 잠시 도망쳐 나오게 만든다.

책을 다 읽고 나서 몇 줄의 느낀 점을 적고는 '아, 맞다.' 아직 할 일이 남았다는 것을 깨닫고 중국어 단어장을 펼쳤다. 어쨌든 지금 당장 중요한 것은, 오늘 단어 50개를 외우지 않으면 내일은 100개를 외

○

워야 한다는 것이다. 얼른 외우고 자야겠다.

어린왕자, 안녕.

11월 9일 자나 깨나 연습, 연습, 연습

내가 요즘 일하는 곳에는 매일 아침 신문이 오는데, 요즘엔 퇴근할 때 그 신문을 챙겨온다. 매일같이 정독하진 못해도 최소 헤드라인이라도 훑어보려고 한다.

취준생에겐 신문조차 그냥 폐지가 되지 못하는 것 같다. 면접을 준비하는 과정에서 우리는 현재 우리 사회의 이슈나 문제에 대해서 관심을 가지지 않을 수가 없다. 왜냐면 면접에서 사회적 이슈에 관한 질문을 하기 때문이다. 특히나 내가 되고 싶은 승무원을 뽑는 회사인 항공사는 세계 동향에 따라 회사의 이익과 손해가 결정되기 때문에 더더욱 관심을 가져야 할 수밖에 없다. 물론 누구든지 자기가 준비하는 분야가 제일 어렵고 힘들겠지만 우리나라에 승무원을 준비하는 수많은 지원자들에 대해 말하자면 자나 깨나 미소연습, 발음연습, 목소리 톤 연습, 심지어 미소 지으면서 예쁜 목소리로 정확한 발음으로 말하는 연습까지도 한다.

만약 면접이 시험이라면 몇날 며칠을 밤새서 죽어라 공부하고 높은 점수를 맞으면 그만이겠지만 승무원 면접에서 가장 중요한 것은 바로 회사가 추구하는 이미지와 맞는 지이다. 처음에 내가 승무원을 하겠다고 주위사람들에게 말했을 때, 다들 내 이미지와 참 잘 어울린다며 참하고 단정한 외모라서 금방 될 것 같다고 했었다. 그런데 정작 면접을 보러 갔을 때는, 나 스스로 봐도 승무원 같은 사람들만 천지 태반이었다. 첫 탈락의 고배를 맛보고는 지금은 부족한 부분을 천천히 보완해 나가고 있는 중이다.

오늘자 신문에 아시아나항공 승무원들이 가을 김장행사에 참여한 사진이 실렸다. 생생히 꿈꾸면 이루어진다는 말처럼 나도 동료 승무원들과 함께 환한 미소를 지으며 세계를 누비는 날이 반드시 올 것이라고 믿는다.

11월 12일 수능 날의 일기

오늘은 전국의 수많은 수험생들이 자신들의 노력을 평가받는 날이다. 오늘 힘든 하루를 보낸 수험생들에게 그리고 십대의 마지막을 보내고 있는 친구들에게 짧은 편지를 전하고 싶다.

6년 전 내가 고3일 때 나도 너희들과 같이 빨리 지나가는 시간을 아까워하고
몰려오는 잠을 원망하며 하루하루를 보냈었어.
대망의 수능 날, 수능시험장 교문 앞에서 나는
담임 선생님을 보자마자 엉엉 울어버렸던 기억이 나.
왜 눈물이 났는지는 나도 잘 모르겠지만
아마 그 수많은 친구들 사이에서 안 떨리는 척 용감한 척하다가
담임 선생님을 만나니까 나도 모르게
눈물샘이 무장해제 되어버렸던 것 같아.

어떻게 지나갔는지도 모르게 시험은 끝이 났고
수험표 뒤에 갈겨 적어왔던 내 답과
컴퓨터의 답을 맞춰가면서
한 문제 한 문제에 좌절하기도 하고 기뻐하기도 하면서
하루가 끝이 났던 것 같아.

정말이지 그런 긴장감은 누가 돈을 준대도 느끼고 싶지 않은 감
정이야.

나도 얼마 살아보진 않았지만
겨우 몇 년 더 살면서 내가 느낀 건
우리 인생엔 높고 낮은 산이 굉장히 많다는 거야.
우리는 하나의 산만을 정복하기 위해 사는 건 아닌 거 같아.
넘어야할 산이 많다는 것에 그래도 너무 좌절하지는 마.
왜냐면
어느 산 정상에 오를 때마다 펼쳐지는 풍경들도 다 다르고
느껴지는 바람도 햇살도 심지어 공기마저도 다 다를 거야.
비록 힘들게 산을 올랐어도 비바람이 불고
천둥번개가 칠 수도 있겠지만
또 다음 산봉우리에는 얼마나 멋진 풍경이 기다리고 있을지 또
몰라.

나도 내가 지금 오르고 있는 산이 얼마나 높은지
얼마나 멋진 풍경이 나를 기다리고 있을지 모르지만

분명한건 지금처럼 이렇게 묵묵히 걸어가다 보면
언젠가 산 정상에 도착할거라는 거야.
그러니까 너희들도 꼭 바라던 멋진 풍경이 아니더라도
쉽게 좌절하지 말고 아직 남은 산은 많고 많으니까
다음 산을 오르기 위해 신발 끈을 다시 한 번 단단히 메고
간식도 먹으면서 에너지 충전을 했으면 좋겠어.

그렇게 열심히 산을 오르다가
우리 중간에 마주치게 되면 응원과 격려의 인사를 나누도록 하자.
오늘 인생에 몇 안 되는 험난한 산을 오른 너희들에게
정말 수고했다는 말을 해주고 싶었어.
정말 수고했어, 친구들아.

11월 13일 예쁨 받아 행복한 하루

오늘은 오늘 하루 있었던 소소한 일들에 대해 적어보려고 한다.
내가 요새 일하는 치과에서 나의 역할은 데스크에서 접수를 받고 가끔 엑스레이를 찍어주는 것이다. 오늘은 어느 할머님의 엑스레이 사진을 찍어주는데 어디가 불편해서 오셨냐고 물었더니 틀니를 빼시고는 이놈이 아프다며 하나 남은 치아를 가리키셨다. 다른 놈 다 빠지고 이놈마저 아픈 게 마치 억울하다는 듯이 속상한 표정을 지으시는 게 애잔하기도 하고 조심스레 귀여워 보이기도 했다.

우리 병원에는 할머니 할아버지들이 많이 오시는데 아버님 어머님 하면서 안내를 해드리면 당신들 손녀 같다며 무척 예뻐해 주시는데 그렇게 이쁨 받고 일했던 날이면 퇴근하는 순간까지 뿌듯하고 기분이 좋다. 바로 오늘처럼 말이다. 예전엔 하루의 반은 웃어야 '아, 오늘은 행복한 하루였어!'라고 했었는데, 지금은 피곤한 일상 속에서도 나를 미소 짓게 만드는 일들 몇 가지 가지고도 의미 있는 하루였다고 느껴진다.

일을 하면서 공부까지 하는 게 얼마나 힘든 것인지 몸소 느끼는 요즘이지만 나를 손녀딸처럼 대해주시는 할머니 할아버지들 덕분에 오늘도 힘을 내서 공부를 했던 것 같다.

11월 16일 개구리 왕눈이의 칠전팔기, 친구들 덕분일 거야

비가 오는 걸 핑계 삼아 친한 친구 셋이 모여 막걸리에 파전을 먹었다. 빗소리를 들으며 좋아하는 사람들과 도란도란 이야기를 나누는 낭만을 난 오늘 비슷하게나마 이룬 것 같다. 사실 도란도란 이야기를 나눴다기보다 남자얘기, 화장품얘기, 연예인 얘기, 더 나아가 우리나라 정치 경제얘기로 100분 토론을 펼치기도 했다가 마지막엔 각자 자신의 진로에 대해 고민과 걱정을 털어놓았다. 그렇게 실컷 열변을 토하다 막걸리 집을 나오려고 할 때 사장님께서 '청춘을 응원합니다!'라며 불끈 쥔 주먹을 보여주시는 것이었다. 가게가 떠나가라 수다를 떨었던 우리가 사장님 눈에는 뜨거운 청춘들로 보이셨나보다.

이렇게 한바탕 수다전쟁을 치르고 각자 집으로 돌아가는 길에

'우리 다들 성공하자! 힘내자!' 하고 응원했다. 아프니까 청춘이라는, 이젠 진부해져 버린 그 말에 우린 그냥 인정하며 아픈 청춘도 언젠간 끝나리라고, 우리가 이겨내자고 떵떵거리며 헤어졌다. 그럼 또 한 번 힘을 내서 한동안은 성공에 대한 열정과 확신을 불태우며 지낼 수 있다. 이러한 친구들이 있음에 참 감사한 하루다.

개구리왕눈이가 일곱 번 넘어져도 여덟 번 일어날 수 있었던 이유는 분명 그의 옆에는 그를 사랑하고 응원해주는 친구들이 있었기 때문이지 않을까? 그럼에도 불구하고 우리는 다들 서로를 라이벌이라고 생각하고, 상대방을 이겨야만 내가 살아남는다는 경쟁의식 속에서 살고 있다는 게 참 안타깝다. 내 주위 소중한 사람들만이라도 잘되길 기도하고 바란다면 모든 사람이 마음만은 풍족하게 살 수 있지 않을까 하고 생각해 본다.

11월 18일 초심 잃으면 안 되는데

일을 하면서 공부를 한다는 게 굉장히 힘든 일이라는 걸 요즘 새삼 깨닫는다. 처음 일을 시작한 한 달 동안은 참 좋았다. 이것저것 할 일을 찾아서 하는 내 성격에 일을 하게 되니까 뭔가 내 몫의 할 일이 주어졌다는 게 설레기도 하고, 내 하루가 꽉꽉 찬 기분이었다. 나에게 직장이 생긴다면 이런 기분일까 하면서 대리만족을 느끼기도 하고 미래의 내 모습을 상상도 해보고 그랬다.

시간이 많았을 때는 공부도 생활도 오히려 나태하게 보냈었는데 일을 하고 나면서부터는 온전히 내시간인 시간은 확 줄어들었기 때문에 '그 시간을 알차게 보내야겠다.'라는 강박관념 같은 게 생겼다. 아무리 일을 하느라 피곤해도 그냥 잠에 들기엔 하루가 너무 아깝게만 느껴졌다. 그래서 출근길 버스에서는 책을 읽고, 퇴근 후 집에 돌아와서는 공부를 하고, 최근에는 헬스장도 등록했다.

한 시간 일찍 일어나서 반쯤 풀린 눈으로 운동하러 간다. 체력적으로 너무 피곤하고 힘들 때는 내가 지금 너무 욕심을 부리고 있나 싶기도 하고, 한편으로는 모두들 힘들게 준비를 하고 있을 거라고, 편하게 들어가는 직장이 어디 있겠냐며 스스로 위로해가며 버텼다.

그런데 인간이 참 간사하고 적응의 동물이라는 말이 맞는 것 같다. 막상 이 일을 하고 있는 게 특별히 나쁜 점도 없어 보이고, 일이라는 게, 우리네들 삶이라는 게 다 거기서 거기인 것 같기도 하고 해서 일이 끝나면 다 귀찮고 집에서 맘 놓고 편하게 쉬고만 싶고 그런다. 그런 생각이 든다는 것을 문득 느끼면 깜짝 놀란다. 이러면 안 되는데… 항상 처음과 같은 마음으로 하루에 임하고, 그 마음 끝까지 가지고 간다면 얼마나 좋을까? 며칠 내내 비가 와서 기분도 꿀꿀하고 축축 쳐지는 밤이다.

11월 23일 세상엔 하고 싶은 것이 너무 많다

나는 하고 싶은 것이 진짜 많은 사람인 것 같다.

내가 부족한 부분이나 멋있어 보이는 부분에 있어서 동경이 생기고 내가 직접 해보고 싶은 생각이 든다. 노래 잘하는 사람을 보면 노래를 잘하고 싶고, 멋진 기타소리를 들으면 기타를 배우고 싶고 예쁜 꽃다발을 보면 꽃꽂이를 배우고 싶고, 한비야 책을 읽고서는 해외봉사를 나가고 싶고, 엄홍길 대장님을 보고선 산 정상에 오르고 싶고, 내가 직접 내 몸으로 내 손으로 겪어보고 체험해 보고 싶다. 올해만 해도 버킷리스트가 한두 가지가 아니다. 언제 다 해보지? 터무니없이 많긴 한데, 이게 전부 내가 하고 싶은 것들을 적어놓은 거니까 꼭 올해가 아니더라도 언제든지 차근차근 하나씩 해나가고 싶다.

나는 왜 이렇게 하고 싶은 것들이 많을까? 난 이것도 저것도 그냥 다 멋있어 보이고 재밌어 보이고, 내가 직접 한다면 내 스스로 즐겁고 행복할 것 같아서이다. 이 세상에 나를 즐겁게 만들어줄 수 있는 것들이 많다는 것은 참 다행이다. 그리고 내가 해보고 싶다고 해서 당장 다 할 수 있는 상황이 아니기 때문에 그 대상들이 더 멋있어 보이고 재밌어 보이는 것일 수도 있다.

만약 내가 하고 싶은 것이 있다고 해서 그걸 당장 다 할 수 있었다면 기타소리가 아름답고 꽃다발이 예쁠 수 있었을까? 세상에 내가 만족할 수 있는 것이 있었을까? 내가 나를 발전시키고 성장시키기 위해 노력 할 수 있었을까? 하고 싶다고 해서 다 할 수는 없기 때문에, 지금은 내가 하고 싶은 것을 위해서 내가 할 수 있는 것에 최선을 다하며 노력하다보면 내 인생의 버킷리스트를 하나하나 이루어나갈 수 있지 않을까 생각한다. 오늘도 역시나 감사하지 않을 이유가 없는 하루이다.

11월 24일 랜섬웨어, 모든 것이 날아가 버리다

오늘은 올해 최악의 날 중에 TOP3 안에 들 날이다. 나의 노트북이 랜섬웨어라는 바이러스에 걸린 것이다. 이 바이러스는 개인의 문서나 파일에 암호를 걸어서 열 수 없게 만들어버리는 바이러스라고 한다. 얼마 전에 외장하드에서 7기가 정도 되는, 몇 년간 나의 추억이 고스란히 담긴 사진들을 노트북으로 옮겨왔는데 한 장도 열리지 않는다. 내가 써온 자소서들, 다른 사람이 쓴 멋진 자소서들, 항공사에 관련된 기사들, 밤새워가며 썼던 나의 논문, 듣기파일, 멋진 동영상 강의들 등등 나의 손때가 묻은 것들은 하나같이 한순간에 쓰레기가 되어버렸다.

바이러스는 그저 백신프로그램으로 치료하면 되는 거 아니었나? A/S센터를 찾아가보니 복구는 불가능하다고, 그냥 포기하고 포맷만 하라고 한다. 바이러스 만든 사람에게 큰돈을 줘야만 복구가 가능하단다. 어쩔 수 없이 포기했다. 내 몇 년간의 시간과 추억과 노력이 전부 사라진 기분이다. 정말이지 오늘은 너무너무 속상한 하루였다. 노트북이 원망스럽고, 바이러스를 만든 사람이 밉고, 머릿속에 온갖 부정적인 생각뿐이었다. 아직까지도 생각만 하면 그 방대한 자료들이 너무 아깝다. 이 추운 날, 내일이면 눈까지 온다는데, 왜 나에게 이러한 시련까지 왔는가 싶다.

나는 항상 어떠한 일을 마주할 때 그 일을 통해 내가 배울 수 있는 것들에 대해 생각하는데, 이번 경우에 대해서 난 무엇을 배워야할까? 인생이란 이렇게 생각지도 못한 황당무계한 일도 생길 수 있다는 것을 깨달았다. 오늘은 속상한 마음을 부둥켜안고 일찍 잠에 들어야

○

겠다. 내일부턴 오늘보단 더 좋은 일이 생기겠지 위로하며 잠에 들어
야겠다.

3년 뒤 근황

나는 현재 에스테틱 분야에서 일하고 있다. 고객들을 만나고, 관리하고, 그
들에게 맞는 상품을 컨설팅 해주며, 나보다 고객을 생각하는 시간이 하루의
대부분을 차지하는 나날들을 보내고 있다.

내가 관리하는 고객들의 연령층은 20대부터 50대까지 다양한데, 20대 고
객들을 만날 때 특히 자주 묻는 질문이 있다.

"요즘 고민이 뭐에요~? 가장 스트레스 받는 것이 뭐에요?"

그러면 거의 대부분의(70~80%) 20대 친구들은 자신이 뭘 해야 할지 모르
겠다고, 지금 하는 일이 맞는 건지 확신이 안 선다는 대답을 한다.

너무너무 신기했다. 예전에 내가 하던 고민과 어쩜 이렇게 같을 수 있는지.

3년 전, 나는 중국에서 5년간의 유학생활을 마치고 한국으로 막 돌아온
상태였다. 한국에서 대학생활을 못했다는 아쉬움이 남아서 한국생활에 대한
기대감이 무척 컸다. 그래서 여러 가지 아르바이트도 해보고 국내 여행도 많
이 다니고 스무 살처럼 마냥 의욕 넘치던 시기를 보냈다.

나는 승무원이 되고 싶었다. 취업전쟁에 뛰어든 용감한 용사가 되어 여러
항공사에 지원했지만 자꾸 불합격 통지를 받았다. 속상한 마음이 들기도 했
지만 한편으로는 내가 한국에서 할 일이 승무원밖에 없겠는가라는 생각을
했다. 한국엔 다양한 직업이 정말 많고, 얼마든지 즐길만한 일들도 너무 많은
데 나에게 맞는 일을 승무원이라는 직업 하나에 국한시키고 싶지 않았다.

○

그래서 서비스 관련된 일이면 기꺼이 시작했다. 여러 가지 일을 해보면서 느낀 것은 각기 다른 직장이어도 어떠한 업무가 나에게 맞는지, 어떤 부분이 나랑 잘 안 맞는지, 내가 어떤 일을 잘하는지, 어떤 부분이 미흡한지 내 스스로를 객관적인 눈으로 볼 수 있다는 것이었다.

앞서 말했듯이, 나는 요즘 고객들을 만나고 관리하고 그들에게 맞는 상품을 컨설팅 해주며 나보다 고객을 생각하는 시간이 하루의 대부분을 차지하는 나날들을 보내고 있다.

나는 20대 친구들이 멋진 직업을 갖기 위해 준비하는 시간보다 직접 뛰어들며 경험하는 시간을 보내봤으면 좋겠다. 어떠한 일이든 눈으로 보는 것과 상상하는 것과 직접 해보는 것은 정말 많이 다르다. 기대했던 것보다 실망스러울 수도 있고, 생각보다 재밌는 일을 겪을 수도 있다.

그러니 우리의 푸른 봄날(靑春) 맘껏 즐길 것!

천천히 가는 걸 두려워 말라,
다만 멈추는 걸 두려워하라 °

최슬기

(최슬기 씨의 이름은 가명이다.
녹음 파일을 책에서 활용하는 것도 동의하지 않아 별도로 싣지 않았다.)

중국교환학생으로 갔던 최슬기 씨는 중국에서 생활하며 한류를 몸소 느꼈다. 한류 열풍에 한국어능력시험을 보려는 외국인들이 증가하고 있는 반면 정작 제대로 된 한국어교사는 부족했다. 그들은 언어뿐만이 아니라 우리나라와 관련된 것들에 대해 관심을 가지고 있었는데, 정작 사용하는 교재들은 오래된 것들이었기에 오타도 많았고 문화와 역사에 대해서도 잘못 인식하고 있는 부분들이 많았다.

그래서 최슬기 씨는 중국어로 우리나라와 우리말을 제대로 가르치는 한국 알리미가 되는 꿈을 꾸었다. 귀국하기 전에 한국어를 전공하는 학생들 500명을 대상으로 한국어를 배우는 점에 관한 설문지를 직접 만들어서 조사할 만큼 열정을 지녔다. 후에 한국어교원양성과정 수업을 이수하면서 우리나라에 온 중화권 사람들에게 교육할 때도 그 설문지의 효과를 톡톡히 봤다.

최슬기 씨의 열정은 대학생활 내내 불꽃처럼 타올랐다. 장학금도 4년 내내 받고, 부모님에게 용돈 받지 않으며 혼자 아르바이트를 하면서 학업도 병행했다. 하지만 좀처럼 열리지 않는 취업의 문 앞에서 최슬기 씨는 좌절이라는 단어를 써야했다. 계속되는 불합격 통보에 마음은 더 조급해지고 불안했다. 28살의 나이도 점점 버거웠다.

그녀의 한 친구는 그 무렵 외국으로 떠났다. 딱히 어떠한 준비나 계획은 없지만 그 나라에서 잠시 살았을 때의 좋았던 기억을 좇아 떠났다. 어차피 외국에서도 힘들겠지만 그곳에서의 고생은 이곳에서의 것과는 다르다고 했다. 그런 고생이야 젊어서 충분히 할 수 있다는 것이다. 그 이야기를 듣고 그녀는 먼 훗날 자신의 아이가 생긴다면 이 나라에서 키울 수 있을까하는 의문을 떠올렸다고 했다.

그녀의 취준일기를 읽어보면서 과연 그녀가 문제인지, 그녀가 살고 있는 세상이 문제인지 생각해봤으면 한다.

10월 24일 토요일 계절의 변화도 놓치고…

집을 나선다. 새벽 내내 비가 오더니 바람이 분다. 가을이 왔다는 증거이지만 취업을 준비한 이후부터는 공채의 시작이라는 신호이기도 하다. 오늘 집 앞을 나서는데 분명히 매일 걷던 길이었지만 나뭇잎들의 색이 변해 있고 하나둘씩 떨어지기 시작하는 걸 이제야 알았다는 게 괜스레 속상하고 아쉽단 생각이 들었다. 사소한 것이지만 내가 이런 변화도 감지 못하고 지냈다는 게.

하지만 그래도 가을이 다 가기 전에 알아서 다행이기도 싶다. 그나마 거리를 거닐면서라도 단풍을 구경할 수 있고 국화도 찾게 될 수도 있고 가을 하늘이라도 한 번 더 올려다보게 되지 않을까.

'지금은 자소서를 작성해야 하고 시험공부도 해야 한다.'는 것에 사로잡혀 있는 모습이 어쩔 땐 씁쓸하기도 하지만 나는 이것 또한 지나가리라고 생각하고 있다. 나중에 이 순간을 기억하게 되면 별 게 아니게 될 수도 있는 그 날이 오기를 기대하면서 말이다. 언제일지는 모르지만 그 날이 어서 왔으면 좋겠다.

10월 25일 천천히 가는 것을 두려워 말라, 다만 멈추는 것을 두려워하라

'不怕慢 只怕站'

우리나라 한자 발음으로는 '불파만 지파참'이라 읽고 천천히 가는 것을 두려워 말라, 다만 멈추는 것을 두려워하라는 뜻이다. 대학교 전공 수업시간에 우연히 접한 뒤로 잊지 못하는 몇 가지 구절들 중에

○

하나가 되었다. 그때 당시에는 그냥 '와~ 좋은 말이다.' 이런 느낌이었다면 지금은 마음속으로도 와 닿으면서 내게 하는 말이자 위로하는 글인 느낌이다. 이제 점점 책임져야 할 것들이 많아지면서 마음이 조급해지고 불안해지는 건 사실이다.

　대학교 때부터 장학금도 4년 내내 받고 부모님에게 용돈 받지 않으며 혼자 아르바이트를 하면서 학업도 열심히 해 온 나였는데, 면접을 보고 불합격을 통보받으면 뭐가 문제였나 싶은 생각도 들 때가 있곤 한다. 그럴 때마다 감정적으로 혼자 늦어지는 것 같고 무서워지기에 이성적으로 되찾고자 그 글귀를 곱씹으며 떠올린다. 현실은 초라하고 힘들며 뜻대로 풀리지도 않아서 출발이 늦을 수 있지만 그것이 절대 뒤처지는 게 아니라 포기해버리고 노력과 도전을 하지 않게 되는 순간이 더 큰 실패가 온다는 것을.

　오늘도 열정적이었던 스스로에게 토닥토닥해주며 수고했다는 위로를 해줘야겠다.

10월 25일 <u>선인장의 꽃</u>

　에피톤프로젝트의 '선인장'이라는 노래, 내가 좋아하는 노래 가운데 하나이다. 오리지널 버전도 있고, 남자 아이돌 그룹의 멤버가 부른 버전도 있고, 여자 가수가 부른 버전도 있어서 취향에 따라 골라 들어도 좋을 것 같다. 지금 같이 조용한 밤 시간에 이 노래를 누워서 차분하게 듣고 있으면 마음이 여유로워지고 기분도 좋아지면서 힐링이 되기도 한다. 가사도 노래 제목에 있듯이 선인장의 입장에서 쓰여 있는데 노래를 잘 느끼면서 들으면 위로를 받는 것 같다.

선인장은 아무 때나 꽃을 피우지 않기에 오랜 세월을 거친 후에 어느 순간 꽃을 피운다고 한다. 그래서 보는 사람에게 더없는 기쁨과 행복을 느끼게 해줄 수밖에 없지 않을까. 그래서 우울한 일이 있거나 지치고 위로가 필요한 일이 있을 때 이 노래로 위로를 잘 받게 된다.

10월 26일 우리나라를 떠나는 청년들

우리나라 젊은 청년들이 나라를 떠나고 싶어 한다는 소식을 접하곤 한다.

내 주위에도 우연히 알게 된 한 아이도 외국으로 떠나버렸다. 딱히 어떠한 준비나 계획이 있지 않았지만 그 나라에서 잠시 살았을 때 좋았던 경험들도 있고 어차피 외국에 나가도 힘들지만 그래도 그곳에서의 힘듦은 이곳에서 힘든 것과는 다르다면서. 그런 고생이야 젊어서 충분히 할 수 있단다.

그 이야기를 듣는데 나는 여러 생각이 들고 머리도 복잡하였다. 물론 부러운 감도 없잖아 있고, 정답이야 없지만 그렇다고 옳다·그르다로 판단할 근거도 없다.

하지만 먼 훗날, 언제가 될지 모르지만 '나도 아이가 생긴다면 이곳에서 키울 수 있을까?'라는 질문과 스스로의 생각에 확신을 주는 답을 내릴 수 없는 건 왜일지 모르겠다.

○

10월 26일 그저 좋은 곳, 광화문의 한 카페

광화문. 광화문의 한 커피가게. 언제부터인지 모르겠지만 나는 그곳을 참 좋아한다고 여기게 되었다. 어떠한 계기가 있었던 것도 아니고 잊지 못할 장소도 아닌데 그저 그곳이 끌리게 되었나보다. 사람을 좋아하게 되는데 이유가 없듯이 말이다.

그 카페에 앉아서 창밖을 보고 있노라면 다양한 사람들도 구경할 수 있고 여러 기업의 빌딩들이 밀집되어 있어서 신기한 느낌이 든다. 다른 건물들 속에서 일하는 사람들의 모습은 어떠하고 어떠한 모습들로 근무를 할지, 과연 어떤 사람들이어야 저러한 건물에서 일을 하게 될까? 등등… 어쩌면 내가 생각하는 서울의 중심은 광화문일 수도 있다. 다양한 성격의 건물, 관광지, 대형 서점, 외국인, 호텔, 교통 등 이 모든 것들을 그 카페에 앉아 있으면 다 내려다 볼 수 있다. 대학생 시절엔 그곳에 앉아서 내 자리 하나쯤이야 있을 것이라 여겼는데, 지금은 '있으면 좋겠다.'로 바뀌었지만 그래도 나만 아는 아지트이자 위로받고 힘을 받는 장소이다. 그래서 그곳, 그 자리가 영원히 없어지지 않았으면 좋겠다.

10월 26일 나를 일으켜 주는 라디오

매일 아침, 우리 집은 라디오를 켜놓고 하루 일과를 시작하고 모두 잠들고 조용한 밤에는 나 혼자 라디오를 켜놓는다. 매일 듣는 라디오는 가족도 아니고 직접 볼 수 있는 친구도 아니지만 디제이가 오프닝 때 해주는 말들이 뇌리에 콕콕 박힐 때가 있다. 그리고 그 타이밍이 정말 날 꾸준히 지켜봐왔던 마냥 정확하다.

삐뚤어지고 싶었던 어제 하루라는 시간 끝자락에 들은 라디오가 나를 다시 철썩 치며 일으켜 세워 주곤 한다. 가끔씩 흘러나오는 옛 노래를 통해 감성에 젖게 되고, 누가 보면 미친 사람마냥 부스 안에 함께 있듯 낄낄거리게 만들어 주며, 때로는 나보다 더 고민 많은 사람들의 이야기를 들으며 안타까움과 동시에 용기와 희망을 얻고, 어제처럼 지쳐서 잠시 쉬고 있을 때는 다시 일어나라며 물 한잔 건네주는 라디오.

이래서 내가 라디오를 하루 시작할 때나 자기 전에 듣지 못하면 금단현상마냥 허전함을 느끼는가 보다.

10월 28일 존경스러운 평범한 샐러리맨의 삶

숟가락이 무엇인지. 숟가락으로 자신의 성분이라고 해야 하나, 가정환경이라고 해야 하나, 계급을 나누고 있다. 금수저, 은수저, 동수저, 흙수저. 수저계급론이라고 해서는 자기 집안의 자산, 소득수준 등을 기준으로 하여 등급을 나눈 것인데 장기화된 취업난, 임금 격차, 지역별 학군 등으로 삶의 만족도가 낮아지는 사회현실이 반영된 것이라고 말하고들 있다. 그 기준에 따르면 나는 흙수저도 아니고 그렇다고 금수저도 아닌 어중간한 계급이지만, 부모님이 만들어낸 것들을 나를 판단하는 기준으로 삼는다는 것이 이상하지 않나 싶다.

어렸을 적부터 우리 집은 부모님으로부터 본인들이 번 것은 본인

들의 몫이지 나와 동생의 것이 아니라는 소리를 많이 들어왔기에 그
냥 그랬다. 또 한편으로 평범한 샐러리맨으로 살면서 이만큼 살아가
는 것도 쉽지 않다는 생각과 함께 우리 부모님이 참 대단하시다는 존
경심도 들게도 하면서. 훗날에 나는 어느 정도로 살게 될 지가 의문
이면서 우리 사회가 어렸을 적부터 책에서 봐오고 익히 들었던 밝고
아름다운 세상이 된다는 것이 어려운 일인 건가 싶다.

　웃자고 만든 거라고도 하고 괜히 진지해질 필요가 있냐고들 하기
에 그저 나도 혼자 생각해봤을 뿐이다.

　단 하나, 미래 세대들을 위해서 좋은 것들이 더 많았으면 하는 바
람이다.

10월 29일 작은 위로도 큰 감동이 된다

　인터넷에서 한 광고회사에서 면접을 보러 온 사람들에게 면접비
가 담긴 봉투와 함께 편지까지 주었다며 사진을 찍어 올린, 감동받았
다는 글을 보았다. 나도 여러 번 면접도 보고 인적성 등 필기시험까
지 많이 보았지만, 그것을 보는 나까지 감동적이기도 했고 면접을 보
러 온 사람들을 배려해주는구나 싶었다.

　면접을 보러 가면 면접비라고 주는 곳이 있기도 하고 주지 않는
곳이 있기도 하는데, 비용을 떠나서 그 편지가 사람들을 뭉클해지게
만드는 게 아닌가 싶다.

　취업준비생이라는 신분이 분명 잘못을 저지르는 것도 아닌데 내
색은 하지 않더라도 심적으로도 많이 지치고 스트레스를 받는데다가

○

주위의 시선조차도 부담스럽고 어렵게 느껴지게 된다. 그래서 위안이나 위로를 받을 곳조차 딱히 없는데 면접 본 회사에서 고생했다면서 마음을 꿰뚫었다는 듯이 그러한 글귀를 써준 편지에 결과가 어찌됐든 정말 고맙고 마음으로 와 닿은 것이 아닐까.

어쩌면 취준생들은 위로, 위안의 한 마디와 자신의 존재가 고맙다는 말을 듣고 싶어 했던 건지도 모른다.

10월 31일 엄마, 고마워요

아침부터 두 군데 인적성 시험을 보았다. 솔직히 내가 시험문제를 풀고 있었던 건지 무의식적으로 연필을 날리고 있었던 건지 모르겠다. 아마 시험에 응시했던 모든 사람들이 그랬을 테지만. 스터디에서도 그렇고 주변 사람들도 이구동성으로 하는 말이 생각을 하면 안 되고 아무 생각 없이 풀어야지, 생각을 하는 순간 끝이라고 할 정도이니까.

내가 다시 취업 전쟁 아닌 전쟁에 뛰어들었을 때, 우리 엄마는 얼핏 책들을 보고는 '어후.'라고 해버리셨다. 본인더러 지금 하라고 하면 못할 것 같다며 이러한 것들을 다 풀라고 내주는 거냐면서 무엇을 준비해야 하는 건지 헷갈려서도 못하시겠다는 등 말씀을 하셨다. 이렇게까지 준비를 해서 하는 줄은 모르셨다면서 나에게 이야기를 해주시는데 그냥 고마웠다.

많이들 나에게 제정신이 아니라거나 무슨 특별한 것도 없는데 그냥 그렇게 사는 것이 유별나다고 할 수 있지만, 엄마는 그저 혼들리지도 않고 꿋꿋하게 있어 준다. 그러면서 될 때가 되면 어련히 알아서 될 것이니까 일희일비하지 말고 길게 보면서 노년 복이 최고이니 지금 풀리지 않는다고 어리석은 생각 따위 하려면 잠이라도 더 자라고 쿨하게 말씀하시곤 한다. 그러기에 이런 엄마가 참 고마우면서도 미안한 마음이 들며 잘하고 싶을 뿐이다.

11월 1일 이모네 강아지

이모네는 '쫑'이라고 부르는, 이제 막 한 살이 된 강아지 한 마리를 키운다. 실은 이 강아지는 안락사를 당할 뻔했는데 우연하게 데려와서 키우게 된 것이다.

이 친구를 데려오기 전에 오랫동안 키웠던 강아지가 나이도 많기도 했지만 이모가 편찮으셔서 병원에 입원한 사이에 이모의 빈자리를 느꼈는지 밥도 제대로 먹지도 않고 우울증에 걸리고 아파서는 결국에 저세상으로 가버렸다. 그 강아지가 그렇게 된 이후로 이모는 다시는 강아지를 키우지 않겠노라고 다짐을 했지만 그 빈자리를 어쩔 수 없어서 다시 키우게 되었다고 하였다. 그래서 정을 주지 않겠다고 속으로 생각을 했는데 이 강아지가 자기 마음을 읽은 것처럼 수컷임에도 불구하고 어찌나 애교가 많고 사람을 졸졸 따라 다니면서 따르는지 정을 주게 되었다고 한다. 내가 보아도 강아지가 맞나 싶을 정도로 눈치도 빠르고 애교도 넘치면서 아기나 어린이처럼 예쁨을 받을 짓을 하기에 정을 줄 수밖에 없겠구나 싶었다.

하지만 또 한편으로는 아픔을 한 차례 겪었던 강아지이기에 그것

○

을 겪지 않기 위해 그러는 건가 싶기도 하고 사람이 무섭다고 여겨질
수도 있으련만 사람을 따른다는 것이 괜히 안쓰러워지고 짠한 기분도
들었다. 사람도 사람에게 한 번 데이면 그 트라우마가 남아서 회복하
기까지 시간이 필요하기 마련이다. 강아지도 비록 동물이지만 마찬가
지일 텐데 말이다.

11월 3일 정답은 없어

고등학생 과외로 용돈을 마련하고 있다. 대학교 입학하기 전부터
사촌동생들 공부를 가르쳐서, 입학한 이후로 과외를 소개받아서 쭉
해왔다. 아이들을 가르치는 데 자신도 있고 잘할 수 있기도 해서 한
때 잠시나마 임용고시로 선생님을 꿈꿨던 적이 있었다.

지금 가르치고 있는 친구는 웃기기도 하고 짜증나게 할 때도 있
는데 오늘은 수업교재들을 모두 학교에 두고 왔단다. 다른 책이나 그
것도 없으면 다른 과목이라도 한 번 보면서 수업을 하자는 나의 말에
그 친구가 흠칫하면서 머리를 굴리는 것을 읽었지만 모르는 척하였
다. 나도 그 시절을 겪어보았기 때문에 어떤 심정인지 이해는 하지만
나의 역할은 해야 할 수밖에 없으니까. 그러더니 원서로 된 책을 읽자
는 제안을 기꺼이 승낙해서 하는데 분명 모범답안이 없는데 그 친구
는 자꾸 의심스러워하는 건지 불안한 건지 하나하고서 확인을 하고
정확하게 하고 있는지 확인을 요구하였다. 그래서 잘하고 있다고 격려
하며 답이 정해진 것이 아니라 이렇게도 저렇게도 가능할 수 있으니
까 생각의 폭을 넓히면 다양해질 수 있다고 말하였는데 아마 나도 그

모습이었을 것 같다, 그 당시에는.

생각을 하기보다는 정해진 대로 하는 것이 편하고 그게 맞는 길이었는데 시간이 흐른 지금도 여전히 그 모습이어서 조금은 안타까운 마음이 드는 게 왜인지 모르겠다.

11월 4일 다양한 삶, 자신의 길을 확신하는 것이 최선

오랜만에 여러 친구와 연락을 하였다. 중학교 때부터 알고 지냈거나 대학교, 사회에서 알게 된 사람들까지 친하게 된 계기가 다양하기도 하지만 나와 비슷하거나 똑같은 나이대의 사람들도 여러 모습으로 살고 있다.

어렸을 적이나 10대 시절에는 거의 비슷하게 생활하고 똑같은 교복을 입고 함께하는 시간들이 많기 때문에 붙어 다니며 지내다시피 하였다. 어쩌면 그게 당연하다는 듯이 누구 하나라도 다르거나 떨어지게 되면 큰일인 것처럼 아쉬워하고 속상해하고 그러면서 고3이 되어서는 대학교가 인생의 전부인 줄 알기도 했었다. 물론 이제는 그게 아니라는 것을 알고 사람마다 다양한 삶이 있기에 정해진 것은 없다는 것도 깨달았다고 친구들끼리도 얘기를 하고는 한다.

내 주위를 둘러봐도 똑같은 삶을 살고 있는 사람들이 없듯이, 이미 결혼해서 아이가 있는 친구, 학교를 다니고 있는 친구, 외국에서 있는 친구, 일반 기업을 다니거나 학원 강사를 하고 있는 친구, 그리고 원하는 것이 있어서 취업이나 시험 준비를 하고 있는 친구 등 다양하게 살아가고 있구나 싶었다.

한때는 떨어져 있거나 달리 지내고 있으면 뭔지 모르게 서운하거나 아쉬워했었는데 지금은 각자의 자리에서 지내고 있다가 서로 힘들거나 좋거나 상담하고 싶다거나 기타 등등의 이유로 만나고 연락하고 지내고 있다. 그래도 남는 건 오랜 시간을 함께 했던 사람들이 아닐까 싶으면서 살아가는 데 정답이 없듯이 자신이 가는 길이 정답이라 확신을 하고 가는 것이 최선이라고 생각하는 점이 최고라고 늘 결론을 내리곤 한다.

3년 뒤 근황
최슬기 씨는 현재 직장생활을 하고 있지만
어느 직종인지는 밝히지 않았다.

나는 무슨 일이 하고 싶었을까?

무수히 많은 전공들 중 왜 그 전공을 했을까?

전공과 학교, 사회라는 테두리 안에서 진짜 하고 싶은 건 무엇일까?

증명사진을 찍고 학위를 받고 그 이후의 나날들. 처음 하는 일도 있었고, 해봤던 일이지만 생소하게 느껴지는 일도 있었고, 주말이든 낮밤이든 해결해야 하는 일도 있었는데 그런 일들을 거치면서 어느 덧 훌쩍 시간이 지났다.

신입일 때만 가능했던, 뭣도 모르고 패기와 열정으로 부딪히던 나날들. 처음으로 기획하고 운영했던 프로젝트들이 잘돼서 벅찼던 날들. 물론 늘 좋을 수만 없었고, 부담감에 숨이 턱 막히거나 자의나 타의로 인해 남모르게 울고 힘들고 속으로 삭혔던 날도 있었다.

그러한 시간 동안 나는 '그 중에서 뭐가 가장 뿌듯했고 즐거웠을까?', '무엇을 배우고 느끼며 얼마나 성장했을까?'를 자꾸 생각하게 된다.

누구나가 그래왔듯이, 여전히 하고 싶은 것이 많고 힘든 것보다는 편한 것을 하고 싶기도 하다. 그래도 분명한 건, 다치고 깨졌어도 열심히 하려는 마음은 충분했다고 말할 수 있다.

결론은, 이러쿵저러쿵 할지언정 그 과정만큼은 바꿀 수 없는 경험이자 에너지였다는 것이다. 돈도 중요하고 회사이름도 중요하지만 무엇보다 '내가 어떻게 하면 성숙한 어른으로 행복하게 생활하며 사회생활을 할까?', '앞으로도 좋아하는 일을 꾸준히 할까?'라는 질문이 중요하다.

자리 잡으면 끝날 줄 알았던 이러한 고민은 여전히 끝나지 않았고 수학문제마냥 답이 정해져 있지도 않기에 평생 함께 하는 친구이지 싶다.

내 인생의 주인공은 나°

류은지

~~~~~~~~~~~~~~~~~~~~~~~~~~~~~~~~~~~~~
　　　　　　　　　~~~~~~~~~~~~~~~~~~~~~~~~~~~~~

　　류은지 씨는 음악을 전공한 사범대 동기들과 달리 임용을 준비하지 않고 문화산업 쪽에 취직하기 위해 준비했다. 휴학을 하면서 찾은 길이다.

　　류은지 씨는 구체적인 계획 없이 휴학을 했다. 남들은 그러면 안 된다고 했지만 대학생활 동안 가장 잘한 일 중 하나가 휴학이라고 그녀는 생각한다. 하고 싶었던 것들을 하면서 자신에 대해 더 알아가는 시간을 가졌고, 그로 인해 자신에게 맞는 직업도 알게 되었기 때문이다. 그래서 그 직업을 위해 여러 가지 활동도 참여했고 필요한 지식을 위해 공부도 했다. 음악학원 아르바이트도 하고 OPIC 컴퓨터 활용 실무 회화 능력 테스트(듣기와 읽기를 주로 평가하는 토플이나 토익과 달리 말하기에 초점이 맞춰져 있다)에서 더 좋은 점수를 얻기 위해 영어공부도 했다.

취준생일기 | 류은지

　　자기가 진정 무엇을 하고 싶은지 몰라 고민하는 청년들 속에서 그래도 무엇을 하고 싶은지 아는 자신은 조금 더 낫다고 스스로를 위로하기도 했다. 어렵게 자신이 가고 싶은 길을 찾은 류은지 씨.

　　그녀를 기다리고 있던 3년 뒤의 삶은 어떤 모습일까?

11월 2일 바쁘게 취업준비 중

나는 24살 취직을 꿈꾸고 있는 4학년 대학생이다. 답답한 학교생활과 무료한 인생을 그냥 보내기 시간이 아까워 1년간 휴학을 했던 나는 취직을 하거나 준비 중인 동기들과 다르게 아직 학생이다. 물론 나도 취업을 준비 중이지만 무엇을 해야 할지, 어떻게 준비를 해야 할지 고민이 많은 시기이다. 일단 내가 제일 관심 있어 하고 잘 하는 분야를 찾았고 그 분야에 취직을 하기 위해 이것저것 필요한 것들을 준비 중이다.

요즘은 시간이 많다는 막 학기이지만 대학교 4년 생활 중에 젤 바쁘게 학교를 다닌 학기인 것 같다. 이제 바쁜 일들이 마무리 되었으니 다시 취직을 위해 준비를 해야겠다. 먼저 다음 주부터 음악학원 알바를 다시 나가기로 하였고, 작년에 한 번 봤었던 OPIC에서 좀 더 좋은 점수를 얻기 위해 영어공부를 하려고 한다. 열심히 준비하여 좋은 결과가 있었으면 한다.

11월 3일 인문학 책도 읽고 여유 있는 하루

오늘은 학교수업이 있는 날이어서 전공수업을 들었다. 수업을 듣고 나서 피아노학원 알바를 하러 갔었다. 평소보다 바쁘지 않아서 쉬어가면서 알바를 하였고, 끝나고 난 다음 오랜만에 좋아하는 책을 읽으려고 혼자 카페에 들어갔다.

휴학을 했을 때 나를 알기 위해 인재양성소인 '인큐베이팅'이라는 곳에서 인문학을 배우고 실천하면서 알게 된 선생님이 쓴 인문학 책을 읽었다. 끝까지 다 읽지는 못 하였지만, 읽으면서 생각과 실천을 하게 해주는 책이었다. 선생님께 배우던 것들이 생각나면서 다시 한 번 계획을 세우면 꼭 실천하자는 마음가짐을 가졌던 것이 생각났다.

11월 4일 CJ 영화 인턴 도전

오랜만에 친구를 만나서 함께 머리를 했다. 머리를 하고 나서 아이쇼핑도 좀 하고 평소에 맘에 들었던 시계를 구입하였다. 집에 돌아와서 작년에 공부했던 OPIC을 한 번 훑어보았다. 아직 남은 올해를 알차게 써서 다시 시험을 봐 좋은 성적을 얻었으면 한다. 그리고 CJ에서 하는 영화 인턴에 도전하려고 지원서를 작성하였다. 내가 관심 있는 분야인 만큼 꼭 되었으면 좋겠고, 좋은 기회가 될 것 같다.

11월 5일 친구들과의 만남

내가 초등학교 시절부터 함께한 친구들과의 만남! 이 아이들과는 초·중·고 한시도 떨어진 적이 없었는데 요새는 취업이다 뭐다 해서 자주 못 만났다. 그래서 오늘 오랜만에 만나 회포를 풀었다.

먼저 취직을 한 아이들에게 취직에 대해 고민을 풀기도 하였고, 친구들의 조언과 말이 너무나도 힘이 되었다. 그동안 생각과 마음을 좁게만 하였는데 친구들과 즐거운 시절을 이야기하며 넓은 마음을 가질 수 있었다.

이 친구들이 나에게 자랑스러운 존재인 만큼 나도 친구들에게 자랑스러운 친구가 될 수 있도록 더 힘차게 하루를 보내야겠다.

11월 7일 유학 vs 취업

여유롭게 집안 청소도 좀 하고 누워서 TV를 보면서 휴일을 즐기고 있었다. 저녁을 먹고 핸드폰을 보았는데 카톡 단톡방에 사람들이 유학에 대해서 말하고 있었다. 이 단톡방에는 나보다 나이가 어린 아이들이 더 많다. 그 아이들이 내년에 유학을 생각 중이고 언젠간 유학을 갈 것이라고 대화를 하고 있었다. 갑자기 예전에 나도 유학을 가고 싶던 게 생각이 났다. 나도 그 당시에 정말 이런저런 생각이 많았다.

왜 유학을 가고 싶은지. 영어공부를 위해? 전공을 살리려고? 단지 외국이 너무 좋아서?

이런 생각들이 많았지만 모든 질문에 대한 대답에는 취직이라는 벽이 있었다.

물론 유학을 가서 얻어오는 것이 많겠지만 현재의 나는 유학보다는 졸업을 앞둔 시점인 만큼 취직에 더 기준을 두어야 하는 것 같다.

그 아이들로 인해 유학을 다시 한 번 생각해보는 기회가 되었고 그로 인해 내가 지금 무엇을 더 중점을 두고 살아야 하는지에 대해 더 결심이 생겼다.

11월 8일 기적을 마킹하라

비가 그치고 쌀쌀해진 계절. 이제 점점 더 겨울이 다가오고 있는 것 같다. 이제 며칠 후면 2015년도 대입수능이 치러진다.

오늘, 고등학교 친구로부터 한 장의 사진과 함께 카톡이 왔다. 그 사진은 우리가 고3 시절 수능을 치르는 선배들을 위해 후배들이 촛불로 문장을 만들어 수능을 기원해주는 행사였다. 올해도 역시 그 행사가 있었던 모양이다. 친구가 보내준 사진은 '기적을 마킹하라.'라는 문구가 촛불로 새겨진 운동장이었다. 사진을 보니 고3때 기억도 새록새록 났고, 5년 전 수능을 치르던 그 순간도 기억이 났다. 수능 당일 날 너무나도 떨리던 마음과 다 보고 나니 밀려오는 이상한 기분까지도. 사진 한 장으로 타임 슬립한 하루였다.

'기적을 마킹하라.'라는 말처럼 수능을 앞둔 학생들이 꼭 좋은 성적을 얻었으면 좋겠고, 나 또한 열심히 하던 고등학생 시절처럼 열정을 갖고 살아가야겠다는 다짐을 갖게 해준 하루였다.

11월 9일 그래도 난, 뭘 하고 싶은지 아니까

오늘 공부를 하다가 갑자기 생각에 사로잡혀 버렸다. 졸업이 얼마 남지 않은 시점에 나도 다른 취준생들처럼 내가 원하는 곳에 취직할 수 있을까? 내가 정말 그 일을 잘 할 수 있을까? 하는 생각이 들었다. 그러다가 한 소셜 사이트에서 너무나도 공감 가는 글을 보게 되었다. 그 글의 내용을 말하자면,

'하루가 너무 빨리 간다. 딱히 한 것도 없는데, 이것저것 몇 개 끄적이다 보면 벌써 저녁이 되어있다. 나는 하루 동안 무엇을 했나 반성이 들기도 한다. 일 년이 너무 빨리 간다. 한 것도 없는데, 이것저것 몇 개 준비하다 보면 벌써 겨울이 다가온다. 나는 일 년 동안 무엇을 했나 불안함이 들기도 한다. 별로 해 놓은 게 없는 것 같아서 시간이 천천히 가기를 바라다가 답답한 마음을 견디기 힘들어 시간이 빨리 가기를 바란다. 그래서 나는 앞으로 가지도, 뒤로 가지도 못하고 있다.'

이 글귀가 요즘 나의 심정을 너무나도 잘 대변하고 있는 것 같아서 공감이 되었다. 사범대를 다니고 있지만 동기들과 달리 임용을 준비하지 않고 좀 더 내가 원하는 일을 하고 싶어 취직을 선택했다. 내가 어떠한 분야에 관심이 있고, 흥미를 느끼는지 알고 있어 그러한 일을 접할 기회가 있으면 놓치지 않고 접하였다.

나도 내 나름대로 열심히 하고 있다고 생각했는데, 주변에 취직을 준비하는 다른 사람들을 보면 내가 부족한가? 라는 생각도 들고 이러한 생각들로 인해 위의 글처럼 하룻동안 무엇을 했나 싶기도 하고, 그냥 시간이 빨리 가기만을 바라곤 한다.

하지만, 요즘 자신이 진짜 무엇을 하고 싶은지 모르고 있는 청년들도 많다는데 내가 무엇에 관심 있고, 하고 싶어 하는지 아는 나는 남들보다 그래도 조금 더 낫다고 생각하고, 자존감을 떨어뜨리는 생각을 그만하고 열심히 취직을 준비해야 하는 게 맞는 것 같다.

11월 10일 금수저부터 흙수저까지

요즘 사회에서 사람들을 숟가락으로 등급을 나누고 있다. 금수저부터 흙수저까지. 왜 사람을 숟가락에 비유하여 등급을 나눠야만 하는가 의문이 들었다.

금수저, 은수저, 흙수저 등급에 따라 사람들은 이미 자기 자신들을 그렇게 평가하고 생각하는 사람들도 많아진 것 같다. 하지만 자기 자신이 행복하고 생각을 달리 한다면 금수저여도 불행할 수도, 흙수저여도 삶이 행복할 수도 있다고 생각한다.

가끔 부모님께서 너희에게 물려줄 것이 많이 없어 미안하다고 너희가 알아서 먹고 살아야한다고 말씀하신다. 하지만 나는 그 것에 대해 불평하지 않는다. 어여 돈을 벌어 부모님을 편하게 해 드리고 싶은 생각뿐이다.

11월 11일 끝난 뒤에는 지겨울 만큼 쉴 수 있겠지

한 해가 다 갈 때쯤이면 꼭 챙겨듣곤 하는 노래가 있다. SES의 '달리기'라는 노래이다. 이 노래는 목표가 있는 사람들이라면 공감이 가는 노래이다. 지겹고 힘들어도, 이미 시작한 거 열심히 하다 보면 끝난 뒤엔 지겨울 만큼 쉴 수 있다는 내용을 담은 곡이다.

고등학교 때는 대입을 위해, 대학 초년 때는 나를 위해, 그리고 지금은 취업을 위해 달리기를 하고 있는 나. 단거리 달리기가 아닌, 천천히 가도 꾸준히 달릴 수 있는 마라톤처럼 천천히 꾸준하게 준비하다보면 끝내 내가 원하는 취직을 이룰 수 있다고 믿는다. 언제나 힘이 되는 노래에 오늘도 힘을 얻고 하루를 시작해 보려고 한다.

11월 12일 휴학, 나에게 꼭 필요했던 선택

휴학을 했었을 당시, 나는 사실 구체적인 계획 없이 그냥 단지 휴학이 하고 싶어서 학교를 1년간 쉬었다. 남들은 휴학을 하려면 구체적인 계획 없이는 하지 말라고 말하지만, 돌이켜보면 나의 휴학은 대학생활 중 정말 잘 한 선택이라고 본다.

휴학 당시 쉬고 싶은 맘이 제일 컸지만, 이대로 학교를 다니고 졸업을 하면 아무것도 해놓은 것 없이 백수가 될 것 같아서 휴학을 했다. 휴학이 끝나고 돌아오면 나는 아직 학생이니깐… 이 생각 하나만으로도 나에게는 큰 위안이 되었다. 지금 막 학기를 앞두고 있는 나에게 위의 생각은 확신이 되었다.

휴학 당시 하고 싶었던 것들을 하면서 나에 대해 더 알아가는 시간을 갖게 되었고 그로 인해 나에게 맞는 직업도 알게 되었다. 지금은 그 직업에 취직을 하기 위해 여러 가지 활동도 참여 중이고 필요한 지식을 위해 공부 중이다. 과가 원하는 직업과 완전히 관련된 과가 아니어서 다른 친구들보다 부족하고 준비기간이 좀 더 걸리겠지만, 그 아이들에게 뒤처지지 않도록 열심히 할 것이다.

11월 13일 부모님께 첫 월급을 드리고 싶다

　퇴근 후 집에 들어오시는 아버지와 늘 아프다고 말씀하시지만 병원에 잘 가시지 않는 어머니를 보면서 어여 하루 빨리 취직을 해서 쉬게 해드리고 싶다는 동기가 생겼다. 부모라는 이유로 어렸을 때부터 부모님께 기대고 철없이 굴던 때가 죄송스러우면서 취직을 해야 하는 이유 중 부모님은 강력한 이유가 되었다.

　이 세상 대부분의 부모가 그러하듯 고생하시는 부모님을 위해, 내년 상반기에는 꼭 취직하여 첫 월급을 어여 드리고 싶다.

11월 14일 내 인생의 주인공은 나

　어렸을 적에는 "너 나중에 커서 뭐 될래?", "너의 꿈은 무엇이니?"라는 질문에 답이 바로바로 나왔었다. 하지만 점점 나이가 들고 생각이 많아질수록 내가 할 수 있는 직업의 폭이 줄어들었고, 내가 정말로 원하는 것은 무엇인가에 대해 제대로 알지도 못하게 되었다.

　요즘 대부분의 청년들이 그러하듯이 정말 자신이 원하는 분야에 취직을 하는 사람들은 많지 않다. 일단 먹고 살아야하니 자신이 진짜 하고 싶은 일이 아닌 돈을 쫓아 취직을 하는 것 같다.

　하지만 나의 인생의 주인공은 나이다. 나는 나를 위해 내가 원하는 것을 꼭 해야겠다. 무조건 열심히 하는 것이 아니라 어떻게 해야 하는지 방법을 찾아 내가 원하는 일을 하고, 그래야 나를 필요로 하는 곳에 도움을 줄 수 있다고 생각한다.

피아노 학원에서 아이들을 가르치면서 육체적으로도 심적으로도 정신이 없었을 뿐만 아니라 나를 위한 시간을 갖기 위해 작년 12월에 뉴질랜드로 워킹홀리데이를 왔다. 초기정착금을 모으기 위해 알바도 뛰었다. 벌써 8개월째가 됐다.

처음엔 부모님과 떨어져 사는 것도, 짧게 여행이 아닌 몇 달 이상을 외국에서 지내는 것도 낯설고 힘들었지만 내 인생에 있어서 새로운 경험을 하고 그것을 통해 알아가고 더 발전하고 있음을 지금은 느끼고 있다.

어학원에 다니면서 만난 좋은 인연들와 함께 너무나도 즐겁고 맛있는 음식들 먹으며 지내고 있는 것에 감사하고, 가끔 일도 너무 힘들지만 그래도 일할 수 있음에 감사하다. 물론 가끔 내가 진짜 뭘 하는 거지 싶기도 하지만!

그래도 영어를 쓸 수 있는 나라에서 그 환경에 노출되어 열심히 공부하려고 마음먹고 더 노력하여 완벽한 영어구사가 아니어도 외국인들과 2시간 이상 영어로만 막힘없이 떠들 수 있을 만큼 실력을 키워 떠나고 싶다.

뉴질랜드에 있을 날이 머문 날보다 적게 남아 있지만, 그 남은 기간을 알차게 보내야겠다. 귀국해서는 좀 더 넓은 시각과 풍요로운 마음을 갖기를 원한다.

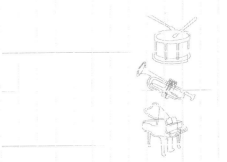

무너지지 않고 앞으로 나아가는 수, 그 외엔 선택이 없다°

이현재

~~~~~~

이현재 씨는 드라마PD와 기자직을 동시에 준비했다. 하지만 넉넉지 않은 집안 형편 때문에 온전히 취업준비에만 몰두할 수 없는 상황이었다. 1년 반 정도는 공부에 집중할 수 있었지만 가족들의 생활비를 벌어야하는 처지여서, 학원에서 아이들을 가르치는 프리랜서 강사 일을 구했다.

자기 소개서에 특기를 '잠자지 않기'로 적어낼 만큼 하루 4시간 수면에 만족해야했다. 그러다가 수능이 끝난 직후에는 학원으로 논술을 준비하는 학생들이 몰리면서 더욱 가혹한 환경에 직면했다. 학생들을 더욱 집중해서 돌봐야 하는 상황에서 방송사와 언론사의 본격적 공채 시즌을 맞이해야했기 때문이다.

학생용 강의 준비에 본인 취업용 자기소개서와 면접 준비까지 해야 하다 보니 뜬 눈으로 하루를 보내는 나날들이 계속됐다. 일이라는 게 항상 있는 게 아닌 만큼 돈을 벌 수 있을 때 무조건 벌어놓아야

취준생일기·이현재

했다. 그래서 무리인줄 알면서도 대입 입시용 논술 및 면접 대비 강의 몇 개를 더 맡았다. 허나 아무리 생계가 중요해도 자신의 논술과 작문 시험 준비도 소홀히 할 수 없었다.

　그 무렵, 어느 신문사로부터 날아온 서류합격 통보는 그에게 큰 위로와 성취감을 주기도 했다. 하지만 방송사에 보다 많은 매력을 느끼고 있었다. 드라마를 만들더라도 강렬한 메시지가 있는 작품을 만드는 기자 같은 PD, 한편의 훌륭한 스토리를 영상으로 담아내는 PD 같은 기자가 되고 싶었다.

　'역시 꿈은 커야 제 맛'이라고 스스로를 격려했던 이현재 씨.

　그는 과연 어떤 회사를 다니게 됐을까?

11월 10일 새로운 아르바이트 시작

오늘은 새로운 아르바이트를 시작하는 날이다. 아르바이트라 하기에는 조금 애매한 구석이 있는 일이긴 하다. 학원에서 아이들을 가르치는 일이다보니 프리랜서 강사로 계약서를 작성하고 일을 하기 때문이다. 어떻게 보면 직장을 다니는 것도 맞고 아니기도 하다.

언론고시를 준비한 3년의 시간 동안 내가 가장 잘하게 된 것은 글을 쓰고 읽고 첨삭하는 일이다. 이쪽 일을 준비하는 대부분의 이들이 그러하지만, 시간이 지나면 지날수록 일반 취업을 하는 친구들과는 동떨어진 삶을 살게 된다. 인간적인 부분 말고, 취업을 준비하는 세계에서 말이다. 일반 취업을 준비하는 친구들은 영어 점수다, 인적성이다 하면서 공부를 하지만 언론사 시험을 치는 사람들은 결국 글을 쓰는 연습을 많이 한다. 결국 시험에서 중요한 건 글이니까 말이다.

무튼, 나는 상당히 오랜 기간을 사교육 시장에 몸을 담아 왔다. 과외도 꾸준히 해왔고 학원에서 강사로 일하기도 했었다. 하지만 이번에 시작하게 된 일들은 기존의 일들과는 달랐다. 우선 일하는 지역자체가 대치동이라는 점도 있기도 하다. 하지만 이것보다 더 다른 점은 바로 과목이다. 이전에는 내가 예전에 공부했던 것들을 되살려서 아이들을 가르쳤다. 하지만 이번엔 내가 지금도 공부하고 있는, 연습하고 있는 것들을 활용해 아이들을 가르친다는 점이 다르다.

사실 내가 지금 이렇게 일을 시작하게 된 것은 집안 사정 때문이다. 내가 이제 돈을 벌어야 할 타이밍이 되었다. 하지만 난 올해도 아직은 취업에 성공하지 못했다. 그러니 어쩌겠는가. 아르바이트라도 해

○

서 벌어야지…. 그래도 이번 일은 기존의 일들에 비해 벌이가 꽤 좋다. 내가 열심히만 일하면 이번 겨울 우리 가족의 생활비 정도는 내가 댈 수 있을 것 같다. 그런 점이 좋긴 하지만 조금 비참하기도 하다. 결국 나는 올해에도 내가 하고자 했던 것을 성공하지 못한 것이니 말이다.

하지만 현실을 받아들이고 지금 할 수 있는 것을 해야 한다. 오늘도 난 2시간이 걸리는 일터를 향해 집을 나서야 한다.

11월 11일 아직도 스터디, 의기소침해지는 연말

오늘은 언론사 시험을 준비하는 이들이 가장 많이 하는 활동인 논작 스터디를 다녀왔다. 논술과 작문을 공부하는 모임인 이 스터디는 PD나 기자를 준비하는 이들이 가장 많이 하는 동시에 가장 크게 필요로 하는 스터디이기도 하다. 나도 이 시험을 준비하기 시작하면서 글을 조금이라도 잘 쓰기 위해 이런 스터디들을 꾸준히 해왔고 지금도 그러하다.

지금 내가 하고 있는 이 모임은 대부분이 언론고시에 발을 담근 지 꽤 시간이 지난 이들로 이루어져 있다. 그래서 그런지 요새는 힘들이 많이 빠진 것 같다. 올해는 다 지나갔는데 여전히 우리는 출근이 아니라 스터디를 하고 있으니 말이다.

이 세계의 특성상 자기가 열심히 하기만 한다고 해서 합격할 수 있는 것이 아니라는 점을 우리 모두는 잘 알고 있다. 실제로 대부분의 스터디원들이 올해에도 몇 군데의 필기시험에서 합격했고 면접에서 탈락했다. 나도 마찬가지다.

면접에서 탈락할 때, 우리는 우리의 탈락 이유를 알 수가 없다. 내가 운이 없던 것인지 내가 잘못된 인격을 지닌 것인지, 그냥 그날의 면접관의 기분이 좋지 않아서 내가 떨어진 것인지 알 수가 없다. 그런 경험을 몇 번을 해와서일까, 아니면 연말이 다가오는 것에 들떠서일까. 다들 의욕이 많이 줄어든 상태다.

하지만 작년 연말에도 분위기는 이러했고, 조금 쉬면서 재충전의 시간을 갖고 나면 다시 힘이 나곤 했다. 물론 이 길을 포기하지 않는다는 가정 하에 말이다. 오늘을 기점으로 약 일주일간 휴식기를 가지기로 했다. 과연 이번 멤버들은 일주일 안에 다시 의욕을 찾아 돌아올 수 있을까. 우선 내가 걱정이다.

11월 12일 나라는 사람은 하나이니, 오늘도 자소서 '복붙'

오늘도 한 신문사의 서류 진형에 지원했다. 사실 마감은 내일까지지만 나는 보통 미리 서류를 제출하는 편을 선호한다. 당일 마감 시간에 쫓겨 급하게 써서 내는 것보다 미리미리 써서 내는 편이 더 성의 있는 글이 나온다고 생각하기 때문이다. 하지만 사실 내가 서류를 미리 써낼 수 있는 것은 새로운 자기 소개서가 나오지 않기 때문이 더 클지도 모른다.

대부분의 언론사의 자기 소개서는 크게 유형이 다르지 않다. 그러다보니 내가 그 문항에 채워 넣을 수 있는 경험도, 계기도, 성장 배경도 크게 다를 수가 없다. 자연스레 예전에 썼던 경험을 쓰고 그때의 느낌을 되새겨 적어 넣는다. 이러한 작업이 이른바 '복붙'으로 불리기도 하고, 좋지 않은 행위로 보일 수는 있다. 하지만 대부분의 지원자들은 자신이 했던 최고의 경험과 느낌을 선정한 후 자기소개서에 써넣는다. 길어야 30년 조금 안 된 삶을 살아온 우리가 얼마나 다양하고 스펙터클한 일을 경험할 수 있었을까. 다 쓴 치약에서 짜낸 듯 보이는 각각의 경험들은 남들이 보기엔 아무것도 아닐 수 있지만 본인에게는 정말 기억에 남는 일들일 것이다.

나도 물론 마찬가지의 사람이다. 매번 컴퓨터 앞에 앉아 키보드에 손을 올리고 멍하니 화면을 바라보며 생각에 잠긴다. 하지만 그럴 때마다 생각나는 경험들은 거기서 거기고 내가 느껴왔던 것들도 그러하다.

결국 나는 예전에 써두었던 자기 소개서를 꺼내 그래도 시간이 지나면서 나아진 능력인 문장력 등을 발휘하여 다듬는다. 그리고 그렇게 써낸 몇 문단의 글을 복사하여 붙여 넣은 후 나는 최선을 다했다 스스로를 위로한다. 이렇게 말하거나 쓰고 나면 참 나도 불쌍한 사람이라 생각되겠지만 내가 과거에 살아온 것들을 바꾸어낼 수는 없는 노릇이다. 그것을 어떻게 포장하고 빛나게 서술하는 지가 나의 능력의 한계일 수밖에….

나는 오늘도 한 언론사의 서류 전형에 내 과거를 잘 포장한 뒤 '복붙'했다.

11월 13일 가끔 원망스러운 현실, 나는 내일도 출근한다

나는 요새 파트 타임의 형태로 학원 강사 일을 하고 있다. 오늘은 수능이 끝난 바로 다음날이다. 그러나 아침부터 수능을 치르고 난 고3 학생들과 재수생 등으로 학원이 북적였다. 정시보다 수시가 더 넓은 문이 된 지금의 현실에서 이러한 모습은 크게 이상한 것이 아닐지도 모른다. 아니 당연한 모습이다. 그리고 나는 이러한 현실에 기대어 살아가고 있다.

지금 당장 내가 취업이 되지 않아 이렇게라도 생계를 유지하고 있지만 나는 이러한 내 모습이 좋지는 않다. 뭔가 현실의 벽을 넘지 못하고 순응하는 모습에 스스로 만족하지 못하고 있기 때문일 것이다. 내가 하고 싶은 일은 이게 아니지만 당장 집안의 생활비를 어느 정도 책임져야 하는 내 상황이 참 원망스럽기도 하다.

우리 집 살림은 넉넉하지 않은 편이다. 아니 부족한 편이 맞다. 어릴 때부터 나는 친구들에 비해 무언가를 항상 늦게 가져야만 했다. 성인이 된 후엔 내가 구해야 했던 경우가 더 많았다. 대학에 들어가면서부터 항상 내 생활은 내가 책임지는 경우가 대부분이었고 지금도 마찬가지다. 가끔 친구들이 부럽기도 했다. 용돈을 넉넉하게 받는 친구들은 내가 일할 때 다른 일을 할 수 있었기 때문이다. 하지만 그런 부러움은 그리 크지 않았다. 내 스스로 나의 생활 능력을 자랑스럽게 여겼으니 말이다. 난 남들보다 내가 더 강하게 살아왔다고 자부하기 때문이다.

내 나이에 아직 정규직 자리도 얻지 못했지만 그래도 난 우리 가족을 책임지기 시작했다. 이는 내가 수 년 동안 이런 저런 일을 한 경험이 있었기에 가능한 일이라 믿는다.

나는 내일도 출근한다.

11월 14일 경제지에서 인문학 전공인 나의 서류를 받아주다니…

나는 어제 한 언론사의 서류 전형에 합격했다. 경제 신문사 중 하나인데, 이름을 말하진 않겠다. 어쨌든 난생 처음으로 경제지의 서류 전형에서 합격 통보를 받았다.

난 인문학을 전공했기 때문에 전공 문제 때문에 경제지 자기소개서를 쓸 때마다 걱정이 끊이지 않았고, 제출한 후에 기대도 딱히 하지 않게 되었었다. 이번에도 기대도 하지 않은 채 있던 차에 서류 전형에 합격했다는 연락을 받게 된 것이다. 얼떨떨한 기분이 들었다. 이번 자기 소개서 내용을 조금 바꿔보긴 했지만 그래도 내 스펙이나 전공 등이 경제지에서 좋아할 만한 것은 아닌데 말이다. 무튼 난 그렇게 내가 넘어서지 못하던 벽을 처음으로 넘어섰다.

최근의 난 의욕이 거의 없는 채 지내왔다. 올해 상반기까지만 해도 엄청난 열정과 의욕으로 넘치던 내가 거듭된 실패에 다소 풀이 죽어있던 것 같다. 물론 아직 내가 도전할 수 있는 기회는 몇 군데 더 남아 있다. 하지만 정말 내가 원했던 자리를 이미 놓쳐버렸기 때문에 다른 무언가가 된다 해도 큰 아쉬움으로 남을 것 같은 생각을 버릴 수가 없었다. 하지만 어제 받은 첫 경제지 서류 합격 덕에 뭔가 새로운 느낌을 얻을 수 있었다. 그래도 내가 아직 어딘가로부터 인정받을 수 있는 사람이라는 점이 내게 큰 위로가 되었다.

내가 가장 원했던 것은 아니지만, 지금 내겐 어디에서든 무엇이든

지 성취라는 것을 이뤄내야만 한다. 올해 초부터 난 참 부단히도 노력했다.

난 내 자신에게 너그러운 편은 아니다. 그런 내가 생각하기에도 올 여름까지의 난 참 열심히 살았다. 누구에게도 당당히 말할 수 있을 정도로 빡빡한 생활을 했고 올해는 꼭 원하는 곳에 들어가겠다는 다짐을 수없이 곱씹었다. 하지만 결국 난 작년 이 때와 다를 바 없는 처지가 되어버렸고 그러한 사실은 나를 굉장히 힘들게 만들었다. 내가 더 나아지지 않은 것은 아니겠지만, 처지는 다를 것이 없기 때문에 결국 나는 성공하지는 못한 것이지 않은가. 그래서 난 올해 무엇이든 되긴 해야겠다. 나중 일은 그 이후에 생각해도 늦지 않을 테니 말이다.

11월 15일 대학 입시생에게 느끼는 동질감

주말 동안은 지난달부터 일하던 학원에서 수시 면접을 준비하는 아이들에게 면접 지도를 하고 있다. 수능이 끝난 다음날부터 수시 시험을 위해 아이들은 아침부터 학원으로 등원한다. 이 아이들을 보면 참 안쓰럽다. 수능이라는 큰 시험을 치른 후면 며칠이라도 쉬고 싶고 놀고 싶을 텐데 하루 종일 학원에 갇혀 평생 해보지도 않았던 면접 연습을 해야 하니 말이다.

나는 수능을 친 후엔 참 신나게도 놀았다. 아무 생각도 없이 그저 열심히 놀기만 했던 시절이었다. 물론 성적표가 나오기 전까지만 말이다. 하지만 수시의 비중이 크게 늘어 버린 지금은 수능이 끝난 후 2~3주간이 훨씬 더 바쁜 시기가 되어 버렸다.

이 아이들을 보면 안쓰러운 또 다른 이유는 나와 비슷해보였기 때문이다. 장르는 조금 다르지만 그 아이들이나 나나 똑같이 힘든 스토리의 주인공이기 때문이다. 수많은 경쟁자를 제쳐야 내가 성공할 수 있는 모습은 그들이나 나나 다를 바가 없다. 그래도 그 아이들이 나보다 조금은 더 낫다는 생각이 계속 든다. 그래도 아이들은 어떻게 하면 좋은 성적을 낼 수 있는지 누군가 가르쳐 줄 수 있지만 나의 경우는 그것이 어렵기 때문이다.

요새는 참 막막하다. 내가 가야 할 길을 제대로 가고 있는지 잘 모르겠다. 누가 내게 정확한 조언을 주면 좋겠지만 그럴 수 없다는 것도 알고 있다. 그래도 이번에 면접도 또 잡혔고 서류 전형에 지원할 몇 군데의 언론사도 남아있다. 일단은 이쪽에 최선을 다하는 것이 맞는 길이겠지 하는 생각만 할 뿐이다. 다른 길은 딱히 없으니 어쩔 수 없는 상황일 수도 있긴 하지만 말이다.

11월 17일 필기시험 탈락, 오락가락하는 마음

오늘 또 한군데의 필기시험에서 탈락했다. 어느 곳인지 말하진 않겠지만, 들어가기 참 어려운 곳이라는 점만 말하겠다. 그래서 사실 시험보기 전부터 그다지 큰 기대를 하지 않았다. 어차피 떨어져도 그만이지만 내가 시험을 볼 기회는 얻었다는 것, 그래도 평가받아볼 시간은 있었다는 사실이 다행일 뿐이다.

서류전형에서 탈락하는 것보다 필기시험에서 떨어졌을 때가 훨씬 마음이 편하다. 내가 아직 부족해서 떨어졌다는 위로를 할 수 있으니 말이다. 물론 사실은 그렇지 않을 수 있다. 부족한 것도 있겠지만 운이 좋지 않아서 탈락했을 수도 있다. 내 글을 읽던 이가 그날따라 배가 계속 아파서 제대로 글을 읽지 못하고 대충 탈락시켰을 수도 있다. 그냥 운명이겠거니 생각해버리면 마음은 편하다.

그래. 사실 마음이 아예 편하진 않다. 기대도 아주 하지 않은 건 아니다. 조금 하긴 했다. 아주 조금은 말이다. 좋은 회사다보니 들어가고 싶은 마음이 분명 크다. 그래서 나도 약간은 실망하긴 했다. 하지만 크게 낙담하지 않았다는 점이 중요하다. 거긴 그냥 내 운명이 아니었던 것일 뿐이다. 그저 지금의 일에 일단 최선을 다하고 기다리는 수밖에 없다. 진인사대천명이라는 말이 너무나도 잘 맞아떨어지는 상황이 아닐 수가 없다.

다행인 건, 아직 내게 기회가 몇 군데 남아있다는 점이다. 물론 그곳들도 어떻게 될지는 알 수가 없다. 하지만 우리네 인생은 어차피 모르는 것 투성이다. 내겐 무너지지 않고 앞으로 나아가는 수, 그것 외엔 선택사항이 없다.

11월 16일 나와 같은 을, 그렇지만 입시생이 부럽다

어제는 주말의 일을 말했으니 오늘은 주중의 일을 말해야겠다. 나는 최근, 주중에는 논술학원에서 아이들의 글을 첨삭하는 일을 하고 있다. 이 일도 주말에 했던 것과 마찬가지로 수시에 지원하는 아이들을 가르치는 일이다. 아침부터 학원에서 한 장의 글을 써내기 위해 낑낑대는 아이들을 보면 주말에 가르치던 아이들을 볼 때와 비슷한 기분이 든다. 수능이 끝난 지 채 일주일도 지나지 않았는데 평소에 빠져보지도 않았던 논술이라는 망망대해 한 가운데 풍덩 빠져 있는 모습이 면접 준비를 하던 아이들과 다를 바가 없기 때문이다.

하지만 내게 그 녀석들은 그저 일의 대상일 뿐이다. 나란 사람이 냉정하고 차가운 사람이라고 생각할지 모르지만, 그렇게 하지 않으면 아이들 각각에게 너무 많은 시간을 쏟게 되고 결국 다른 아이들에게까지 피해가 가게 된다. 냉정해 보이는 나의 태도가 사실은 따뜻한 마음에서 우러나왔다는 사실이다.

아이들의 글을 보면 참 안타깝다. 내가 엄청난 글 실력을 지닌 건 아니지만 그래도 그 아이들보다는 많이 잘 쓸 것은 분명하니 평가를 할 수 있는 입장이라고는 생각한다. 여튼 고민의 흔적들이 여러 군데에서 보이는 것도, 나의 앞에 앉아서 한숨을 내쉬는 모습에서도 다 같은 느낌이 든다. 그러면서 그 모습이 내 지금 상황과 크게 다르지 않다는 것을 또다시 느낀다. 을의 입장에서 자신을 받아달라며 아등바등하는 모습이 너무나도 똑같다. 그저 나이와 원하는 대상만이 다를 뿐이다.

그래도 난 그 아이들이 부럽다. 지금의 나는 여기저기서 밀려오는 압박이 내게 선사하는 스트레스에 지쳐있다. 하지만 그 녀석들은 아직 어리지 않은가. 다른 무언가를 할 수 있는 시간이 많다. 그래, 나보다 연장자인 분들이 내 생각을 들으면 코웃음을 칠 테다.

하지만 부러운 건 어쩔 수 없지 않은가.

11월 18일 나에겐 승리의 DNA가 없는 것인가?

최근에 한 언론사의 면접을 준비하고 있다. 그것도 합숙 면접을 말이다. 처음이다. 합숙 면접을 가보는 것이…. 그래서 어떻게 해야 하는지 사실 잘 모르겠다. 여기저기서 조언을 얻어 보고는 있지만 결국 내가 잘하는 수밖에 없다. 원래 나는 면접에 더욱 자신이 있었다. 평소에 글보다는 말이 자신이 있었고 주위의 평도 그러했다. 나는 언제나 말을 잘 하는 사람으로 평가받아 왔다.

하지만 몇 번의 면접 탈락 경험은 나를 위축시켰다. 단지 말을 잘 하는 것만으로는 면접에서 통과할 수 없다는 사실을 강제로 깨닫게 만들었다. 면접관과의 케미, 그날의 내 컨디션과 면접관의 컨디션, 질문의 성향 및 내 답변의 성향이 나 혹은 면접관들과 잘 맞았는지, 면접 시간 등등 너무나도 많은 변수들이 있었다. 그래서일까. 아직 출발도 하지 않은 면접이 괜히 걱정되고 긴장된다.

이번엔 잘해야만 한다는 마음이 너무 크긴 한데, 사실 엄청난 자신감이 들지는 않는다. 몇 번의 패배가 내게 승리 DNA를 빼앗아가 버린 것일지도 모른다. 하지만 사실 난 자신이 있긴 하다. 그냥 말만 이렇게 하곤 한다. 말이라도 조금 여유를 두어야 마음속에 공간을 조금이라도 비워둘 수 있기 때문이다. 그 공간도 없이 꽉 차 버린다면 언젠가 체할 것 같았기 때문이다.

시간이 지나면서 요령이 생긴다. 예전에 자신감만으로 가득 차 있었을 때 나는 가끔 마음이 체하곤 했다. 작년 겨울이 딱 그 체기가 오래갔던 시간이었다. 여러 가지 아픔들이 있었고 그 먹먹함은 내 마음을 체하게 했다. 마음속 공간을 다시 만드는 데는 꽤 오랜 시간

○

이 걸렸었다. 다시 그 고생을 하고 싶지 않다. 그래서 난 그 공간마저 없애버리고 싶지는 않다.

11월 19일 잠이란 죽지 않기 위해 청하는 행위

자고 싶다. 지금 며칠을 거의 잠을 자지 않은 상태로 버티고 있다. 이틀에 한 번 자는데, 잘 때도 두 시간 정도만 잘 수 있다. 지금 내가 잠을 자지 못하는 것은 요새 내게 일이 너무 많기 때문이다. 아르바이트에서 일을 많이 받아서 그런 점도 있고, 면접도 준비해야 하고, 자기 소개서를 써내야 하는 곳도 있다. 문제는 정말 일하고 밥 먹고, 여기저기 이동하는 것 등의 필수적인 행동 외에는 아무것도 하지 않는데도 잘 시간이 없다는 것이다. 요 며칠이 정말 죽을 맛이다.

사실 원래 나는 잠을 많이 자지 않는 편에 속한다. 하루에 네 시간 정도의 수면만 취하면 된다. 예전에는 세 시간만 자도 쌩쌩했는데 이젠 예전 같지가 않다. 그래도 네 시간만 자는 것도… 뭐 다른 사람들에 비하면 많이 자지 않는 편이긴 하다. 그렇지만 이건 너무 심하다.

하지만 어쩌겠는가? 내가 선택한 것을…. 물 들어올 때 노 저으라 했다. 언제 또 이렇게 일이 들어올지 모르는 상황에서 내가 할 수 있는 일은 최대한 많이 일하는 것이다. 어차피 이번 주가 지나면 이런 생활도 또 없으니 말이다.

나는 내가 잠을 많이 잘 필요가 없다는 것이 매우 좋다. 우선 내가 잠을 싫어하기 때문에 그러하다. 나는 잠이 싫다. 시간 낭비하는 느낌이다. 내게 잠은 그저 죽지 않기 위해 청하는 행위 그 이상도 이

하도 아니다. 그래서 난 내가 언론사에서 일하기에 최적화된 인간이라 생각한다. 항상 자기 소개서에 특기를 잠자지 않기로 적어내곤 한다. 잠이야 뭐 죽으면 계속 잘 수 있지 않은가.

하지만 이렇게 연속적으로 잠을 자지 않으면 나도 지쳐 버린다. 체력 하나는 자신 있었는데… 시간이 야속하다.

더 짜증나는 건, 이걸 녹음하고도 못 잔다는 거다.

11월 20일 역시 꿈은 커야 제 맛인걸

나는 PD와 기자를 동시에 준비하는 사람이다. 물론 지금은 PD 공채가 없어서 기자 공채를 지원하고 있는 상황이다. 왜 내가 기자와 PD를 동시에 지원하느냐 물으면 둘 다 하고 싶어서다. 만약 PD가 되면 시사적인 내용이나 메시지 있는 작품을 만들어 기자의 역할도 동시에 하고 싶고, 기자가 된다면 스토리 있는 취재 혹은 외부에서 할 수 있는 영상 제작 활동 등을 통해 작품을 만들 것이다. 결국 무슨 일을 하든 난 두 일을 모두 해내고 싶다. 무리일지도 모르지만 일단 뭐 목표는 크게 잡아야 한다.

하지만 가끔 주위에선 나를 보며 그런 말을 한다. PD 되기가 참 힘들고 좁으니까 기자 준비 쪽도 함께 하는 것이 아니냐고 말이다.

엄연히 말하면, 어느 정도는 맞는 말이기도 하다. 나도 현실적인 생각을 하긴 한다. 그러나 이 또한 엄연히 말하면 그렇지는 않다. 나는 실제로 기자 활동 또한 하고 싶다. 둘 다 하고 싶다보니 먼저 되는 길로 가겠다는 매우 현실적이면서도 실용적인 생각의 결과가 지금의

○

나일 뿐이다.

　그런데 사실 이 둘을 동시에 준비하는 일은 참 어렵다. 사실상 교집합이 많지는 않은 길들이기 때문이다. 하지만 난 그래도 내가 둘 다 준비하기엔 괜찮은 사람이라 생각한다. 드라마 PD를 지원하는 만큼, 드라마, 영화 등을 많이 보기도 하는 동시에 시사적인 것들에도 많은 관심을 갖고 있으니 말이다. 무엇이 되든, 내가 하고 싶었던 두 일을 다 혼합한 형태의 그 무엇이 되고 말 것이다.

　내 꿈이 너무 큰 게 아닐까 하는 생각이 들 때도 있다. 남들은 하나 준비하는 일도 힘들다는데 그걸 동시에 하겠다는 내 모습이 자칫 오만한 태도일 수도 있겠다는 생각 때문이다.

　하지만 난 그냥 내가 하고 싶은 일을 할 뿐이다.

　그리고 역시 꿈은 커야 제 맛이지 않겠는가.

PD가 되어 프로그램을 제작하는 꿈만을 안고, 그것이 내 천직이 분명하다고 느꼈던 순간이 있었다. 하지만 정말 내가 PD 일을 잘 해낼 수 있는 사람인지는 아직도 알지 못한다. 결국 PD가 되는 길을 포기했으니까.

그 길만을 위해 달릴 수 있는 의지는 충만했지만, 내 주변 사람들은 그 시간을 기다려주지 못할 사정에 놓여 있었다. 20대의 끝을 향해 달려가고 있었고, 점점 한 가족을 이끌고 나가아 할 의무가 눈에 보이기 시작했다. 보이지 않던 장애물이 갑자기 눈앞에 나타났을 때, 생각보다 쉽게 PD의 길을 단념하게 됐다.

현실의 벽은 20대 후반 흙수저가 넘긴 너무 높았다.

지금은 한 방송사의 기자가 되어 살아가고 있다. PD를 준비했던 것들이 기자 시험을 치는 데 많은 도움이 됐다. 상식이나 글쓰기나 이런 것들이 말이다. 2년을 준비한 PD 시험은 늘 고배를 마셨는데, 기자 시험은 생각보다 쉽게 통과했다. 물론 이것도 그동안 해온 것들이 바탕이 됐긴 했겠지만.

그래서 더 씁쓸했다. 시간이 더 주어졌다면, 내가 그동안 더 열심히 했다면, 좀 더 일찍 준비를 시작했다면 어떨까 하는 후회가 없을 수 없다. 그렇지만, 지금은 지금의 삶에 최대한 적응하고 살아가고 있다.

즐겁게 공부한 적도 있었고, 두근대며 시험 결과를 확인하던 취준생 시절의 기억들이 아직도 잊히지 않는다. 하지만, 이제 다시 그때로 돌아갈 자신은 없다. 그만큼 열심히 할 수 있을까 하는 스스로에 대한 의심도 들고, 지금 내가 짊어진 일들을 소화해내는 것도 쉽지 않다.

청운의 꿈을 안고 취업을 준비하는 분들이 보기에는 마치 현실에 찌들어버린 한 선배의 모습일 수도 있겠지만, 지금 맞이한 현실에서 최선을 다하는 것

O

이 자신의 행복을 찾는 가장 빠르고 효율적인 길이라는 결론을 내린 한 사람으로 살아갈 뿐이다.

쉽지 않은, 역대 최악의 취업난 속에서 하루하루를 버텨가는 심정으로 살아가는, 마치 예전의 나와 같은 분들이 아직 많으리라 생각한다. 모두가 자신의 원하는 곳에서 하고 싶은 일을 하며 살 수 있다는 말은 하지 않겠다. 나도 그러지 못했으니까. 그저 최선을 다해 함께 살아가자는 말만 남기겠다.

이 진로에 재능이 없다면
어떻게 해야 할까?

문철호

(문철호 씨의 이름은 가명이다.)

09학번이었던 문철호 씨는 다시 13학번으로 대학생활을 시작했다. 적성이 맞지 않는 학과와 집안의 경제 사정으로 대학을 그만둔 뒤 그저 살아남기 위해서 하루살이처럼 살아왔다. 대인 기피증이 있어 일자리 구하기도 힘들었다. 자신에게는 줄 것이 없는데 누군가에게 무엇을 받는다는 것이 어색해서 더욱 사람들 만나기가 어려웠다. 그러다 우연히 일하게 된 과외 업체에서 아이들과의 대화를 통해 자신이 어떤 삶을 원하고 있는지 다시 한 번 돌아보고 편입을 결심하게 되었다.

그렇게 다시 시작했다.

그의 꿈은 청소년을 위로할 수 있는 프로그램을 만드는 시나리오 작가다. 소위 '왕따'를 겪던 시절, 그도 EBS의 '스페이스 공감'이라는

취준생일기·문철호

프로그램을 통해 위안을 받으며 혼자만의 시간을 이겨낼 수 있었다. 어려운 상황을 원망하고 탓하며 외롭다고 느끼지만, 그가 어린 시절 힘든 시절을 견디게 해준 것도, 꿈을 다시 찾게 해 준 것도 사회다. 그래서 되고자 하는 것은 변했어도 누군가에게 도움이 되는 사람 그것이 그의 목표이자 방향이었다.

 헬조선이라는 시대에 누구보다도 더 평탄하지 않은 삶을 살아온 문철호 씨. 비뚤어진 눈으로 사회에 대한 비난과 원망을 하며 살 수도 있었건만 섬세한 마음으로 다른 사람에게 무엇을 해 줘야하나 고민하며 취업활동을 했다. 사람들의 마음을 궁금해 하며 외로운 그들을 위로하고자 했던 그의 취준일기를 들여다보자.

11월 20일 09학번, 다시 13학번이 되다

09학번이라는 숫자에서, 이제는 13학번이 되었다.

스물여섯. 편입한 지는 이제 겨우 두 학기. 경제적 문제, 그리고 부적응을 이유로 대학을 제적한 이후 살기 위해 무작정 어떤 일이든 해왔던 것 같다. 혼자 해내야 한다는 이유로, 강박으로 견디는 것은 어쩌면 유일한 일이었다.

대인 기피가 심해 일자리를 구하는 것이 쉽지는 않았지만 우연히 일하게 된 과외 업체에서 아이들과의 대화를 통해 내가 어떤 삶을 원하고 있는지 다시 한 번 생각해보게 된 것이 편입을 결심한 이유였다.

11월 22일 내가 위로받은 만큼, 나도 위로해주고 싶다

스물여섯 살. 강원대학교 춘천캠퍼스 스토리텔링학과에 재학 중이다. 이번 학기 뒤늦게 편입을 하게 되어 늦깎이로 3학년이 되었다. 적성에 맞지 않는 학과와 집안의 경제 사정으로 대학을 그만둔 뒤 여러 가지 일을 하며 하루살이처럼 홀로 지내왔다. 몸이 불편하신 어머니의 수발과 병원비를 아버지와 누나들이 부담하고 있기에 스스로 해내야겠다는 생각이 들었다.

그런 내가 가진 꿈은 청소년들을 위로할 수 있는 프로그램을 만드는 것이다. 소위 '왕따'를 겪던 시절, 나를 위로해주던 프로그램이 하나 있었다. 그것은 EBS의 '스페이스 공감'이라는 프로그램이었다. 대중들에게 친숙하지 않은 인디문화를 처음으로 접하게 되었고, 혼자라는 시간을 이겨내는 데 도움이 되어 주었다. 몰래 숨겨둔 하나의 친구가 생긴 것처럼 위안이 되었다.

과학자가 되고 싶거나 선생님이 되고자 했던 많은 꿈들은 하나둘씩 사라져 갔지만, 나는 아직도 누군가에게 도움이 되는 사람이 되고 싶고 그것이 목표이자 방향이었다.

11월 23일 공모전에서 떨어졌다

또 공모전에서 떨어졌다. 이제는 익숙하지만 1학기에는 그렇지 않았다. 광고와 관련된 수업을 들으며 아이디어도 열심히 내보고 팀원들과 괜찮은 결과물을 만들었다고 생각했는데, 예전과 지금 모두 한결같은 결과이다. 2학기에는 혼자 공모전을 준비하는 중이라 그때보다 기대가 크지는 않았지만 이력서의 한 줄, 스펙이라는 벽돌을 쌓는 것이 굉장히 고된 일임을 다시금 생각해 본다.

대학에 들어오고 나서도 현실을 계속 깨닫는 것 같다. 사회생활을 먼저 시작했기에 내 또래들보다는 더 현실적이라고 생각했는데, 취업을 준비하는 3·4학년들과 자주 대화하다 보니 실업난이 자꾸만 피부로 와 닿고 남 일 같지 않다는 것에 두려움을 느끼고 있다.

예술대학. 스토리텔링학과라는 선택. 이것에 후회를 가진 적은 없고 지금 공부하는 것이 즐겁기도 하지만 1년 뒤를 생각하면… 막연한 불안감이 드는 것은 어쩔 수가 없다.

나는 지금 절벽의 끝자락에 서 있는 것 같다.

○

11월 25일 사람들, 그 마음이 궁금하다

글을 쓰는 것을 배우며 가장 생각하게 되는 것은 잊었던 사람들이다. 내가 싫어했거나 힘들어했던 사람들의 캐릭터를 사용하기 때문이다. 경험이라는 것은 물론 좋은 일이지만, 때로는 이 작업이 힘들게 느껴진다. 스스로 사람들의 마음을 알 수 없기에.

나는 인물들을 창작하는 것이 가장 힘들지만, 또 가장 좋아하는 과정이기도 하다. 사람들의 마음을 궁금해 하며, 동시에 내 마음을 궁금하게 여기기도 한다.

11월 26일 외로운 내게 온 고양이

어쩌다 보니 고양이를 키우게 되었다.

근로 장학생으로 선발되어 어느 정도는 월세가 해결되는 편이지만 금전적인 이유로 많은 것을 포기하는 것이 늘 아쉬웠다. 깜깜한 자취방에 돌아와 누워 있을 때면 혼자라는 것이 머릿속에 지워지지를 않았는데, 고양이를 키우고 나서는 그런 우울함에 많은 위로가 되고 있다. 위험하게 차도를 지나다니는 새끼 고양이들을 보며 왠지 남의 일 같지 않았던 것 같다. 이 글을 녹취하면서도 내 앞에서 졸고 있는 모습이 보인다.

외로운 사람들.

사람들에게 위로를 주는 것은 무엇인지.

11월 27일 나 자신을 채찍질하다

최근에는 계속 밤을 새고 있다. 대학 과제와 편입 때부터 진행해온 어학공부를 마무리하기 위해서이다. 내가 욕심이 많아서일까? 주어지는 시간은 누구에게나 같은데. 공모전까지 생각해보니 시간은 아무래도 부족한 듯싶다.

편입이라는 과정과 마음에 걸리는 스물여섯이라는 나이. 다른 사람들에 비해 늦었다고 생각하니 나 자신을 계속 채찍질 하게 된다. 그마저도 이제는 몸이 따라주지 않는 것 같다. 이 시간들이 힘든 것은 맞지만 행복하지 않은 건 또 아닌 것 같다.

바쁘게 살아가는 것이 지금 내게는 큰 행운이라고 생각하기로 했다.

11월 29일 나도 울고 싶다

주말. 어제는 굉장히 몸이 안 좋았다. 과제와 공부를 해야 하는데, 몸살에 걸려 주말인데도 꼼짝없이 누워 있어야 한다. 청소년 멘토 활동이 예정되어 있었는데 약속을 지키지 못해 아쉬운 마음이 들었다. 눈치 없는 고양이는 사료를 달라고 울었다. 나도 울고 싶었지만, 우는 방법을 예전에 잊어버린 듯 수도관 끊긴 지 오래인 수도꼭지처럼 아무리 노력해도 나오지 않았다.

'힘들다'라는 단어를 넘어선 어떤 하루가 계속되고 있다. 혼자라는 것이, 그 하나가 내 어깨를 짓누르고 있다. 이 과정이 이렇게 힘들었다면 차라리 시작하지 말 걸. 아쉽다는 생각이 드는 하루였다. 약해지는 마음을 달래주는 것이 그다지 없다. 몸살 감기약과 물 한 잔. 졸음이 찾아오고 나서야 평안이 느껴졌다.

11월 30일 줄 것이 없는데 받는 호의는 왜 이렇게 어색한지…

사람, 취직 준비와 관련된 것은 아닐지 모른다. 하지만 자신감이 줄어들 때면 내게 호의를 베푸는 사람들이 두려워진다. 내가 줄 것이 없는데, 이 사람들을 좋아하고 싶은데, 마음은 그러면서도 사람들을 밀어낸다.

언제나 상황 탓을 하며 살아왔지만, 그보다도 누군가에게 무언가를 받는 것이 내게는 왜 이렇게 어색한 일인지 모르겠다. 나도 그런 여유가 있었으면 좋겠다는 생각이 들었다. 금전적인, 그리고 항상 그와 붙어 있는 정신적인 여유까지. 이런 마음이 너무나 답답하지만 나 혼자만의 일은 아닐 것이다.

'취직을 하고 나서'라는 말이 입에 붙어 있다. 싫지만 어쩔 수 없는 일이다. 대학에서 다른 이성을 만나도 앞서 말한 두려움에 먼저 다가가지 못하는 것이 아쉽다.

밀린 과제와 싸우면서도 내 하루를 천천히 되돌아본다.

12월 2일 만 25살 생일을 일주일 앞두고

어느새 생일이 일주일도 채 남지 않았다. 이번에는 누군가에게 축하를 받고 싶었지만 굳이 남들에게 알리지는 않았다. 이젠 만 나이로도 스물다섯이라는 나이를 실감한다.

여러 가지를 경험했고 지금 공부하는 것이 즐겁지만 만약 내게 이 진로에 재능이 없다면 어떻게 해야 할까? 마지막 선택이라고 생각했지만 이게 아니라면.

내가 잘하는 것은 무엇인지 즐거워하는 것이 무엇인지에 대해 더 생각할 기회가 있을까?

12월 3일 얼마나 더 노력해야 하나

춘천에도 눈이 오고 있다. 벌써 겨울이 되었고, 12월이 찾아왔다. 시험기간이 모두 지나고 종강이 곧 찾아오면 또 힘들어지지 않을까. 방학이라고 학교에 나오지 않는 것은 아니지만, 다시 아무것도 하지 않고 게을러질까봐 겁이 난다. 내가 어떤 사람이 되어야 할지, 다시 지키지 못할 계획이라도 세워야 한다.

남들보다 늦었다는 생각, 그에 비해 부족한 스펙, 흙수저 중의 흙수저라는 생각이 들었다.

얼마나 더 노력해야 하나.

12월 4일 이야기 쓰는 일, 재미가 있다

이야기를 쓰는 일은 재미가 있다. 이것에 내가 큰 소질은 없다고

○

생각하지만, 나는 아무래도 하고 싶은 일을 하며 살아야 할 것 같다. 최근에는 소설과 시나리오를 작성하는 과제를 병행하고 있다. 인물들을 하나씩 하나씩 생각하고 배치하는 것이 흥미롭게 느껴지고 있다.

직업적인 측면에서는 이런 창작의 영역은 아마도 불안한 삶의 연속일 것이다. 그것에 너무 좌절하지는 않으려 한다. 예상한 일이니까. 또 회사에 입사하더라도, 꾸준히 글을 쓰는 연습을 하기로 했다. 내 스스로에게 노력하지 않았다는 말을 듣는 것은 이제는 지겹지 않나.

후회도 많고 탈도 많은 2주의 시간이었다. 직업, 취직을 당장 준비하는 것은 아니지만 나를 돌아볼 수 있는 시간이 되었다고 생각한다.

12월 5일 힘들지만, 가끔은 맑은 날이고 싶다

마지막 이야기는 어떤 식으로 마무리해야 할지…. 글 쓰는 것을 배우고는 있지만 내가 느낀 대로 글로 서술하는 것은 아직 한참 멀고 어색한 이야기가 아닐까 한다.

짧다면 짧은, 길다면 긴 2주간의 시간이 끝나고 너무 추상적이었던 이야기를 마무리 하려 한다.

취직을 준비하는 많은 사람들. 나도 그 속의 하나지만 모두가 노력하고 있고 힘들 것이라는 생각을 다시 깨닫게 되었다. 언제나 우울할 수는 없다. 힘들지만, 가끔은 맑은 날이고 싶다.

모든 것이 취직이라는 것으로 끝을 내는 것보다는, 새로운 의미를 찾아서 나 자신과 대화해보는 것이 어떨지 생각해보았다.

○

3년 뒤 근황

언제나 그래왔듯, 바쁘게 지냈다. 4학년 2학기에는 서울의 한 중소기업에서 인턴 생활을 했다. 내가 근무한 회사는 오래된 업력을 가진 콘텐츠·미디어 관련 회사였다. 영상 콘텐츠의 계약, 공급과 관련된 사무를 보조하고 담당 사수를 지원하는 업무를 맡게 되었다.

인턴의 신분인 지라 맡겨진 대부분의 업무들은 단순했고, 짧게나마 사무 보조로 일한 경험이 있어 큰 어려움은 없었다. 팀은 다섯 명 정도의 인원과 두 명의 외부 지원 근무자로 구성되어 있었다. 처음에는 어설프고 헷갈리는 일들이 많았지만 팀원들의 배려로 즐겁게 근무할 수 있었다.

그렇게 3개월이 지나가고 역할에 익숙해질 무렵이었다.

함께 일해오던 팀원들이 모두 회사를 떠나고 근무하던 부서가 축소되는 사건이 있었다. 갑작스럽게 회사 내 정책과 방향이 바뀜에 따라 다른 부서를 지원하기 위해 우리 부서에 책정된 국가지원금을 사용할 수 없게 된 것이 결정적인 이유였다.

그 이후로 3개월간 배우고 익숙해진 업무와 전혀 관계없는, 다른 부서를 지원하는 일들까지 떠맡게 되었다. 원하고 관심 있던 분야에서 일하지 못하니 즐거움이 없어졌고, 급기야는 월급이 밀리는 일이 잦아져 회사에 대한 신뢰가 완전히 무너져 내렸다.

반 년 정도의 근무기간은 어디에도 내놓을 수 없는 경력이었지만 일찍이 경험했던 사회생활의 부정적인 경험치와 6개월간의 피로가 겹쳐 이제는 잠깐이나마 쉬고 싶다는 생각을 하게 되었다. 그렇게 회사의 문을 나와 조금이나마 모은 돈으로 다시 지방에서 지내게 되었다.

하지만 휴식도 잠시, 많은 어려움들이 겹쳐 다가왔다. 개인적인 이유로 한동안 연락을 하지 않던 가족과 갈등이 있기도 했고, 그늘진 얼굴을 보이고 싶지 않아 아끼고 좋아하던 사람들의 손을 뿌리치기도 했다.

왜 나에게만 이런 일이 일어날까? 얼마 지나지 않아 어두운 생각들과 우울함이 커져가면서, 무기력해지고 아무런 행동도 할 수 없었다.

이런 어두움이 새벽처럼 주변을 덮어올 때마다 다시 발걸음을 움직이게 한 것은 밝고 높은, 태양 같은 목표였다. 흥미를 느끼고 관심이 있던 분야를 전문적으로 배워보고 싶었지만 어려움은 그림자처럼 항상 뒤를 좇았다.

힘든 마음을 가진 시기였기에 상담을 받기도 했었다. 여러모로 많은 도움을 주신 상담사님께서는 국비교육을 권유하셨다. 때마침 취업성공패키지라는 프로그램에 참여할 수 있는 기간이었고, 가장 마음에 드는 과목을 골라 지원하게 되었다. 모자를 수 있는 생활비를 메우기 위해 교육 시작 전 단기 아르바이트를 구해 미리 월세를 내어놓기도 했다.

지금은 서울 쪽으로 학원을 다니며 국비교육을 진행하고 있다.

콘텐츠와 관련된 회사에 다니고 싶었지만 유통과 공급 과정과 관련된 업무에는 크게 실망했기에 취직과 관련된 방향을 아예 바꿔보고 싶었다.

늦었다는 생각은 언제나 가지고 있었지만 용기를 내어 시도하지는 못했다. 그것이 금전적 여유 없음이라는 핑계가 될 때가 있었고, 때로는 정신적 여유가 없다는 나약함이기도 했다.

공부를 위해 학원을 다녀본 적이 없었다. 그래서 처음 경험한 학원은 참 낯설고 어색한 공간이었다. 지방에서 서울까지 학업을 위해 통학하는 것은 나뿐이었기에 외로움과 피로가 더 무겁게 느껴진다. 하지만 이제 기회가 남지 않았다는 생각이 들어 다른 이들보다 더 절박하게 노력하고 싶다.

가깝고도 작은 목표는, 학원에 빠지지 않고 개근하는 것이다. 그 이후를 설정한 큰 목표는, 현재 하고 있는 영상과 관련된 프로그램 교육 이수 후 내년 초에 있을 신입 사원 모집 공고에 내 경험이 담긴 포트폴리오(영상물)를 만들어 제출하는 것이다. 내 삶 속에는 분명히 다른 사람들이 경험하지 못한 이야기가 있을 것이라고 생각한다. 그리고 그 이야기의 문장들이 독특하고 즐거운 낱말들로 쓰이기를 바란다.

취업 준비, 길고 긴 가시밭 위를 걷고 있는 수많은 취준생들에게 무조건 '노력으로 극복하라. 젊음의 꿈과 도전 정신으로 무장하라.' 같은 말만 남기고 싶지 않다.

여러 가지의 갈림길이 있고, 선택은 언제나 스스로의 몫이기에 흔들리지 않는 결정이 필요한 순간도 분명히 있을 것이다. 다만 너무나 벅차고 지쳐갈 때, 사랑하는 사람들을 떨쳐냈던 나와 같은 실수를 하지 않았으면 좋겠다.

어차피 힘든 일,
부정적일 필요는 없다°

송경호

(송경호 씨의 이름은 가명이다.)

송경호 씨는 하나둘씩 취업하는 친구들의 소식이 들려올 때마다 회의감이 들었다. 조급한 마음이 드는 것도 사실이지만 딱히 꿈도 아닌 일을 위한 취업, 그 취업 준비를 위해 살아가는 것이 잘 하는 것일까 하는 생각이 들었다.

그는 자신에게 어떤 일이 알맞은지, 어느 분야에 발을 담그기 시작하면 최선을 다하고 끈기 있게 일을 해낼 수 있을지, 과연 그런 일은 무엇일지 고민할 시간이 필요했다. 취업을 한 지인들을 만나 불합리한 직무구조와 급여, 쉴 틈 없이 이어지는 업무에 질려 이직을 생각하고 있다는 이야기를 들을 때면 더욱 그러했다. 취업 자체보다 그 이상의 고민이 필요하다는 생각이 들었다.

그러나 주변에 취업을 준비하는 사람들은 그래보이질 않는다. 이미 취업에 성공한 선배들, 미디어에 등장해 이런 인재를 뽑는다고 말하는 대기업 인사과 간부들, 그리고 취업설명회를 통해 알게 된 '취업

취준생일기 · 송경호

조건'을 만족시키기 위해 노력하고 있을 뿐이다.

자신이 원하는 것을 분명하게 알지 못하면서, 또 기업이 원하는 것도 제대로 알지 못하면서 남들에게 뒤처지지 않기 위해 숨 가쁘게 따라가고 있을 뿐인 것이다.

그래서 그는 더욱 불안감을 떨치지 못했다. 취업 준비를 위해 해 온 기계적인 노력들이 알고 보니 불필요한 것들이면 어떻게 할까 하는 불안감 말이다.

그런데도 분명 누군가는 합격하고 또 누군가는 불합격한다. 모두 비슷한 준비를 하는데도 말이다. 취업이 인생의 합격 불합격이 아닐진대 인생의 도입부를 시작하는 이들에게 취업을 하지 못하면 실패한 인생인 것처럼 바라보는 사회의 시선은 너무 잔인하지 않은가?

송경호 씨의 취준일기에는 취준생으로서 많은 고뇌와 지식인으로서 여러 비판의식이 새겨져 있다.

○

1월 1일 고향 친구의 취업 소식

새해가 밝았다. 기분 좋은 새해와 함께 몇몇 소식들이 전해져 왔다. 바로 친구들의 취업 소식이다. 특히 3살 시절부터 친구의 인연을 이어온 고향 친구의 취업 소식은 내 기분을 몹시 좋게 만들었다.

늦둥이 아들로 태어나 늦게까지 취업하지 못하고 부모님의 걱정과 누나들의 눈치를 한 몸에 받으며 취준생의 시간을 보냈어야 했던 그 친구의 부담이 얼마나 심했을지 옆에서 지켜보지 않은 사람은 모를 것이다. 아마 옆에서 지켜본 나도 그 심정을 다 알지는 못했을 것이다. 그래서 통화하는 전화 너머로 들려오는 목소리가 최근 몇 년간 들었던 그 어떤 목소리보다 당당하고 씩씩했던 것은 어쩌면 그 힘든 시간을 견뎌내고 성취해낸 자신에 대한 대견함일지도 모르겠다. 그러면서 그 친구는 나에 대한 덕담도 잊지 않았다. 2016년은 나의 차례라고 말해 줬다. 나도 욕심이 났다. 올해만큼은 친구처럼 꼭 성취해 내고 싶다는 욕심이 생겼다.

하지만 한편으론 불안한 마음이 들었다. 조급함이랄까 뭔가 말로 표현하기 어려운 감정이 들었다. 내 나이 이제 28살. 하나둘씩 취업하는 친구들의 소식이 들려올 때마다 기쁨의 감정과 불안의 감정이 교차한다. 나도 얼른 취업해야 할 텐데, 난 아직 갈 길이 멀었는데, 난 왜 이렇게 살았을까 등등의 잡다한 생각이 다 들었다. 물론 조급한 마음을 갖는다고 해서 더 빨리 취업에 성공하는 것은 아니지만 상대적으로 위축이 되는 것은 어쩔 수 없는 것 같다. 어쩌면 위에서 언급한 내 친구와는 다르지만 나도 나만의 부담이 존재하는 것일지도 모르겠다. 취업이 도대체 뭐기에 나에게 불안한 마음과 슬픈 마음이 들게 하는지 모르겠다.

어쨌건 우리 모두 그 힘든 난관을 이겨내고 원하는 곳에 꼭 취업했으면 좋겠다.

1월 4일 같은 활동했던 4명, 4년 뒤 달라진 모습

연말과 연초를 잇는 마지막 휴일인 어제, 12년도에 같이 대외활동을 하던 멤버들끼리 모처럼만에 모임을 가졌다. 물론 4년 만의 모임은 아니었다. 중간 중간에 소모임이 있었다. 다만 나는 4년 만에 참석했던 터였다. 오랜만의 만남에 어색할 법도 했지만 전혀 어색함 없이 그 시절처럼 서로를 대했고 사람 간의 친분이란 것이 참 그렇게 쉽게 사라지는 것이 아니라는 것을 새삼 느꼈다.

이런저런 사는 얘기가 오간 후 역시나 우리 나이 또래가 그렇듯 우린 갓 직장에 취직해 사회에 나간 직장인과 아직 취업하지 못하고 사회인과 학생 사이를 줄타기 하듯 아슬아슬하게 왔다 갔다 하는 취업 준비생의 이야기를 시작했다. 직장인과 취준생의 두 부류로 나누었지만 여러 사람을 통해 다양한 생각과 경험을 들을 수 있었다.

자신의 직장에 만족하는 멤버. 그 멤버는 자신의 긴장되고 아슬아슬했던 취업 스토리를 들려주면서 아직도 그때의 떨림과 합격했을 때의 환희, 그리고 하루하루 이어지면서 새롭게 배우는 직장 생활에 대해 즐겁게 이야기했다. 힘들지 않다고 이야기하진 않았지만 자신이 스스로 해낸 성취에 대한 보람과 만족이 더 크게 느껴지는 이야기였다.

○

또 다른 멤버는 이직에 대한 이야기를 했다. 불합리한 직무구조와 급여, 쉴 틈 없이 이어지는 업무에 신물이 난 듯했다. 담담하게 이야기했지만 얼마나 많은 스트레스와 고민이 있었는지 알 수 있었다. 더불어 취업에는 취업 자체의 목표달성 이상의 고민이 필요하다는 것을 깨달았다.

세 번째 멤버는 취준생. 그 친구는 조금은 우울해 보였다. 노력한 만큼 그것에 대한 보상을 얻지 못한 것에 대한 회의감을 가지고 있었다. 그리고 다른 친구들의 취업을 바라보며 느끼는 상대적 박탈감도 그에 못지않게 크게 느끼고 있었다. 마음이 아팠다. 누구보다 꾸준히 노력했고, 부족함 없이 꼼꼼히 준비했지만 아직은 기회를 얻지 못한 상황. 그 친구에게 내 상황을 이야기해주며 노력한 만큼 분명히 좋은 결과를 얻게 될 것이라고 응원해 줬다.

분명 즐겁게 이야기하고 밥을 먹으며 휴식하는 시간이었지만 책상에 앉아 공부하면서 보내는 시간 이상으로 나에게 소중한 시간들이었다. 조금은 조급한 마음에 누군가를 만나는 것도, 어딘가에 가보는 것에도 인색하던 내가 새해를 맞이해 만났던 멤버들 그리고 들었던 이야기들을 통해 도서관에서 얻을 수 없는 알차고 영양가 있는 경험을 얻을 수 있었다는 생각이 들었다. 앞으로도 여유를 가지고 가치 있는 경험들을 들으러 다녀야겠다.

○

1월 5일 토익 900점이 넘어야할까?

나는 요즘 토익 스터디를 한다. 친구 한 명과 모르는 사람들 세 명을 더해 5명이서 스터디를 꾸려서 일주일에 두 번씩 스터디를 한다. 토익 점수가 취업에 얼마나 중요한지는 알 수 없지만 필수이기 때문이다.

한 번은 스터디 중에 친구와 이런 이야기를 한 적이 있다.

친구는 토익 고득점이 취업에 있어서 무척 중요하다고 말했다. 990점 만점 중에 최소한 900점은 맞아야 소위 말하는 대기업에 취업할 수 있다는 주장이었다. 그렇지 않으면 불가능하다고까지 말할 정도로 900점이라는 고득점을 굉장히 중요시 했다.

그 친구는 스터디 멤버 5명 중에 900점에 제일 근접한 점수를 가지고 있는 친구였다. 그러면서도 대기업 취업 성공에 굉장히 회의적이었다. 상당히 이해가 가지 않는 태도였다.

난 그 친구의 관점과 조금 다른 관점을 가지고 있다. 토익 점수가 필수는 맞지만 토익 900점이 취업의 향방을 좌우할 정도라고 생각하지 않았다. 그래서 난 친구에게 말했다. 토익 점수가 꼭 고득점이 아니더라도 우리가 원하는 곳에 충분히 취업할 수 있다고 했다. 물론 신뢰할 수 있을 만한 근거를 제시할 수는 없었다. 취업 준비생들은 대기업에 입사할 수 있는 변수들에 대해서 열이면 열, 백이면 백 모두 꿰뚫고 있는 것이 아니기 때문이다. 그저 취업에 성공한 선배들, 미디어에 나와서 우리는 이런 인재를 뽑는다고 말하는 인사 관계자들 그리고 취업설명회를 통해서 그 변수들에 대해서 조금이나마 알게 되었고, 그것들을 통제하기 위해 노력할 뿐이다.

그렇기 때문에 막연하고 불안하다. 내가 하고 있는 이 일련의 노력들이 알고 보니 불필요한 준비들이었으면 어떻게 할까, 이 잘못된 노력들로 인해서 내가 떨어지면 어떻게 하나 하고 말이다.

어찌됐건 친구는 내 답변에 굉장히 비관적인 태도로 답변했다. 꼭 900점 이상의 고득점이 필요하다고 주장했다. 그렇지 않으면 취업은 불가능하다고 했다.

부정적인 태도. 그 친구의 취업을 바라보는 관점이었다.

난 친구의 관점을 바꾸고 싶지도, 또 친구의 생각이 틀렸다고 말하고 싶지도 않았다. 어쩌면 내가 너무 무르고 친구가 사회의 냉정한 현실을 더 잘 알고 있는 것일지도 모른다. 하지만 나는 토익 고득점이 아니더라도 취업에 성공한 선배와 친구들을 수 없이 목격했다. 그렇다면 내가 목격한 것들은 모두 허상인 것일까? 내 경험담을 넌지시 이야기해 줬지만 친구는 분명 특별한 케이스일 것이라고 했다.

그 이상 이야기하지 않았지만 분명 취업을 대하는 관점에 대해서 다시 생각해볼 일이다. 어차피 힘든 일이라면 부정적일 필요까지 있을까. '빠르든 늦든 쉽든 어렵든 우리가 사회로 나아갈 자리는 분명히 존재할 것인데.'라는 생각이 들었다.

1월 6일 자신의 꿈을 따른 친구, 너 대단하다

오늘은 한 친구 덕에 꿈에 대해 고민해 보게 되는 하루였다. 대학교에서 굉장히 친한 5명의 친구들이 있다. 우리는 1학년 시절부터 비슷한 성격으로 금방 친해져 지금까지 우정을 이어오고 있다. 하지만 어디 성격이 비슷하다고 해서 꿈까지 똑같은 친구가 있을까? 역시 우리는 각자의 개성에 맞게 꿈을 설정하거나 혹은 사회의 기준, 다니고 있는 학과에 맞추어 꿈을 설정해 살고 있었다.

그런데 어느 날인가부터 한 친구가 학교에 잘 나오지 않았다. 나오더라도 잠을 자거나 출석만 하고 어딘가로 향하기 일쑤였다. 평소 다른 사람이 뭘 하든 크게 신경 쓰지 않는 스타일의 나로선 대수롭지 않게 넘겼지만 친구들끼리 모여서 하는 이야기를 통해 그 친구의 이상한 행동이 바로 외국으로 가기 위함이었다는 것을 알게 되었다.

시작은 이랬다. 평소 학교 전공이 자신에게 맞지 않았지만 친구는 어찌됐건 대학교 경상 계열을 다니는 이상 여기에 관련된 일을 하려고 억지로 학교에 다녔다. 그러다 지친 친구는 한 학기를 휴학하고 외국에 다녀오게 되는데, 그때부터 친구는 외국을 자유롭게 오가며 여러 진귀한 곳을 돌아다니고 경험하고 싶다는 꿈이 생긴 것이다. 더불어 평소에 관심 있게 즐기던 요리를 직업으로 삼기로 마음먹고 말이다. 그래서 그 친구는 요리학원과 외국에 나갈 비용을 얻기 위해 이것저것 가리지 않고 많은 알바를 시작했다. 그래서 학교에 잘 나올 수 없었다. 학교는 말 그대로 오로지 졸업장을 위해 출석만 하고 갔다.

사실 우리 친구들 사이에서 그 친구의 행동이 긍정적으로 받아들여지지는 않았다. 아무리 친구의 꿈을 응원해야 한다지만 대학교 수업을 내팽겨 치고 꿈을 좇기 위해 알바를 한다니. 그것도 외국에 나가서 요리사를 하기 위해서라니. 정말 터무니없고 위험한 도박이라고 우리들은 생각했던 것이다.

하지만 2, 3년이 지난 지금 호주에서 안정적으로 자리 잡아 요리사 생활을 하며 틈만 나면 전 세계 곳곳을 돌아다니면서 자신의 경험을 우리에게 사진과 글로 전하는 친구를 보며 틀에 박힌 현재와 사고에서 벗어나 꿈을 쫓을 줄 아는 용기와 과감한 실행력이 얼마나 가치 있는 것인지에 대해 깨닫게 되었다.

1월 7일 28살. 나는 무엇을 해야 하나?

새해를 맞아 동두천에 근무 중인 작은 이모에게 오랜만에 전화를 했다. 이모는 동두천에서 여자 군인으로 근무 중인데 여자이지만 조금 터프하고 시원시원한 성격의 소유자다. 그래서 그런지 어렸을 적부터 유독 따르고 또 이모도 그런 나를 각별히 예뻐해 주셨다.

아니나 다를까. 전화하기 무섭게 새해가 밝은지 일주일이나 지났는데 일찍도 전화한다고 잔소리 아닌 잔소리를 듣고 전화를 시작했다. 그동안 어떻게 지냈는지, 친척 동생들은 잘 있는지, 근무에는 별일 없는지 소소한 이야기를 하다가 이모는 지금 내가 무엇을 준비하고 있는지에 대해 물어왔다. 나는 딱히 준비랄 것도 없이 그냥 취업을 준비 중이라고 이야기했다. 더불어 올해는 얼른 졸업과 취업을 해서 엄마의 잔소리로부터 좀 해방돼야겠다는 소리도 덧붙였다.

그러자 이모가 아직 멀었다고 하면서 일침을 놓으셨다. 내가 하는 취업 준비가 엄마 잔소리로부터 해방되기 위함이면 그건 안 된다는 말이었다. 그 말이 틀린 말은 아니었다. 누가 취업을 엄마 잔소리에서 해방되기 위해서 하겠는가? 하지만 아예 그런 마음이 없는 것도 아니고 괜한 소리를 해서 한소리 들었다고 생각했다.

O

그러는 와중에 이모가 말했다. 내가 네 나이면 인생을 다시 살아 보고 싶다고. 뭐든 할 수 있을 것 같다고. 그래서 이모에게 '무엇을 하고 싶냐?'라고 물었다가 '넌 몰라도 돼!'라는 답변을 들었고 그렇게 통화는 끝이 났다. 그런데 한동안 이모의 마지막 말이 머릿속에 남아 떠나질 않았다.

내 나이 28살. 난 스스로 뭔가를 새로 시작하기엔 늦었다는 생각을 많이 했다. 그래서 그냥 살아온 대로 살려고 생각하고 큰 도전이나 변화를 줄 생각은 하지 않았다. 그런데 40대 후반을 달리며 곧 50대로 접어드는 이모는 내 나이를 무엇이든 새로 시작해 이루어 낼 수 있는 그런 나이로 보고 있었던 것이다. 그러면서 과연 이모라면 내 나이로 돌아와 무엇을 할까? 그렇다면 과연 28살을 살고 있는 나는 무엇을 할 수 있을까? 라는 생각이 머릿속에서 맴돌았다. 이렇게 도전할 생각도 없이 딱히 꿈도 아닌 취업을 하기 위해서 살아가는 것이 잘하는 것일까라는 생각도 들었다.

1월 8일 고향에 가기가 괴롭다는 취준생 친구들

하루하루 취업을 준비하면서 이런저런 내 생각을 적는 이 일을 시작한 뒤로 문득 다른 사람들은 어떤 생각으로 취업을 준비하고 있을지 궁금해졌다. 내가 쓰는 이 글들에 도움이 될지도 모른다는 생각이 들기도 했다. 그래서 평소에 친하게 지내던 친구들과 동생들에게 요즘 취업을 준비하면서 무슨 생각이 드는지에 대해서 물어봤다.

긍정적인 답변이 나올 것이라고 생각도 하지 않았지만 역시나 모두들 부정적인 뉘앙스의 답변뿐이었다. 그 답변 중에 한 친구의 답변이 마음을 먹먹하게 했다.

그 친구는 법대를 다니며 2년 전부터 공무원 준비를 해왔다. 물론 아직 시험에 합격한 친구는 아니다. 이 친구는 이렇게 말했다.

"고향에 가지 말아야 한다. 가면 부모님 보기가 죄송하고 친구들 보는 게 창피하다."고 했다. 부모님이 2년이 넘게 뒷바라지 해주셨는데 아직도 합격하지 못한 자신이 한심하고 너무 미안해서 집에 있는 게 괴롭다고 했다. 두 명이 있는 누나들도 친구를 한 번 볼 때마다 꽤나 부담을 주는 모양이었다.

이 답변을 들은 나는 우리는 왜 취업 준비를 하는가에 대한 고민에 다시 한 번 빠지게 됐다.

나 역시 고향에 가는 것이 썩 내키지 않는다. 고향 어른들은 하나 같이 내 취업 준비에 대해 묻곤 하신다. 그리곤 꼭 도움이 되지 않는 잔소리들을 하신다. 어느 순간 시골에 내려가고 싶지 않다는 생각이 들었다. 시골에 가는 게 끔찍하게 느껴지기도 했다. 지금도 역시 마찬가지다.

도대체 취업이 뭐기에 우리가 마음 편히 고향도 갈 수 없게 하는 것일까? 이 고역과도 같은 행위들을 우리는 왜 불행을 감내하면서까지 해야 하는 것일까? 부모님이나 친척 어른들도 진정 우리의 행복을 원한다면 도움이 안 되는 잔소리보다 따뜻한 말 한 마디와 믿음이 필요하다고 생각한다.

1월 9일 가슴 뭉클한 어머니의 응원

오늘은 내가 취업준비생으로 살아오면서 아마 가장 기분이 좋은 날이 아닐까 싶다. 가장 마음이 편하다고 표현해야 할까? 말로 다 표현할 수 없는 뭉클한 그런 하루였다. 바로 어머니의 응원 덕분이다. 하지만 요 몇 년간 어머니와의 관계는 썩 좋았다고 말하기 힘들다. 대학교를 다니고 취업준비를 하는 과정에서의 시각차와 의견차가 그 주된 이유였다.

어머니는 하루라도 빨리 졸업하고 직장에 들어가서 일을 했으면 하셨다. 나는 그렇지 않았다. 준비도 착실하게 돼있지 않았을 뿐더러 아직 취업에 대한 고민과 망설임이 남아 있었다. 어떤 일이 나에게 알맞은지, 내가 그 분야에 발을 담그기 시작했을 때 최선을 다하고 끈기 있게 일을 이어나 갈 수 있을지, 혹은 내 꿈에 대한 고민들이 남아 있었다.

어머니 입장에서는 20대 후반을 달려가면서도 아직도 고민을 끝내지 못한 내 모습을 못 마땅해 하셨다. 나는 어머니에게 내 인생을 좌우할 수 있는 취업에 대해 강요하지 않았으면 했다. 그래서 어머니와 나는 말만 시작하면 사사건건 다투기 일쑤였다. 어느 순간부터 집에서 어머니와의 대화는 그리 많지 않게 됐다.

하지만 어디 모자 지간이 평생 그렇게 다투고만 살 수 있는 것인가. 오랜만에 어머니에게 SNS를 이용하여 잘 출근하셨는지, 식사는 하셨는지에 대해 물었다. 이런 저런 간단한 얘기를 하다가 어머니께서 이렇게 말씀하셨다.

"청춘은 짧다. 하루하루를 소중히 여기면서 살아라. 하고 싶은 일을 해라. 최선을 다해라. 널 믿는다."라고.

마음이 뭉클하고 가슴이 뜨거워졌다. 눈시울도 붉어졌다. 어머니의 저 말이 왜 이렇게 고마운지. 얼마나 듣고 싶었던 말이었는지. 사실 내가 어머니에게 바랐던 건 수억 원의 재산도, 든든한 배경도 아니었다. 그저 날 믿어주길 바랐다. 미숙하지만 사회를 향해 나아가는 아들을 있는 그대로 응원해 주길 바랐다. 그럼 무슨 일이든 해낼 수 있을 것 같은 그런 기분이었다. 그래서 사실 원망도 많이 했다. '내가 그렇게 미덥지 못하나. 꼭 빠른 취업을 강요해야만 하는 걸까. 지금 이 모습이 그렇게도 한심스러울까?'라는 못된 생각을 많이 했다.

하지만 오늘 어머니의 저 말을 통해 내 자신을 반성하게 되고 저 믿음에 보답하기 위해서 더욱 열심히 달려야겠다는 생각을 하게 됐다.

1월 10일 실무자들의 경험과 조언

오늘은 학과에서 주최하는 취업 강연에 대해 듣고 왔다. 내가 아무리 정보를 많이 수집하고 그에 알맞게 대응한다고 한들 직접 현장에서 발로 뛰는 선배 직장인들이 전해주는 생생한 경험담과 현장 분위기만큼 좋은 건 없기 때문이다.

사실 내가 이 강연에 대해 먼저 알아보고 찾아가게 된 것은 아니었다. 동기 친구 녀석이 이런 강연에 대해 먼저 알고 나에게 같이 가자고 말했다. 처음에는 귀찮기도 하고 내키지 않았지만 갔다 오길 잘했다는 생각이 든다. 강연을 하기 위해 온 사람은 한 사람이 아니었다. 직책과 경력도 상당했다. 물론 대기업은 아니었다. 하지만 분명한 건 자기 분야에서 잔뼈가 굵고 연봉도 상당하다는 것이었다.

한 사람은 소프트웨어 회사에서 프로그램을 개발하는 부장이었다. 회사 설립 단계에서부터 함께해서 지금의 견실한 회사가 되는 데 큰 역할을 한 주역이었다. 다른 사람은 외국 특히 동남아권과 자주 거래를 하는 사람이었다. 그는 자기가 판매하고 있는 제품에 대해 굉장한 전문가였다. 그 두 사람은 이렇게 말했다.

"꼭 대기업에 집착하지 않아도 된다."고.

지금 청년 실업이 문제가 되고 있긴 하지만 중소기업은 구인난에 시달리고 있기도 하다고 말했다. 하지만 우리나라는 대기업에 집착하는 경향이 있다고 말했다. 그들은 우리가 눈을 조금 낮추고 주위를 더 잘 둘러보면 얼마든지 좋은 직장을 찾을 수 있다고 말했다. 또한 중소기업은 대기업과 다르게 여러 업무를 다루며 다방면에서 경험을 쌓을 수 있고 자신이 노력만 하면 충분히 대기업 이상의 연봉을 보장받을 수 있다고 했다. 더불어 학과 공부에 조금 더 충실하란 말도 했다. 대부분의 신입사원들이 입사시 기본적인 학과 공부가 부족하다고 했다. 학점은 4점일 지라도 머릿속에 남아있는 것들이 적기 때문에 학과 공부를 좀 더 충실히 해서 입사를 하면 유리하다는 말도 해줬다.

무역업을 하는 사람은 이런 말도 했다. 자기가 가게 될 분야 혹은 자기가 다루게 될 업무에 대해 하나에서부터 열까지 모두 알 수 있는 전문가가 되라고 했다. 우리 회사의 제품뿐만 아니라 경쟁업체의 제품 그 제품을 눈으로만 봐도 그 제품에 대해 술술 말할 수 있는 전문가가 되는 것도 중요하다고 했다. 내가 책상에서 상상만 하던 것들이 실무자들의 경험과 조언을 통해 알게 되어 소중한 시간이었다.

1월 11일 빗나간 모정

오늘 꿈에 얼마 전까지 과외를 담당했던 학생이 나왔다. 그래서 오랜만에 그 학생도 생각나고 어제 어머니와의 일도 있고 해서 그 학생의 어머니에 대해 생각해보게 됐다. 나는 과외 하는 내내 이런 생각을 했다.

그 학생이 정말 불쌍하고, 그 학생의 어머니의 사랑이 빗나간 모정이라고.

처음 그 학생을 만나러 음식점에서 만남을 가졌던 당시가 생각난다. 그 학생의 어머니는 연신 나중에 커서 자기에게 무엇을 해줄 거냐고 물어봤다. 그 말을 듣는 매 순간 난 기분이 몹시 언짢고 불편했다. 자식을 낳아 기르고 또 학교에서 학업성적이 좋았으면 하는 순수한 마음에서 자식공부를 시키는 것이라고 난 생각했다. 그런데 학생 엄마는 좀 다른 것 같았다. 자식이 나중에 자신을 호강시켜주도록 하기 위해 기르는 존재인가? 자식을 위해서 과외를 시키는 게 맞나? 싶을 정도였다. 아직 자식을 낳아 길러 본 적도 없고 자식의 입장으로만 살아온 나는 마치 그 말이 나에게 하는 말 같아 몹시 기분이 나빴다.

과외를 하는 과정도 순탄치 못했다. 일단 학생은 공부를 정말 하기 싫어했다. 그래서 과제를 안 해놓는 일은 예사고 수업 내내 집중하지 않고 다른 이야기를 하려고 하거나 쉬고 싶다는 불평을 늘어놨다.

중학교 1학년. 사춘기를 겪으며 한창 뛰어놀아도 부족할 시기의 나이의 학생에게 으레 있는 일이겠지만, 더 내 마음이 아팠던 이유는 그 학생은 자신의 꿈에 대해 고민해볼 시간적 여유조차 없었다는 것이다. 학교, 태권도 학원, 수학 과외, 영어 과외, 피아노 학원까지 정말 중학교 1학년의 스케줄이 맞나 싶을 정도로 빡빡했다. 학생은 종종 눈시울을 붉히며 자신과 불통하는 부모님이 너무 밉다는 소리를 하곤 했다. 하지만 학생의 엄마는 '오로지 공부해라 공부해야 성공한다.' 이 말뿐이었다.

과연 이것이 부모의 사랑인 걸까? 내가 아직 부모의 입장이 되어 보지 않아서 모르는 것뿐인 걸까? 만약 저것이 내가 알지 못하는 부모의 사랑이라면 난 평생 알고 싶지 않다. 과외 선생님이 사준다는 떡볶이 하나 먹으러 집 앞에 나가지 못하게 하는 것이 부모의 사랑이라면 난 그런 사랑은 알고 싶지도 않고 하지도 않을 것이다.

1월 12일 자살한 공무원 취준생

오늘 뉴스 기사를 읽다가 문득 자살한 취업 준비생의 기사를 읽게 되었다. 평소 이런 종류의 우울한, 사회의 어두운 단면을 보여주는 기사를 의식적으로 피하는 스타일의 나였지만 이번 만큼은 그냥 지나칠 수 없는 그런 기사였다.

그 취업 준비생은 공무원 시험 준비를 하고 있는 고시생이었다. 하지만 그는 여러 번의 시험에도 불구하고 끝내 시험에 합격하지 못했다. 자신을 믿었던 가족에게 미안하고 주위 친구들을 볼 면목이 없었던 그는 거짓말을 하기 시작했다. 자신이 시험에 합격해 어느 지역의 동사무소로 출근하기 시작했다고. 비극의 시작이었다. 그래서 그는 매일 아침 정장을 차려입고 출근하는 연기를 했다. 당연히 월급이 나오지 않는 그는 급여를 받는 연기를 하기 위해 제 3금융권으로부터 대출을 받기에 이르렀다. 그는 그 돈으로 부모님에게 선물을 사드리고 용돈을 드리고 친구들에게 밥을 샀다.

그 빚이 어느 덧 2천만 원까지 치솟고 기하급수적으로 불어나는 이자를 감당하지 못한 그는 끝내 스스로 생을 마감하는 최악의 선택을 했다. 참으로 비극적이지 않을 수 없는 마지막이다.

아들이 시험에 합격하고 취업에 성공한 줄 알고 기뻐하고 아들이 준 선물과 용돈을 소중히 받았을 부모님의 마음은 어떠했을까. 친구의 합격이 나의 일 같고 그 친구가 사주는 밥을 맛있게 먹으며 축하해줬을 친구들의 마음은 또 어땠을까. 부모님과 가족, 그리고 친구들은 아마 자신들이 죄인이라는 죄의식을 안고 살아가게 될 지도 모르겠다.

취업준비생이 안쓰러우면서도 한편으로 그의 선택이 아쉽다는 생각을 했다. 나이를 먹어감에 따라 시험에 떨어지는 현실이 압박으로 다가왔을 것이다. 취업에 성공해 당당히 사회로 나가는 모습을 보고 싶어 하는 부모님의 기대가 더 이상 버티기 힘든 부담으로 다가왔을지도 모른다. 그렇다고 해서 거짓 합격을 고하고 2천만 원이라는 거액을 대출 받아서까지 자신의 모습을 속인다는 것이 진정한 행복 혹은 기대에 부응하는 일이라고 생각하진 않는다.

그 취업준비생도 조금만 더 독한 마음을 먹고 혹은 조금만 더 편안한 마음으로 자신을 아끼며 미래를 그려 나갔으면 어땠을까. 우리 모두 취업도 중요하지만 자신을 아끼고 사랑하는 마음을 가지고 좀 더 긍정적인 자세로 모든 일에 대응할 필요가 있다고 생각한다.

1월 14일 취업이 인생의 전부가 아닌데…

벌써 취준일기의 마지막 순서가 다가왔다. 처음 취준일기를 제안 받았을 때 무척 걱정이 많았다. 물론 그 이유는 '내가 잘 할 수 있을 까?'였다. 보통 취업 준비생들은 정말 많은 것들을 하고 있고, 이것저 것 준비를 많이 해봤을 거라고 생각한다. 인턴이라든지 혹은 대외 활 동이라든지. 그렇다고 내가 해본 적이 없던 것은 아니다. 다만 다른 사람에게 내 생각을 들려주기에 많이 부족한 것은 아닐까한 그런 걱 정을 했다.

그런 걱정을 안고 시작했던 취준일기가 어느새 마지막 챕터에 다 다랐다. 취업 준비를 해오는 과정 동안 정말 많은 생각과 감정이 교차 하고 경험을 했다. 가끔 답답하거나 문제가 말처럼 쉽게 해결되지 않 을 때 어딘가 혹은 누군가에게 풀어놓고 싶다는 생각을 많이 했다. 다행히 이런 좋은 기회를 통해 내가 했던 생각을 풀어놓을 수 있어서 좋았다. 덕분에 명확하지 않던 내 마음가짐 혹은 미래를 대하는 내 태도, 불안감, 기대감 등에 대해서 좀 더 뚜렷하고 구체적으로 그려보 거나 대응할 수 있게 되었다.

사실, 취업이라는 것은 내 꿈을 향해 나아가는 한 과정에 지나지 않는다. 하지만 최근 들어 취업이 곧 인생의 성공을 좌우하는 하나의 잣대가 된 것 같아 마음이 아프다. 고작 20대 중후반밖에 되지 않았 고 인생의 도입부를 시작하는 우리에게 취업을 하지 못하면 실패한 인생처럼 바라보는 사회의 시선이 잔인하다고 생각한다. 물론 나만의 착각일 수도 있지만 취업에 성공하지 못해 정신적으로 괴로워하고 심 지어 자살까지 하는 사람들을 보면 나만의 착각만은 아닌 것 같다.

꿈을 꾸고 그 꿈을 이루는 과정은 즐거워야 하는 게 아닐까? 난 그렇게 생각한다. 괴로워하고 자살을 하는 사람들도 취업을 바라보는 자신들의 관점을 바꿀 필요가 있다고 생각한다. 그렇게 괴롭고 죽음이라는 최악의 선택을 하면서까지 준비해야 할 필요가 있을까? 그렇게 행복하지 않고 불행하다면 주위 시선에 연연하지 말고 자신이 좋은 일을 찾으면 되는 것이라고 나는 생각한다.

우리 자신의 행복을 위해 사는 게 우리에 대한 예의 아닐까.

그러니깐 우리 기분 좋은 마음으로 취업준비 그리고 인생을 살아가는 게 좋을 것 같다.

3년 뒤 근황
송경호 씨는 여전히 구직 중이다.

세상의 많은 취업 준비생 여러분께.

여러분의 취업준비는 잘 되어가고 있나요?

유난히 더웠던 이번 여름이 어느새 지나가고 선선한 가을이 다가왔습니다. 한결 시원해진 날씨와 함께 취업 준비생 여러분의 준비도 한층 탄력 받기 좋은 날씨라고 생각됩니다. 더불어 우리 취준생들에겐 피하고 싶은 명절도 다가오고 있습니다. 집안 어른들의 온갖 질문 공세와 걱정스런 잔소리를 무기력하게 들어야만 하는 시간이지요. 다만 그곳에서 오는 스트레스에 우울해하고 자괴감을 느끼기보단 보다 당당하고 자신 있게 대처하시길 바랍니다.

이 글을 쓰는 저 또한 한동안 명절이 싫었고 지금도 썩 기분 좋은 기간은 아니랍니다. 하지만 어른들의 시선과 등쌀에 전전긍긍하던 제 자신이 어느 순간 너무 한심하게 느껴졌습니다.

'나는 나만의 길이 있고 나만의 속도가 있는데 어째서 다른 사람의 눈치에 이렇게 전전긍긍하는 걸까?'

그래서 다짐했죠. 누가 뭐라 하든 나를 믿고 흔들리지 말자. 정 못 참겠으면 그만 걱정해달라고 직접 말하기로요. 누군가가 보면 건방지다 생각할지 모르겠지만, 인생은 지금을 살아가는 '나'가 가장 중요한 것 아니겠어요?

우리 수많은 취업준비생 여러분들도 자신만의 속도로 자신만의 길을 가고 그것에 대해 흔들림 없는 믿음을 가지시길 바랍니다.

여러분은 지금 잘 하고 있다고 훌륭하다고 말씀드리고 싶어요.

파이팅!

남자가 스펙이더라 °

박진

~~~~~~~~~~~~~~~~~~~~~~~~~~~~~~~~~~

박진 씨는 이 시대를 사는 20대답게 정말 착실하게 취업을 위해 준비해왔다. 4.0이 넘는 평점과 토익 900점이 넘는 영어 성적, 3개의 자격증, 마케팅 인턴 두 번의 경력이 있지만 한 해 한 자리수의 신입 사원을 뽑는 마케딩 직무를 뚫기는 쉽지 않다.

아침에 일어나자마자 스펙업 카페에 들어가는 것으로 하루를 시작하고, 1주일에 3번 스터디를 하고, 도서관에서 필기공부를 하고 자소서를 쓴다. 지원한 회사에 대해 조사할 때면 홈페이지에 들어가서 회사의 전체 업무와 사업 현황을 확인하고 공시 자료를 다운받아서 재무제표를 본다. 1년간의 신문 기사를 스크랩하는 것도 필수적이다.

지난해 가을 졸업 이후 70여 곳에 입사지원서를 냈지만 그녀는 여전히 흔들리지 않고 정도를 걷고 있다. 성공한 방송작가인 어머니 한테 그 흔한 자기소개서 첨삭 지도조차 받지 않았다. 평생 글로 먹고 살아온 가족한테 한번쯤 도움 받을만하지 않냐고 물어봤다. 그랬더니 "혼자서 할 수 있는 일이잖아요?"라며 되레 반문했다.

○

휴존생글시·박진

그녀의 한 달은 15번의 원서접수와 2번의 인적성 시험, 1번의 면접, 16번의 취업 스터디로 훌쩍 지나갔다. 본격적인 취업 활동에 나선지 10개월이 지나고 있지만 결과 없는 세월의 연속이다. 집에서 쉴 때조차 욕실 청소라도 해야 맘이 편하고 욕실 거울을 보면서 표정 연습을 하고 1분 자기소개 연습을 한다. 그러나 이렇게 열심히 사는 그녀도 하루 2개 이상의 광탈(光脫, 빛의 속도로 탈락한다는 뜻의 취준생들 사이의 은어)을 겪을 때면 맥이 빠져버린다. '문상'에서 말하는 그 문과졸업생인 그녀에게 여자는 그나마도 합격률이 더 떨어진다며 '남자가 스펙'이라는 말까지 들려온다.

사회적인 관심의 대상이 되어서일까? 이런저런 조언을 해 주는 사람들이 많다. 이렇게 취업이 힘들 때 눈높이를 낮춰 취직을 해보라는 말도 흘려들을 수 없다. 하지만 첫 회사에서의 일이 중요하니 아무데나 가면 안 된다는 말도 있지 않는가.

일반기업과 대기업 중 무엇에 중심을 두어야 할까?

취업준비 중에 시행착오를 줄이기 위한 그녀의 고민도 깊어질 수밖에 없다.

4월 28일 새로운 소식이 있나 체크체크

늘 그랬듯이 일어나자마자 스펙업 카페에 들어갔다. 새로운 공고가 뜬 기업은 없는지, 2주일 전 인적성은 언제 발표날 것인지, 사람들과 의견을 공유한다. 기대 반 기다림 반으로 시작하는 하루다.

자기소개서 하나를 마무리하고 친구들을 만나기로 했다. 대학원에 진학했거나 공무원 준비를 하는 친구들이다. 스터디를 하면서 최근 취업과 관련된 말만 했는데 편하게 나를 이야기할 수 있는 친구가 있다는 데 소소한 행복을 느낀다.

4월 29일 하루 2개 이상의 광탈(光脫)

면접 불합격. 인적성 불합격.

하루에 2개 이상의 광탈[2]을 겪으니 손에 아무것도 잡히지 않는다. 될지 안 될지 확신도 못하고 기다리면서는, 피가 마른다는 표현이 뭔지 뼈저리게 알 것 같았다.

인적성 검사에서 떨어지든 1차 면접이나 최종면접에서 떨어지든 결과는 다시 자기소개서를 쓰는 처음으로 돌아가는 거다. 기다리면서 부정적인 생각이 들 때에는 마지막에 떨어질 바에야 차라리 처음에 떨어지는 게 낫다는 생각도 했다. 그래서인가? 결국 인적성 검사는 불합격이었다. 당장 최종면접까지의 걱정을 안 해도 되니 좋은 점

---

2) 빛의 속도로 탈락한다는 뜻의 취준생들의 은어

이라 여기고 싶다.

근데 조금 의아한 건 불합격회사의 인적성문제가 분명 2주전 합격했었던 회사의 인적성 문제와 비슷했었고, 나 역시 같은 선택지를 골랐다는 거다. 영업 관리라는, 직무가 같고 사람이 같고 선택항목이 비슷한데 왜 다른 결과가 나오는 지 알 수 없었다.

지금까지 탈락 이유를 알려주는 기업은 없었다. 알아야 단점도 고칠 수 있는 법인데 귀하의 역량은 뛰어나지만 우리 회사와는 맞지 않는다는 한 줄이 전부였다. 최근 들어 L기업과 N기업이 불합격 이유를 통보하긴 하지만, 그것도 면접까지 가야 해당된다고 한다.

기분이 심란하다. 맛있는 음식을 먹고 결과를 잊어버리고 싶지만 시간이 늦었다. 표정 관리도 제대로 되지 않고 부모님께 자랑스럽게 합격했다는 말도 못하는 내가 정말 싫다. 마음 같아서는 26살의 한 때를 즐기면서 설렁설렁 취업준비를 하고 싶은데, 엄마 친구 딸과 아들들이 연봉이나 복지가 좋은 기업에 갔다는 이야기를 들으면 나도 질 수 없다는 생각이 든다.

가끔은 어린 것 같지만 또 가끔은 나이가 꽤 든 것 같다는 생각이 드는 26살이니 언제까지 부모님 곁에서 취업준비만 할 수도 없다. 다만 지금 이런 상황의 딸을 지원하고 사랑해주는 부모님이 있다는 게 감사할 뿐이다. 부모님이 나로 인해 가장 행복한 부모가 되었으면 하기에 내일부턴 더 정신 차리고 자기소개서를 쓸 거다.

4월 30일 결과 없이 벌써 4월

1월 20일부터 준비한 상반기 취업준비는 어느새 5월을 앞두기까지 크게 빛을 발하지 못한 것 같다. 그땐 사흘에 걸쳐 자기소개서 한 부를 완성했고, 다른 회사를 지원하기 위해서 또 사흘을 투자했었다. 하지만 인적성과 2차, 3차에 걸쳐 이루어지는 면접에서는 이미 만반의 준비를 한 다른 취업준비생들에게 밀리기 일쑤였고 세상엔 정말 똑똑한 사람들이 많다는 생각이 들었다. 어쩌면 나 스스로가 똑똑하지 못한 걸 수도 있고. 그래서 사람들은 졸업유예를 하고 1년을 취업준비에 투자 하나보다.

하루에 두 개의 탈락결과를 받아들인다는 건 쉽지 않다. 스펙업 카페라도 들어가면 영어 성적 없이, 자격증 하나 없이 합격되는 사람도 수두룩해 보인다. 왜 나는 그 중 하나가 되지 못한 건지, 매일 공부도 하고 무슨 일이든 잘 할 것 같다는 말도 자주 듣는데 자기소개서나 인적성으로 폄하되는 게 답답하기만 하다.

어른들은 요새 청년들이 과거의 당신들보다 포부도 작고 도전 정신이 줄었다고 이야기하신다. 나 역시 젊어서 기회가 된다면 창업을 하는 게 백 배 낫다고 생각한다. 적어도 상사 눈치가 보이지 않고 자신의 목적한 것을 향해서 달리는 힘도 얻을 수 있을 것이다. 하지만 대학에서 공부에 투자해온 우리가 여러 경험 없이 사업을 시작한다는 건 톱니바퀴를 달리는 것에 비유가 될 수 있다고 본다. 실패했을 때 격려해주는 환경이 있기보다, 결혼을 준비를 해야 된다면서, 다른 곳 취직이라도 해보라면서, 다시 일을 강요하는 어른들이 기다리고 있기 때문이다. 제자리로 돌아오는 것이다. 어떻게 해야 나를 보여주는 취업을 할 수 있는 건지 생각이 많아진다.

오늘따라 4월의 하루가 지나가는 게 정말 아쉽고 아쉽다.

5월 4일. 남자가 스펙

모두가 슬럼프다. 자소서와 인적성의 벽을 넘지 못하는 친구들과 최종면접에서 떨어지는 친구들 모두가 지쳐있다. 둘러보면 취업준비생은 문과생에 여자가 확실히 많다. 경영이나 마케팅 직무인 문과계열은 이공계처럼 오래 공부해서 얻는 지식이 필요한 분야도 아니고 회사 교육으로 쉽게 대체될 수도 있다. 그래서 아직도 학벌주의가 남아있고 경쟁률 역시 높다. 결혼을 하고 그만두거나 그전에 일이 힘들다며 쉽게 이직을 생각하는 여자들이 많아지니 남자가 선호되는 것도 당연하다. 그래서 요새는 '남자가 스펙'이라는 말이 나오나보다.

경쟁에 지친 친구들로 인해 오늘의 스터디는 취소됐다. 평소엔 6명이 모여서 자기소개서를 돌려가면서 첨삭한다. 같은 경험이라도 어떻게 쓰느냐에 따라서 결과가 달라질 수 있기에 꼼꼼히 본다. 같은 직무 지원자라도 스터디원은 경쟁자라는 인식이 들지 않기에 서로 많은 것을 공유하는 것 같다. 원래는 스터디원이 9명이지만 최근 면접을 보는 상황이 많아져서 참여인원은 유동적이다.

대신 나는 다른 친구와 만나 면접 준비를 한다. 기업홈페이지에 들어가서 회사의 전체 업무와 사업 현황을 확인하고, 공시 자료를 다운받아서 재무제표를 본다. 1년간의 신문기사를 스크랩하는 것도 필수적이다. 회사를 알고 지원했고 나를 소개할 면접을 준비하는 거긴 하지만, 요새 면접에서는 얼마나 회사를 잘 아는지, 왜 이 회사여야만 하는지를 원하기 때문이다. 실제로 C기업에서는 지원회사는 물론이고 다른 계열사의 사업 현황을 개선할 방법을 묻는 면접이 진행된다. 이제는 내가 갈 곳의 업무만 아는 것이 부족한가 싶다.

5월 5일 어린이날, 나는 어린이인가 어른인가

5월 5일. 외할머니께서 내가 어른인지 어린이인지 물으셨다. 어린이 나이는 아닌데 어른처럼 돈을 벌지도 않는다. 명절에 고향 내려가기 싫어하는 친구들이 이런 기분인가? 번듯하게 손녀 자랑 한 번 하게 해드려야 되는데, 오늘도 조금만 더 기다려 달라는 말로 전화를 끊으려 했다. 그러자 할머니에겐 언제나 어린이라면서 건강히만 자라라는 말씀에 말로는 표현하지 못할 사랑을 느꼈다.

쉬는 날인데 쉬는 날 같지도 않았다. 난 맨날 쉬기 때문이다. 사실 심적으로는 쉰다는 말도 옳은 표현이 아니다. 잠들기 전에 눈에 보이는 성과만 없을 뿐이지 계획해 둔 자기소개서를 쓸 걱정, 친구와 서로의 미래 걱정, 스터디 준비, 하반기에 한 번 더 해볼까 하는 고민으로 하루가 그냥 가버린다. 걱정한다고 달라지는 건 없지만 걱정이라도 안 하면 취업준비로 미래를 생각할 겨를이 없을 것 같다.

작년에 실패를 딛고 원하는 직장에 취업한 언니가 말했다.

요새는 멘탈이 강한 사람이 취업한다고.

맞는 말 같다. 서류에서 떨어지거나 면접에서 떨어질 때마다 심란해할 순 없다. 하지만… 나를 컨트롤 하는 게 생각만큼 잘 되진 않는다.

○

5월 6일 회사보단 직무가 우선, 회사는 알아줄까?

자기소개서를 쓸 때 가장 어려운 건 지원 동기와 입사 후 포부를 작성하는 일이다. 기업에 지원 동기가 명확한 친구들도 있지만 보통은 내가 일하고 싶은 직무를 선택하기에 군이 그 회사일 필요는 없다. 네임벨류가 있으면 조금 더 좋을 뿐이다.

하지만 지원 동기는 기업에 대한 애정이 고스란히 드러나는 부분이고, 왜 이 기업을 사랑하는지 피력해야만 한다. 그래서 철저한 조사가 필요하기에, 솔직히 난 몇 달치의 뉴스나 취업사이트에서 정리해 놓은 자료의 도움을 받아왔다. 회사보단 내가 하고 싶은 직무가 더 중요하다는 것. 회사는 알아주지 않을 거다.

입사 후 포부도 10년 뒤를 예상하라는 질문이 더해지면 정말 막막하다. 자기소개서를 쓰는 동안 그 회사엔 무조건 들어가고 싶고, 일하고 싶은 마음이 절절했다. 그래서 열심히 관련 일을 하고 10년 뒤 내 분야에 전문가가 될 것을 다짐하면서 작성했다. 하지만 열정만으로는 통과할 수 없었다. 솔직히 입사 후 포부의 점수 기준이 뭔지는 아직도 모르겠다.

오늘도 이렇게 한 기업의 분석을 마치고 지원동기부터 입사 후 포부까지 작성했다. 시간이 걸려 완성하고 나면 정말 뿌듯하다. 이미 내 자소서가 합격한 것만 같았다. 이제 또 결과가 발표 날 때까지 기다림의 시간만 남았다.

5월 7일 최선의 길을 찾기 위해

오늘은 학교에 다녀왔다. 학교 잡카페에서 추천채용 기업이 있는지 확인하고 상담을 받았다. 떨어진 면접상황을 얘기하고 유용한 팁이 있는지 여쭤보니, 면접은 이미지 싸움이라 그러셨다. 실무 경험이 비슷한 사람들을 면접하는 입장에선 당장 일을 잘 할 친구보다 야근도 성실하게 할 수 있는 눈빛과 강한 목소리가 우선이란다. 나 역시 떨지 않고 이야기하는 연습이 필요했다.

내일부터 새롭게 면접 스터디를 하려고 했는데 미리 준비해 놓은 게 다행이었다. 이제 스터디 외에도 많은 시간을 말하기 연습에 투자해야겠다.

혼자 영화 어벤져스도 보고 왔다. 예전엔 앉아서 시간을 보내야 되는 영화가 싫었는데, 이젠 고민을 잊게 하는 하나의 취미가 됐다. 온전히 한 가지에 집중하는 취미다. 집 가는 길엔 교보문고에 들르려다가 우연치 않게 친구를 만났다. 5개월 전 취업하고 일하는 지점을 옮긴 것 같았다. 예전엔 친구가 먼저 회사를 밝히지 않으니 물어보기 민망했지만, 오늘은 내가 내세울 게 없어서 그런지 더 물어보려고도 안 했다. 회사 이름이 중요한 건 아닌데, 나도 모르게 친구들에게 이름 있는 대기업을 기대한다는 생각이 스쳤다. 대학시절 다니는 대학이 곧 사람에 대한 이미지로 좌우되듯이, 기업도 마찬가진가 보다.

사실 집 근처에도 회사가 많고 편하게 즐겁게 다닐 수 있는 기회도 많다. 어쩌면 지금 난 내가 일하고 싶은 직무로 취업하겠다는 핑계로 시간을 허비하는 걸 수도 있다. 하지만 첫 회사에서의 일이 중요하다는 몇몇 어른들의 말씀도 들어왔기에, 일반기업과 대기업 중 무엇

○

을 중심에 두어야 될지는 결정하지는 못했다. 다만 현재 취업준비라는 이 상황이 시행착오를 줄이려는 내 욕심인 것만큼은 확실하다.

5월 8일 면접 스터디 나가보니…

오늘 한 일이라고는 스터디밖에 없었는데 왜 이렇게 피로한지 모르겠다. 저번 달까지 자기소개서 스터디를 하다가 오늘부턴 면접 스터디로 한 단계 레벨업 했다. 자기소개서의 구성이 잡혔으니 이제 면접을 연습하려는 것이다. 어제 면접 연습을 하라는 조언도 있었고, 나 또한 면접을 볼 때 최대한 준비된 모습을 보이고 싶기 때문이다.

이번 면접 스터디 인원은 6명이고 남자 반 여자 반이다. 물론 내가 리더다. 직접 포털카페에 글을 올렸고 인원을 모집했으니까.

원하는 장소와 시간, 스터디 목적과 커리큘럼 등을 간단하게 작성해서 인터넷에 올리면 원하는 사람들이 쪽지를 보내거나 핸드폰으로 연락을 한다. 선착순으로 조원이 결정되기도 하지만, 요새는 스터디를 하려는 사람이 하도 몰려서 지원직무나 학교, 학과, 면접경험 등의 부가적인 스펙이 요구되기도 한다.

사실 나는 다른 사람들에게 스펙을 알리거나 그것으로 평가 받기가 싫어서 모집한 경우다. 그래서 상대에게도 스펙을 요구하지 않았고, 마음이 잘 맞는 스터디원만 모이라는 생각을 하면서 약속장소로 향했다.

다행히도 스터디원들의 인상이 모두 좋았다. 처음 만난 날이니만큼 오늘은 간단하게 자기소개를 했고 커리큘럼을 수정하기 위해서 연습했고, 시간도 파악했다. 그렇게 6명에서 3시간씩, 월·수·금요일에 만나자고 했다. 3일 모두 자기소개서를 첨삭하고 시사 이슈를 토론하지만, 월요일과 금요일은 3:3으로 인성면접을 준비하고 수요일은 PT면접을 준비하기로 했다. 조원이 많으니 아이디어도 자주 나왔고 서로에게 많은 것을 배울 수 있을 것이란 생각이 들었다. 정말 잘 준비해서 얼른 합격하고 싶다!

5월 12일 놀지 말고 서점이라도 갈 걸

바람이 몹시 부는 날이었다. 오늘은 쉬고 싶다는 생각에 하루 종일 집에 있었다. 새롭게 공고가 뜨는 기업도 찾아보지 않고 조용히 하루를 즐기고 싶다는 생각이 컸다. 방도 치우고 밥도 해놓고 TV로 예능 프로그램만 봤다.

아, 집에만 있어도 시간은 역시 잘 가는구나.

달력을 보고 기존에 했던 일들을 확인하면서 '시간이 벌써 이렇게 흘렀네.'라며 속풀이도 해봤다. 친구들과는 주말 약속도 잡고 총무로 활동하고 있는 국궁 동호회에 정기모임 장소도 정했다. 한 번도 어르신들이 계신 모임을 주도한 적이 없었기에 모두의 의견을 모으고 예산을 관리하는 총무 일이 아직은 어색하기만 하다. 동호회 어르신들은 내가 틈틈이 시험을 보거나 면접을 보러 다니면서 총무일까지 맡는 게 부담스럽지 않냐고 걱정하셨다. 하지만 못할 것 같던 일도 가능하게 되고, 하나씩 계획을 완수해가는 게 아직도 재미가 있다.

그렇게 시간이 흐르다가 6시쯤 서류 결과가 두 개 발표됐다. 그렇게 원했던 슈퍼마켓 영업관리는 떨어졌지만, 한 번 작성해 봤던 공기업 자기소개서가 붙었다. 다만 이번 주 토요일에 1차 필기시험을 본다는 것이 부담이라면 부담이다. 심사 기준이 되기에 시험을 볼 거라 예상은 했지만, 사무직군 준비에 힘을 막 쏟아 오진 않았다. 갑자기 오늘 놀지 말고 서점이나 갈 걸 하는 생각이 들었다. 역시 사람은 아까 예능을 보고 웃던 것도 잊어버리는 망각의 동물인가보다.

인터넷 검색으로 빠르게 시험 형식을 파악했다. 언어와 공간 지각, 응용수리 등 150문제를 2시간 안에 풀어야 된다. 공공기관 중 가장 까다로운 시험이라는 사람들의 의견도 있었다. 하지만 누구에게나 까다로울 거기에 나도 할 수 있다는 힘을 가지기로 했다. 떨어진 회사에 연연하기보다 갈 수 있는 회사에 집중해야 함을 오늘 두 개 회사의 결과가 알려준 날이다.

5월 13일 스터디원의 넋두리

A : 저는 요새 재밌어요. 대학교 가기 전까지는 누가 어떻게 하라는 것만 했지만, 지금은 내가 하고 싶은 것을 하면서 실력을 쌓는 거잖아요. 결과는 모르겠지만 내가 하고 싶은 것을 하고 싶다는 생각을 처음 해봤기 때문에.

B : 뭐하고 계세요?

A : 영업 관리(공부), 언어(영어), 토익이 890이라 900넘기고 싶어서. 이때 아니면 언제 하겠냐… 공부하고 있어요~.

C : 저도 800후반이지만… 올릴 수 있을 것 같은데 그 한 달이 아까

운 거예요. 900넘으면 좋겠지만….

D : 900이 신의 한 수인 것 같아요. 그 5, 10점 올리기가. 저도 800 중반까지 나와서 두 번 정도 더 봤어요. 3주 동안 그것만 새벽까지 맨날 하다가 이런 생각이 드는 거예요. 내가 취업하려고 하는 건데 왜 취업을 안 하고 토익만 하고 있지?

B : 토익이 800후반부터는 큰 비중이 없지 않아요?

E : 전 딱 900인데, 이게 더 애매한 거예요. 뭔가 모자란 느낌?

B : 공기업 준비하다 보니 범위, 등급이… 950이상은 만점, 900-950 사이는 2점 빠지고 이런 식으로 해서….

D : 저는 '이건 아니다.'라고 느낀 게, 토익 수업 듣는데 거기서 하시는 분이 985가 나왔는데도 5점을 높이려고 몇 주를 투자해서….

C : 그건 또 시작하면 한 달 해야 되는 거잖아요.

E : 근데 난 토익 공부할 때가 좋았는데. 그것만 하면 되니까. 취업하기 전에 학교 다니면서 했는데 너무 재밌는 거야. 학원에서 하라는 것만 하면 되니까.

A : 저는 요새 힘든 게, 계속 어디 소속되어 있다가 지금은 취준생이라고 아예 예외잖아요. 어디 범위에 들어가지도 못하고. 사람 만나는 것도 애매한 게 저는 친구들이 다 취직을 해서…. 친구들이 다 경영 쪽이라 자기들끼리 이슈나 업무에 관해 얘기하는 데 할 말이 없더라고요. 취준보다는 소속되지 못한 게 힘들어요.

B : 만나는 것도 불편하지 않아요? 얘기도 다른 거 하고 싶은데 결국 취업으로 귀결되고 불편해요.

E : 차라리 이렇게 같이 공부를 하면 나누는 기분이 드는데.

C : 그냥 친구 만났는데 이런 얘기하면 아휴….

○

D : 그러다 보면 끝은 다른 사람 얘기로 넘어가 있고. 놀기도 뭐하고, 돈 없으니….

E : 나는 스터디 끝나고 집에 갈 때가 공허해. 밖에서 활동을 하고 집에 가면 보통 밤이잖아요. 근데 끝나고 집에 가면 낮이야. 집에 아무도 없고 그냥 자소서 써야 되는데 침대에 덩그러니 앉아서 생각하게 되고. 놀러 가고 싶긴 한데….

A : 맞아. 경제적인 것도.

B : 우리가 정확하게 이 회사를 가야지, 이 일만 해야지 하는 거 아니면 여러 가지를 건드리게 되지 않아요? 그게 잘 안 되지 않아요?

D : 저는 고민을 많이 했어요. 작년부터 유학도 생각하고, 국제 설명회도, 면접도 있었고. 결국에는 생각이 든 게, 어차피 해보지 않았는데 가서 어떻게 될지 모르니까. 일단은 열어서 보고. 가서 면접을 보면 분위기도 알 수 있으니까. 안 정해놓고 하려니까 더 스트레스인 거예요. 다른 사람들은 다 목표가 있는 것 같은데 왜 나만 이렇게 방황을 하지? 그런 생각이 있었는데 오히려 열어놓고 보니까 더 편한 것 같아요.

E : 나도 이게 상반기 실패 요인인 것 같아. 아무데나 다 썼단 말이야.

C : 난 그런 게 더 좋은데. 열어놔야 되지 않나?

E : 근데 서류도 잘 안 되고 그런 거 보니까. 딱 정해서….

D : 그걸 찾기가 어려우니까 이제 조금 더 마음을 편하게 먹고 하려고 생각하는 것도 있을 것 같아.

B : 우리 나이 때에 30대 초반까지만 도전할 수 있는 게 공채이기도 하고. 그래서 쉽게 하나만 정하는 것도 어떻게 보면 무리가 될 수 있고….

5월 13일 오후 11시 30분 청년실업률이 사상 최고라는데…

스터디카페에 스터디원들과 모여서 넋두리처럼 현재 상황을 공유했다. 자신의 토익점수와 이상적 직업관 등을 이야기하니 비슷한 부분이 참 많다는 걸 느꼈고, 더 친해지는 계기가 된 것 같다. 취업준비로 밤낮이 바뀌었다는 점 빼고는 그들 이야기가 곧 내 이야기였다. 생활까지 비슷한 취업준비생들 사이에서는 아무도 박진이라는 사람만의 차별성을 못 찾을 것 같기도 했다.

오늘자 신문에서는 1999년 이래로 청년실업률이 최고라며 내가 미취업자인 것에 합리화할 수 있는 근거를 줬다. 원래 취업시장 상황이 어땠기에 지금이 최악인 걸까. 어차피 될 사람은 어느 상황에서건 취업이 된다는 것을 안다. 내가 이것저것 따지느라고 안 하고 있는 것이지 단순히 기업 탓만은 아닌 것 같기도 하다.

스터디가 끝난 후엔 도서관에 가서 쉬엄쉬엄 필기시험 공부를 했다. 스터디원들과 대화를 하고 나니 열심히 취업을 준비하는 것도 필요하지만, 그만큼 여유도 필요하다는 생각이 들었다. 아예 서류통과 자체가 안 되는 게 아니니까 감사함을 가지기로 했다. 이제 몇몇 회사에서 서류라는 최소한의 기준을 통과했기에, 여유롭게 상황을 즐기면서 나의 실력을 보여주고 싶다.

저녁때는 신촌에서 남자친구를 만나서 저녁을 먹었고 남자친구 회사 얘기를 들었다. 가끔씩 그늘진 표정이 보이는 걸 보니 회사를 가도 고민과 걱정이 끝나는 게 아닌 것 같았다. 10대엔 대학입시 걱정을 하고, 20대 중반이 지나면 취업 걱정을 하고, 취업이 끝나면 회사 내 업무 걱정이나 혹은 결혼 걱정으로 모두가 비슷하게 걱정을 안고

○

살아가나 보다. 지금의 내 상황도 지나고 보면 아무 일이 아니었던 것처럼 느끼고 싶다. 그리고 모든 취업준비생들이 그랬으면 좋겠다.

5월 16일 새벽2시, 오늘도 컴퓨터를 배 위에 두고 잠들어

조용히 방에서 내일 보는 시험 준비를 새벽까지 하고 있는 중이다. 시험시작이 오후 1시 30분이니 아침엔 여유가 있을 거다. 중심을 두고 공부하는 건 도식추리인데, 아무리 해도 시간이 줄어들지 않아서 오히려 나에게 화가 나고 있다. 처음의 암호가 몇 가지 도형을 거치면 마지막 암호로 변하는데, 내가 찾아야 되는 건 중간 도형이 가진 성질이다. 그리곤 그 중간도형으로 새롭게 제시되는 5개의 문제까지 풀어야 된다. 이렇게 시간을 투자해서 공부하지만 외울 수가 없는 거라서 실전에서 어떻게 쓰일지는 아무도 모른다. 운이 좋지 않으면 공부한 형태가 아니라 새로운 형태의 적성검사를 보게 될 수도 있다. 거의 아이큐 테스트니까.

이렇게 공부하다 보면 밤은 정말 조용하고 집엔 나 혼자 있는 것만 같다. 매일 가족 중에서 가장 늦게 자는 사람이 돼 버리고, 그래서 컴퓨터를 배 위에 두고 잠이 들거나 불을 켜고 잘 때도 아무도 뒷정리를 해주진 않는다. 나를 돌봐 달라는 것은 아니지만 전날 그대로인 모습으로 아침에 눈을 뜨는 게 왠지 씁쓸하다는 거다.

아, 그냥 자야겠다.

5월 16일 필기, 합격하고 싶다

시험을 보러 가고 있는 중이다. 몇 백 명이 같이 시험을 보든 나만 잘하면 된다는 생각만 하려고 한다. 어제까지 인터넷에선 기존의 필기시험 합격자들이 수험자를 대상으로 궁금한 점을 해결해 준다는 글이 있었다. 시험에 합격한 후 그동안 정보를 얻었던 카페를 떠나기보다 다시 같은 고민을 하고 걱정을 하는 취업준비생을 챙긴다는 게 고마웠다. 나 역시 오늘 잘 보고 나서 관련 내용을 전하는 사람이 되고 싶다. 그럴 수 있으면 좋겠다.

마음이 싱숭생숭하다. 내가 갈 고사장에서 누군가는 최종 합격까지 간다는 게. 시험시간이 다가올수록 누군가가 될 그 자리가 내 자리가 돼야 되겠다는 욕심이 생긴다.

5월 16일 시험 끝… 찍은 문제도 맞게 해 달라 백번 기도

드디어 시험이 끝났다. 시험은 총 열 가지 타입으로, 두 시간 정도 걸렸다. 마지막 문항을 체크하는 순간엔 뿌듯함과 허무함이 들었다. 이 200문제로 취업에 가까워질 수도 있지만 다시 취업전선에 뛰어들어야 될 수도 있다.

현재, 자기소개서 합격결과를 기다리는 기업은 단 3곳만 남은 상태다. 그래서 방금까지도 몰라서 찍은 문제도 다 맞게 해달라고 백 번쯤 기도했다. 시험이 끝날 때쯤엔 답안지에 잘못 체크한 문항이 없는지 두세 번 살폈고 수험번호도 꼼꼼히 확인했다. 중학교 때부터 십

년간 작성해온 OMR카드는 왜 아직도 익숙해지지 않는지 모르겠다. 그래도 그나마 기분이 좋은 건 최선을 다해 시험을 봤다는 거고 결과를 기대할 수 있는 기업 하나가 더 늘었다는 사실이다.

아! 30명 중 15명이 결시생이었다는 것도 힘이 됐다! 오늘은 큰일 하나 치렀으니 친구들 만나서 저녁 때 술도 한 잔 마셔야겠다!

5월 18일 면접 스터디의 피드백, 확실히 도움이 된다

아침에 일어나서부터 스터디 가기 전까지 어제 쓰다 잠든 자기소개서를 마무리했다. 11시에는 집을 나서야 된다는 생각으로 시간을 확인하며 글을 쓰니 확실히 잘 써졌다. 데드라인이 정해지면 없던 솜씨도 생기는 것 같다. 그래서 그렇게 서류접수 마지막 날에 사람들이 몰리고 서버까지 다운되나 보다.

스터디 카페에 가서는 쓴 자기소개서의 수정할 사항을 받았고, 면접 연습을 했다. 3일 전에 면접 보고 온 팀원이 면접 때 받았던 공통 질문을 말씀하셨고, 그에 따라 대답을 하면서 서로의 재치와 생각을 확인할 수 있었다. 내용이 질문에서 벗어나진 않았는지와 연습이지만 큰 목소리와 아이컨텍이 잘 되는지 등이 피드백 됐다. 나는 목소리와 태도는 나쁘지 않지만 질문에 따라 조금씩 나를 꾸미려는 모습이 보인다 하셨다. 솔직하게 했다고 하지만 어느 순간 나도 모르게 더 잘 보이기 위한 내용이 들어가는 게 사실이었다.

나 역시 편하게 솔직하게 면접을 보고 싶다. 다만 첫 직업이 걸린 문제니 아직은 긴장 때문에라도 쉽지 않은 것 같다. 오늘처럼만 계속 연습한다면 다음 번 면접이 잡혔을 때 확실히 도움이 될 거다.

스터디가 끝날 즈음엔 모두가 오늘 뭐하냐는 말이 나왔다. 다들 우물쭈물 댔다. 자기소개서를 쓰는 거 정도지 딱히 할 건 없다는 말도 공통적이었다. 모두가 비슷하게 사는구나 싶었다. 5월 말을 향해 가는 시기라 다들 지치기도 했고 더 준비해서 하반기 공채까지 생각한다고 했다.

하지만 나는 어제 밤부터 아르바이트를 해야겠다는 생각이 들었다. 이렇게 하반기를 준비해봤자 발전된 게 없으니 결과는 지금과 비슷할지 모른다. 그래서 의류판매든 통신영업이든 내가 하고 싶은 직무 쪽으로 기본 역량을 더 쌓고 준비된 모습을 보이고 싶다. 여름방학을 앞두고 재학생들이 몰리기 전에 구해야 되는데, 조금 더 아르바이트를 찾아봐야겠다는 생각이 든다.

스터디가 끝나고는 할 일이 조금밖에 없는 스터디원들과 오랜만에 같이 식사를 했다. 버거킹에서 나온 새로운 와퍼를 먹고 서로의 친구관계와 연애에 대해 이야기하고 헤어졌다. 그리고 나는 4시쯤 운동을 갔다. 2시간 동안 활을 쏘고 어른들과 이야기를 하면서 난 아직 어리다는 생각이 들었다. 조금 더 방황하더라도 결국 나중에 만족스럽게 잘 사는 길을 찾으면 될 것이라 확신했다.

현재 스트레스는 받지만 아르바이트나 운동 같은 다른 활동적인 일로 잊어버리고 싶다.

5월 19일 엄친딸 앞에 취업문제는 개인 탓으로 전락

하루 종일 집에 있었다. 흐린 날씨에 딱히 밖에 나갈 일도 없어서

O

집안청소를 했고 TV를 실컷 봤다. 언젠가는 취업이 될 거니 마치 취업만이 목표인 것처럼 현재 상태에 연연해하지 않기로 했다. 손을 놓는 게 아니라 하루하루를 취업준비 안에서 그냥 즐기고 싶었다. 안 되면 다음에 더 준비하면 되고.

혼자 있으니 이런 생각이 많아지기도 하고 아르바이트 말고는 더 좋은 취업준비 대안이 생각나지 않아서 친구들과 연락을 했다. 마침 한 친구도 아무것도 안 한지 이틀째라면서, 막상 낮에 놀 사람이 없단 걸 깨달았다고 했다. 같이 알바나 하자고 꼬드겨볼까?

요새 들어 청년 실업률이 최고라는 기사가 미디어에 정말 많이 나왔다. 내가 사회의 한 부분이라는 이야기지만 가족들과 함께 뉴스를 볼 때면 좀 부끄러워진다. 주변엔 이미 취업을 한 엄마 친구 딸들이 많기에, 스스로 느끼기에 취업을 하고 안 하고는 사회적 문제이라기보다 개인적 문제로 전락되는 것 같다. 취업시장이 호황이었던 적이 얼마나 있을까 싶기도 하다. 다들 자신의 강점을 잘 PR하고 상황을 극복하는 걸 거다. 더구나 요즘 상황에선 인구 대비 취업시장이 호황일 수 있다는 것 자체에도 믿음이 가지 않는다.

언론의 취업과 관련한 기사를 합리화하거나 내용에 안일해지진 않을 거다. 내가 생각한 대로 다시 준비해 볼 거다. 평범하지만 현재 평범하지 않은 난 대한민국 취업준비생이니까.

5월 20일 서류 통과에도 콩그레츄레이션이 절로~

소신 지원한 카드회사 마케팅으로 서류가 통과됐다. 콩그레츄레

○

이션~. 콩그레츄레이션~. 당장 이번 주 토요일에 인적성이라는데 인터넷에 인적성 후기가 적어서 대강의 형식만 확인할 수 있었다. 언어와 수리, 인성을 보는데 시중에 출판된 책도 없어서 기존에 공부했던 다른 회사 책을 복습하면서 준비해야 될 것 같다. 결과를 기다리는 기업이 얼마 남지 않아 최근 아르바이트까지 고민했기에 이번 합격이 정말 날아갈 듯 기뻤다. 특히 내가 작년에 광탈한 회사에 이렇게 1차로라도 합격했다는 점에서 스스로가 발전했음을 느낄 수도 있었다.

그러다가 서류전형 다음에 바로 면접전형으로 가는 회사도 많은데, 왜 난 시험을 보는 회사에만 합격을 해서 주말을 시험장에서 보내는지 조금 의아했다. 시간이 남던 지난주와는 다르게 나에게 3일밖에 안 남은 시험날짜는 조금 가혹하다는 생각도 들었다. 하지만 취업을 준비해 온 3개월이 시험만 보다 지나가 버리면 안 될 것 같았기에 마음을 다잡았다. 절대 자만하지 않고, 내가 어려운 시험은 남들에게도 어려운 거기에 끝까지 집중하자고 다짐했다.

밤 10시쯤에 내일 대학병원 진료가 있으신 외할머니께서 집에 오셨다. 할머니께 합격 상황을 이야기할까 하다가 왠지 시험부적을 사시고, 나보다 더 긴장하실 것 같아서 당분간은 비밀로 하기로 했다. 지난번에 주머니에 시험부적을 넣고 인적성을 보러 갔는데도 결과가 불합격이었기 때문에 운보다 나는 나를 믿는 게 나을 것 같았다.

최종합격 후에 서프라이즈로 말씀드리면 얼마나 기뻐하실지 상상이 됐다. 괜히 웃음이 났고 아직은 자신감을 잃을 시기가 아닌 것을 느꼈다. 주말까지의 시간이 느리고 느리게 갔으면 좋겠다.

○

5월 21일 면접 통보에 심장이 쿵쾅쿵쾅

오후 3시쯤에 또 한 번 서류 합격문자가 왔다! 이번엔 영업 관리에 바로 면접이다! 면접은 다음 주쯤 볼 것 같은데 정확한 일정이 나오지 않아서 합격 여부만 알게 됐다. 그래도 기운이 솟았다.

사실 아침 8시부터 할머니를 모시고 대학병원과 약국을 오갔고, 나온 김에 할머니께서 다니시는 절에 들렀다. 오늘 따라 날이 더웠는데, 불편한 다리로 하필 산 중턱에 위치한 절에 가시려는 할머니 때문에 너무 속상했다. 천천히 보조를 맞추며 걷다가 내 힘이 엄청 세서 할머니를 안고 뛸 수 있으면 좋겠다는 생각도 했다. 그럼 웬만한 영업 관리 직무도 다 붙었겠지. 그렇게 땀을 흘리고 할머니 건강에 속상해하던 찰나에, 영업관리 직무가 합격이라는 연락을 받으니 심장이 정말 쿵쾅거렸다.

길을 걸으며 다른 사람들 서류 상황은 어떤지 모바일로 확인했고, 이전의 면접 후기를 찾아봤다. 드디어 나도 바로 면접인 거다. 기쁨을 참지 못하고 할머니께 어제와 오늘의 합격 사실을 전했다. 기쁠 때 기쁨을 온전히 나누고 싶었다. 하지만 할머니께서는 카드회사가 위험하지 않은 곳이냐며, 영업을 할 수 있겠냐며 내 걱정부터 하셨다. 할머니의 관심과 사랑에 감동을 받았지만 실망스럽게도 나는 절대 부적을 사지 말아달라는 당부부터 했다. 할머니도 내 마음을 이해해주셨을 거라 믿는다.

집에 돌아오니 5시였다. 고사장이다 생각하고 언어 적성검사를 풀었다. 적성검사 수준이 감이 잡히지 않아서 시간을 최대한 짧게 잡고 빨리 풀려고 노력했다. 수리 파트는 당기순이익과 매출액 등을 확인하고 계산하는 문제가 나올지 몰라서 개념부터 확실히 하고자 했다. 신문방송학과 입학 이후로 수치적 계산은 끝날 줄 알았는데, 공부는 정말 끝이 없는 것 같다.

오늘 합격한 영업 관리를 위해 빠르게 면접 스터디를 구했다. 나는 혼자 준비하기보다 사람들과 어울리는 것이 효율성이 높고, 또 즐겁기까지 한 것 같다. 그렇게 면접 스터디에 참여한다고 하자 새로운 카톡그룹이 생성됐다. 2월 달부터 지금까지 스터디 그룹만 몇 개째인지 모른다. 하지만 오늘 스터디가 좀 더 특별한 건, 이전에 인적성 스터디에서 만났던 사람이 또 같이 서류에 합격되어서 만났다는 거다. 취업준비생 세계도 참 좁은 것 같다. 내일부터 같이 스터디를 하기로 했는데, 잘 돼서 모두가 얼른 이 취업준비생 세계를 벗어났으면 좋겠다.

5월 22일 내 삶의 공유, 불편하지만 합격을 위해서라면

새로운 스터디가 잡혀서 오늘은 기존에 하던 스터디를 끝낸 후에 새로 구한 면접 스터디에 바로 참여했다. 둘 다 종각의 스터디 룸에서 진행돼서 옮겨 가기는 편했다. 두 시간씩 잡은 각각의 시간은 정말 빠르게 흘렀고, 스터디를 위해 취업을 준비하는 건지, 취업을 위해 스터디를 하는 건지 잠깐 멍해지기도 했다.

그래도 재밌는 하루였다. 우선 새로운 사람들을 만난다는 게 좋았다. 방문판매영업만 해오던 진짜 영업사원 같은 사람도 있었고, 스페인어학과, 경영학과 등 다양한 학과의 지원자들도 있었다. 그리곤

○

서로를 알아갈 수 있다는 점이 또 좋았다. 면접 내용을 준비하기 위해서 서로의 이력서와 자기소개서를 바꿔 읽으며 질문이 나올 수 있을 만한 부분을 체크했다. 1시간도 지나지 않아서 서로를 잘 알게 됐고, 자신이 면접을 대비하면서 준비해야 될 부분이 어떤 건지도 알 수 있었다.

　나는 신문방송학과를 나와서 왜 영업을 하려고 하는지, 마케팅경력이 긴데 왜 영업을 하려고 하는지, 왜 영업 성향에 가깝다고 생각하는 건지 등등 대부분이 지원동기에 주력해야 될 부분들이었다. 또한 사전에 전혀 면접 준비를 할 수 없었던 상황에서 실제 면접장처럼 앉아 한 명씩 면접을 하니 말을 버벅거리거나 대답을 못하는 질문들이 있었다. 내가 순발력이 떨어진다는 단점이 있다는 걸 처음 알았다.

　하지만 확실히 영업 직무를 지원하는 분들이라 그런지 언변이 좋으셨고, 단점도 우회적으로 잘 말씀해 주셔서 기분이 덜 상할 수 있었다.

　두 달 전까지만 해도 나는 자기소개서를 누군가에게 보여주는 게 쉽지 않다고 생각했다. 대단한 게 있는 게 아니고, 정말 보잘것없는 것도 아니지만, 불편하기만 했다. 기업에 지원하면서 늘 인사팀에게 보여주던 내용이지만, 직접 마주한 사람에게 보여주기에는 내 삶을 평가 받는 것 같고, 경험을 들키는 것 같아서 부끄러웠다.

　하지만 여러 스터디를 통해서 오히려 나를 드러낼 수 있는 시간을 가졌고, 이제는 공유하는 게 더 큰 가치를 가져오는 것을 배웠다. 오늘도 이렇게 공유하고 나의 부족한 점을 보완해가면서 한층 성숙해지는 것 같다.

　이제 휴일도 포함하여 면접을 대비하기로 했고, 바로 집에 와서 내일 치르는 인적성 대비를 했다. 어떤 내용으로 시험이 진행될지는 몰라서 기존에 풀었던 SSAT책으로 언어와 수리에 익숙해지게만 했다. 모두가 비슷하게 정보가 많지 않은 상태니 내일은 현장에서 당황하지 않고 푸는 게 관건일 듯하다.

5월 23일 인적성 검사 끝, 긴장이 풀리는 시간

인적성 검사를 보고 저녁때 친구들을 만나 술 마시고 지금 2시에 집에 와서 누웠다! 막상 시험이 끝나니 긴장이 풀어졌고 아무것도 하기 싫어지는 날이 됐다. 그래서 함께 기자단으로 대외활동을 하던 친구들을 모았고, 번개로 모인 5명이서 신나게 놀았다. 취업자가 3명이고 미취업자 2명이었는데, 취업을 하든 안 하든 누구나 스트레스는 많은 것 같았다.

낮에 본 적성검사는 E그룹 적성검사를 준비하며 공부했던 유형과 비슷해서 크게 어렵지는 않았다. 하지만 시간 내 풀지 못한 문제가 있어서 조금 아쉬웠다. 인성검사에서는 4가지 형용사 중 나와 가장 가까운 표현과 가장 먼 표현을 고르는 것이 나왔는데, 솔직하게 풀면서도 약간 모순이 있을지 모른다는 생각을 했다. 상황에 따라 내 모습이 변하기도 하는데 그걸 알아주려 하진 않을 거다.

모르겠다.

이미 지난 일이니… 뭐, 29일에 나올 결과만 기다리려고 한다.

○

5월 25일 욕실거울 청소하며 면접 연습하는 나 ㅠㅠ

어제 새벽까지 면접 연습을 하다가 잠이 들었다. 마지막 취업준비가 될 수 있다는 생각을 하니 정말 열심히 하게 됐다. 시간이 흐를수록 빨리 취업을 하고 취업준비생이 아닌 나만의 인생을 살고 싶은 생각이 든다. 당장 내일 내가 쓴 자기소개서로 다른 회사에 합격할지 모르지만 얼른 이 불안정한 시기를 벗어날 수 있으면 좋겠다.

아침에 일어나 10시부터 1시까지 종각에서 스터디를 했다. 어젯밤 연습의 효과가 있었는지, 오늘처럼만 하면 합격일 거라는 스터디원의 칭찬이 쏟아졌다. 내가 생각해도 사실 확실히 말 더듬는 것이 줄어들었고, 질문에 맞는 답을 간결하게 한 것 같았다. 뭐든지 연습할수록 는다는 게 새삼 놀라웠다. 목요일까지 이대로만 연습한다면 사전에 예상 질문을 충분히 대비할 수 있을 거다.

집에 와서는 욕실청소를 했다. 집에 있는 시간이 길어지면 가끔씩 부모님 눈치도 보인다. 뭔가를 하면서 취업 말고 다른 생각을 하기에는 청소가 제격인 것 같았다. 하지만 나도 모르게 콧노래를 흥얼거리다가도 1분 자기소개서 연습을 하고, 거울을 닦다가도 표정연습을 하는 나를 발견했다는 건 비밀이다.

면접 연습의 효과가 좋아서 기분까지 좋았기에 아예 조금 더 여유를 가지기로 했다. 친구들과 미리 약속을 잡으면서 즐거운 계획만 세우는 거다.

4명의 친구와 다음 주 주말쯤에 시간 맞춰 캠핑을 가기로 했다. 저녁 날씨가 조금 더 따뜻해지면 고기를 구워먹고, 취업준비 하는 것다 잊고 놀자는 의견에 만장일치로 동의했다. 가서 어떤 게임을 하고

어떤 재료를 사올 지 미리 얘기를 하며 친구들과 함께 깔깔 웃는 것
은 정말 소소한 행복이었다. 오늘 본 나의 발전 가능성에 기분이 좋
아서 더 그런 걸지도 모르지만, 어쨌든 기분이 좋았다.

　내일부터는 통과한 기업의 면접이 시작된다. 화·수·목 3일로 이루
어지는데, 스터디원 중 한 명이 내일 면접을 보고 질문 몇 가지를 공
유하기로 했다. 우리 모두가 경쟁자인 것만은 아니라 생각하니, 기회
가 되면 다 함께 통과해서 힘들 때나 기쁠 때나 서로의 이야기를 들
어줄 수 있는 동기가 될 수 있을 것 같다.

　내일은 오늘보다 조금 더 힘낼 거다.

6월 2일 또! 면접 탈락

　새벽같이 일어나서 또 다른 면접을 보고 왔다. 면접을 보면 볼수
록 어떻게 말해야 될 지 어떤 점을 강조해야 될 지 알 것 같은데, 아
직은 면접관이 원하는 사항과는 거리가 있는 것 같다.

　오늘도 면접장의 분위기를 주도적으로 잡지 못했다. 오히려 너무
튀고 싶지 않았고, 눈에 띄려고 하는 게 마이너스요소가 될 거라는
생각에 온전한 나를 보여주지 못했다. 결과가 안 좋을 수 있는 것에
미리 방어막을 치는 걸 수도 있지만, 면접도 나에겐 참 쉽지 않은 것
같다.

　그렇게 집에 돌아오는 길에는 저번 주에 본 면접결과가 나왔다는
소식을 들었다. 모바일로는 결과 확인이 되지 않아서 집에 올 때까지
마음을 졸였다. 함께 스터디를 했던 7명의 사람들 중 당시 면접을 보

고 망했다고 말했던 3명이 모두 붙었다고 했다. 혹시 나도… 하는 생
각에 바로 집에 와서 컴퓨터를 켰다. 오늘 따라 속도가 더 느리게 켜
져서 로그인을 하기까지 오래 걸렸고, 심장이 두 근 반 세 근 반까지
뛰었다.

하지만, 결과는 제한된 인원의 채용으로 미안하다는 내용이 전부
였다. 한순간 막 뛰던 심장이 땅에 떨어진 것 같은, 허무하고 또 내
자신이 바보 같다는 생각이 들었다. 사실 가족과 남자친구에게 어떻
게 말해야 될 지 아직도 모르겠다. 모두에게 자랑스러운 사람이고 싶
은데 속만 상한다. 아무리 취업이 어려운 시기라고 해도 취업하는 사
람은 지금 분명 있고, 또 이 시기를 나는 성과 없이 보내는 것처럼 보
이니 아마 한심해 보일 거다.

오늘 본 면접에서 사장님께서는 도전과 실패가 젊은 날의 특권이
라는 것을 강조하셨지만 이왕이면 도전과 성공으로 젊은 날을 채우
고 싶다는 욕심이 들었다. 지난 3개월 간 자기소개서와 면접 등의 실
패를 통해서 나 역시 다양한 자기 PR방식을 배웠지만 눈에 띄는 성과
가 없으니 이 시기가 더 힘들게 느껴지는 것 같다. 얼른 이 속상함을
잊고 싶다. 내가 만든 결과니 내가 삭여야겠지… 새롭게 자기소개서
나 써야겠다. 그리고는 면접 강의나 컨설팅을 받으면서 무엇이 문제인
지 확실하게 파악해야겠다.

오늘은 이렇게 끝나지만 내일은 또 다른 시작이 될 거라 믿는다.
그리고 만족할 결과를 얻을 때까지 내 취업준비는 계속될 거다. 끝날
때까지는 끝난 게 아니라는 말도 있으니까.

감사하게도 마지막일기 이후로 활달한 성향에 맞는 한국철도공사에 사무영업직렬로 취직했다. 역사 내에서 안내와 매표를 하다가 현재는 역 내 여행센터에서 여행상품을 기획하고 고객을 응대한다. 내가 가고 싶던 회사가 나를 필요로 한다는 것이 뿌듯하고, 휴일에 친구들에게 밥을 사고 집에서 여유 있게 TV 예능프로그램을 보는 소소한 행복이 있다.

하지만 취업 후 꿈꾸던 일들만 일어나지는 않았다. 입사하고 두 달 뒤, '매일이 오늘 같으면 좋겠다.'라는 일기를 쓴 다음날, 나를 늘 어린이로 봐주시던 할머니께서 뇌경색에 걸렸단 전화를 받았다. 이제야 할머니께 자랑스러운 모습을 보여드릴 수 있는데 예전처럼 통화하지도, 함께 여행가지도 못하게 된 거다.

1년이 넘는 취업 준비기간 동안 할머니께 걱정만 끼친 점, 직접 보여드릴 수 있는 효도의 기간이 짧았다는 점이 후회와 함께 자책으로 돌아왔다. 물론 내가 선택한 취업 준비였고 취업이라는 결과물을 얻었지만, 대외활동을 하거나 방문을 닫은 채 인적성 문제집만 풀 시간에 주변사람을 더 챙기지 못한 점이 불효란 생각이 들어 마음이 아프다. 취업준비생 혹은 사회초년생이라는 틀에서 미래의 내 자신만 챙기느라 현재의 내 주변을 넓게 보지 못한 거였다. 나는 이렇게나 어린데도 이제는 나를 보고 '어린이'라 했던 할머니에게 의지할 수 없다.

돈을 버니 부모님 용돈에 집안 대소사도 챙기고 개인적으로 돈도 모아놔야 한다는 부담도 생겼다. 학생에서 직장인으로 순식간에 변해서 아직도 잘 적응이 안 되는데 주변에서는 곧 결혼해야하지 않겠냐는 얘기를 하고 회사생활에서 나름의 고충도 생기고… 직장을 갖고 안 갖고의 차이가 참 크게 느껴진

○

다. 난 취직을 한 건데 생각지 못하게 어른이라는 왕관을 쓰게 된 것 같다.

그래도 내가 하루하루 힘내며 에너지를 채울 수 있는 건 어른사람 친구들이 있기 때문인 것 같다. 학교동창, 회사 동기는 물론이거니와 회사에서 둘도 없이 친한 언니와 그때그때 감정을 공유하며 스트레스를 해소하고, 남자친구와 맛있는 음식을 씹어 먹으며 안 좋은 일도 잘근잘근 잘라 잊어버리려하고…. 그러고 보면 취업을 준비할 때도 비슷한 친구와 자주 전화통화를 하며 나를 떨어뜨린 회사 험담과 루머를 얘기하며 스트레스를 덜려고 노력했었던 것 같다. 그래서 취업준비로 힘든 분들에게도 이 말을 꼭 해주고 싶었다.

마음이 통하는 친구 한 명이라도 있다면 꼭 꾸준히 서로에게 힘을 주는 게 필요할 것 같다고.

서로가 서로를 위로하고 다독이면서 우리는 어른이 되어가는 거라는 생각이 들었다.

결론적으로, 3년 후의 나는 잘 지낸다. 당시의 간절함을 알기에 지금 직장에서 힘든 일이 있으면 그때를 생각한다. 다른 일을 하는 내 친구들과 매일 하는 이야기가 다르지 않기에 하던 일이나 잘 하자고.

이제 슬슬 어른이라는 왕관의 무게를 견딜 준비는 되어가는 것 같다.

낮에는 취준생,
밤에는 독서실 총무 °

정구희

~~~~~~~~~~~~~~~~~~~~~~~~~~~~~~~~~~~~
~~~~~~~~~~~~~~~~~~~~~~~~~~~~

사이버 공간에서 정구희 씨의 닉네임은 백절불굴이다. 꺾일지언정 굽히지 않겠다는 자세로 구직활동에 임해왔다. 그는 휴대폰 연락처에 언제든지 연락할 수 있는 사람이 천 명 정도 있을 만큼 친화력이 좋은 청년이다.

중국에서 사업을 하는 아버지의 권유로 중학생 시절 조기유학을 떠났다가 중국 일류대학인 칭화대학 신문방송학과를 졸업하고 어엿한 청년이 되어 2009년에 돌아왔다. 중국으로 다시 돌아오라는 주변의 권유를 뿌리치고 짐을 완전히 싸서 귀국했다.

그러나 돌아온 고국의 취업 여건은 녹록치 않았다. 신문방송 전공을 살려 대기업 계열사의 비정규직 프로듀서로 입사했지만 중국에서의 삶보다 더 열악했다. 일에 대한 그의 열정은 살인적인 노동 강도와 저임금 앞에서 1년 만에 꺾이고 말았다.

○

취준생일기 : 정구희

삶의 '내공'을 더 길러야겠다는 생각에 그는 자동차 부품회사에 두 번째 취업에 성공했다. 그러나 1년 반가량 몸담은 끝에 그는 다시 사표를 던졌다. 그 일이 자신의 몸에 맞지 않았기 때문이다.

그에게는 여전히 방송분야와 중국어에 대한 갈증이 남아 있었다. 결국 다시 살벌한 취업 전선에 내던져졌다. 8개월가량 50여 곳에 입사 신청서를 냈지만 번번이 고배를 마셨다.

은행 잔고가 바닥나기 시작하던 무렵, 그는 독서실 총무 알바를 시작했다. 낮에는 취준생, 밤에는 독서실 총무로 살아가고 있는 자신의 상황을 그는 '절벽에서 밧줄 하나에 매달려 있는 처지'라고 표현했다.

4월 27일 친화력 강점, 휴대폰에 친구들 1000명

내 이름 정구희. 스물아홉의 건장하고, 잘생긴 청년이다. 사람들은 내 이름을 좋아한다. '구이야~.' '구이형~.' '구이오빠~.' 최근에는 '구이구이 정구이 씨'라고 많이들 부르고 있다.

또 나름 한 인기한다. 유학시절 알게 된 사람들, 조기축구, 교회, 학교동창, 전 직장 동료들까지 휴대폰 연락처를 보면 언제든지 연락할 수 있는 사람은 약 천 명 정도의 사람들이 있다.

어렸을 때부터 공부는 그렇게 소질 있다고 생각하진 않지만, 중국의 일류대학인 칭화대학 신문방송학과를 졸업하고, 또 열심히 머리 굴려 내 꿈을 이루려고 하는 것을 보면 그렇게 나쁜 것 같지는 않다.

하지만 성적이 그렇게 뛰어나지 못한 것을 보면 아마 공부보다 다른 것에 더 많은 신경을 쓴 것 같은데, 뒤돌아보면 나는 사람들을 좋아해서 그들에게 내 시간과 삶을 많이 투자한 것 같다. 그래서 그런지 내 꿈은 더불어 살아가는 이 사회에 기쁘고 웃을 수 있는 좋은 메시지를 전달해주는 메신저, 그런 다리 역할을 하는 사람이 되는 것이다. 인생의 반도 못 온 현재 시점에서 나는 내 꿈을 잃고 싶지 않다. 더 나아가 이 세상에서 행복을 만들어주는 좋은 사람이 되길 바란다.

4월 28일 낮에는 취준생, 밤에는 독서실 총무

저녁 7시. 오늘도 이 시간이 되면 나는 독서실의 정총무가 된다.

그리고 또 다시 드는 생각은 '나는 무엇을 보고 입사지원을 해야 좋을까?'이다.

첫째, 입이 "떡" 벌어지는 연봉 높은 회사?

둘째, 최소 내가 죽기 전까지 망할 일이 없는 비전 있는 회사?

셋째, 이 두 가지를 모두 포기할 만큼 내게 즐거움을 주는 회사?

생각의 끝은 없는 것 같다.

5월 6일 칭화대 졸업생, 그러나 더는 홀로 살고 싶지 않았다

오늘은 중국어 과외가 있는 날이다. 보통 일주일에 두 번 정도 저녁 10시에 내가 근무하고 있는 독서실에서 수업을 한다. 상대는 유치원선생을 맡고 있는 30대 중반의 여성이다. "병음"이라는 중국어 발음기호부터 하나하나씩 가르치고, 나는 또 한 명의 중국어 가능자를 만들려고 한다.

사실 중국에서 8년간 유학생활을 하며 배운 것은 언어뿐만이 아니다. 중국인의 특성, 그 나라의 문화, 사람의 냄새, 음식의 다양함 등 더 많은 것을 배웠는데, 현실이 원하는 것은 중국어 언어 실력이고, 모두가 돈을 주고 중국어 능력시험인 HSK 급수 따기에만 집중하고 있다는 것이 너무 안타깝다. 그러나 나도 8년이나 유학했으면서 HSK 급수와 회화 급수 모두 갖고 있다.

나는 중국의 수도인 베이징에서 공부했다. 주변에 많은 사람들이 중국에서 취직을 하지, 왜 한국에 나왔냐고 물어본다. 군대까지 포함해 10년 넘게 가족들과 떨어져 살았는데, 더 혼자 살고 싶지는 않았다. 그리고 어느 유학생이나 모두 마찬가지겠지만, 중국 현지채용으로 취직하기보다 한국에서 정규직으로 일자리를 구해 대우받으면서 중국으로 출장을 가고 싶은 마음이 없다고 한다면 모두 거짓말일 것이다. 나도 이 꿈을 가지고 한국에 나왔다.

그러나 현실은 만만치 않고, 내 실력은 왜 이렇게 형편없어 보일까? 마음에 기쁜 소망만 가득 찬 기분이다.

5월 9일 최고의 봄 날씨, 그러나 나는 우울한 취준생일 뿐

날씨 좋은 날. 내가 살고 있는 일산에 위치한 일산 호수공원에는 아름다운 꽃 박람회가 열리고 있다. 길거리에는 수많은 연인들이 있고, 꼭 꽃잎들이 바람을 타고 난무하는 듯하다.

현재 3포 세대라는 말이 유행하고 있는 것 같다. 연애, 결혼, 출산 이 3가지를 모두 포기한 세대라는 뜻이다. 이유는 바로 취업난이다. 사람의 기본적인 행위, 바로 사랑이 아닌가? 이것마저 포기하게 만드는 사회는 그다지 살고 싶지 않은 곳 같다. 바깥의 사람들은 신나고 행복해 보이지만, 이렇게 우울하게 지내고 있는 사람들도 있으니, 참 이 기분을 어떻게 표현할 수 있을까?

빨리 취직을 하고 싶다. 안 되면, 공장이라도 들어가서 돈을 벌고 싶다. 꿈을 포기해야 하나, 인생의 즐거움을 포기해야 하나, 또 이런 고민거리에 두통을 겪으며 주말을 보내고 있다.

O

5월 11일 가고 싶은 회사에서 면접 통보가 왔다. 심쿵

최근 들어 면접을 알리는 연락들이 많이 오고 있다. 대부분 조건이 그리 썩 맘에 들지는 않는다. 이렇게 조건을 보는 나 자신도 아직 그렇게 취직에 대한 목마름이 심각한 수준은 아닌 것 같다. 그러나 현실적으로 피고용자 입장에서는 계약직보다 정규직, 월급제보다 연봉제, 탄력적 근무보단 정시출퇴근이 반가운 건 사실이다.

면접일정을 알리는 전화가 왔다. 바로 이틀 뒤다. 그곳은 내가 들어가고 싶은 회사다. 방송에 관련된 일이고, 또 사람들을 많이 만나는 직업이기 때문에 난 즐겁게, 또한 잘 할 수 있다고 생각한다.

난 이제 빨리 취직을 해야 할 시점에 있다. 아버지도 직장을 언제까지 다니실지 정해진 것은 없고, 모아둔 돈이 많지 않기 때문에 어떻게 해서든 빨리 돈을 벌어야 한다. 사람 일은 모르는 것이다. 혹여나 가족 중에 누가 아파서 입원을 하거나, 갑작스럽게 돈이 필요한 상황이 벌어진다면, 우리 가족은 아마 경제적인 이유 하나만으로도 무너지고 말 것이다. 현재 심정은 벼랑 끝에 서 있는 기분이고, 절벽에서 밧줄 하나를 의지해 매달려 있는 기분이다.

최대한 조심스럽게, 또 치밀하게 취업준비를 해야 할 시점이다. 아프지 말고, 조심히 아주 조심히….

5월 12일 면접 전날, 마지막 회사라 이상하게 떨려

면접 하루 전 날이다. 이 기분은 참 뭐라 말할 수 없을 정도로 이상하고 떨린다. 왜냐하면, 이 회사에서 떨어지면 다시 일어서기에 너무 힘들 것 같아서이다. 대기업공채도 끝나가고 들어가고 싶은 회사는 이게 마지막인데…. 더군다나 내가 원하는 직장이라 그런지 정말 잘되기만 빌고 있다.

그래서 한 달 전에 했던 노란머리는 오늘 검은색으로 바꾸었고, 부스스 했던 머리가 단정해지니 아주 다른 사람이 된 것 같다. 퇴직하고 난 뒤 몸이 10kg 정도가 불었다. 그래도 최근에 다이어트를 해서 그런지 2달간 7kg 정도가 빠졌다. 그래서 안 맞던 정장도 맞게 됐고, 자신감도 생겼다.

면접 준비를 하다 문득 생각이 든다. 나는 어떤 사람인가? 바라기는, 제발 내일 가고 싶은 회사에서 원하는 사람이고 적합한 사람이길 바란다.

내일 오전 10시에 면접인데, 오늘 새벽 2시에 독서실 문 닫고 집에 들어가서 정리하고 자면 내일 좀 빠듯한 하루가 될 것 같다. 빨리 준비하자.

5월 13일 면접직전, 거리엔 온통 슈트차림 직장인들….

면접날이다. 면접시간은 오전 10시인데 한 시간 전에 도착해버렸다. 긴장한 탓인지 아무것도 먹을 생각이 없다. 거리엔 온통 직장인들 같다. 멋진 슈트차림에 무표정으로 어딘가 급하게 가는 모습들. 이들을 따라 여기까지 와보니 빨리 취직을 하고 싶은 마음뿐이다.

어제는 자기소개를 엄청 열심히 연습했다. 진짜 잘 봤으면 좋겠다. 떨어져도 후회 없을 만큼.

5월 13일(면접후) 1차 면접. 후, 합격이라니…!

1차 면접 결과가 나왔다. 합격이고, 내일 바로 2차 면접이 있다고 한다. 분명히 떨어질 거라 생각했는데 붙으니 너무 기분이 좋다. 2차에서도 떨어질 수 있다고 하니 일단 다시 열심히 준비를 해야지. 정말 들어가고 싶어서 그런 건지 벌써 속이 쓰리다. 돈을 벌고 싶어서가 아니라 정말 재밌고 신나는 일을 하고 싶어서 그런가보다.

아무튼 빨리 독서실 문 닫고 가서 자고 싶다.

5월 14일 2차 면접 합격. 갑작스럽다

2차 면접 합격 통보가 나왔다. 오늘은 본부장님과 팀장 한 분이 면접관이었는데, 하고 싶은 이야기를 마음껏 하고 나와서 기분이 너무 좋았다. 그래서 그런지 결과가 좋게 나온 것 같다. 어제부터 막상 합격이 되니 기분이 좀 갑작스럽고… 그렇게 되고 싶던 직장인인데. 설레임 때문인가? 가슴이 두근거린다.

내일 3차 면접. 바로 마지막이다.

나는 만약에 면접에 합격이 되서 입사결정이 되면, 절대 SNS에 나의 합격여부를 올리지 않을 것이다. 지금도 어디선가 열심히 취업을 준비하는 사람들에게 정말 득이 되지 못하는 모습이다. 어디 대기업에 취직돼서 신나게 사진 찍고 올리기보다, 조용하게 그들을 격려해 주는 것이 참으로 더불어 살아가는 아름다운 사회라고 생각한다.

어찌됐든, 내일 결과가 나와봐야 알겠지만 내가 원하는 회사에 취업준비 하는 동안 제일 기분 좋은 하루였다.

5월 15일 의지 못 보여줘 어마어마하게 후회

마지막 3차 면접이 끝나고 집에 돌아가는 길이다. 나의 백절불굴의 의지를 다 못 보여준 것에 대해 후회가 어마어마하게 든다. 사장님의 의지가 부족해 보인다는 말에 갑자기 머릿속이 복잡해지고 말문이 탁 막혔다. '수고했고, 연락이 갈 것이다.'라고 얘기하고 끝난 면접인데 너무 아쉽다. 날씨도 덥고 면접도 안 좋게 본 것 같고. 기분이 정말 별로다.

5월 15일 비몽사몽간에 접한 최종합격통보!

합격이다. 낮잠 자다가 비몽사몽간에 걸려온 전화로 들은 합격통보! 축하한다고 전화가 왔다. 이 얼마나 기쁘고 놀랄 일인가. 분명히 떨어진 줄 알았던 면접이 합격이 된 것이다.

수만 가지 생각이 머릿속에 스쳐 지나가고 있는데, 가족들과 여자친구에게 먼저 이 사실들을 알렸다. 다들 수고했다고 눈물을 흘린다. 얼마나 고생이 많았냐는 말들에 나도 하염없이 눈물이 흐른다. 내가

○

들어가고 싶어 하는 직장에 들어가니 기분이 정말 날아갈 것만 같다.

나를 믿어주고 기다려준 가족들에게, 여자친구에게, 주변에 많은 친구들, 사람들에게 고맙고 너무 감사하다.

5월 17일 직장생활 힘들 때마다 취준생 시절 돌이킬 터

입사결과가 나와서 독서실 아르바이트도 그만 두게 되었다. 오늘이 마지막 날이고, 신입총무에게 인수인계도 모두 한 상황이다.

세 달 전, 통장에 남아있는 생활비가 40만 원 정도밖에 없었다. 고정 지출을 보면 약 한 달 정도밖에 쓸 돈이 안 남은 상태인 것이다. 아르바이트를 하자니 취업준비 할 시간도 없고, 부모님께 생활비를 구하자니 나이가 서른이 다 돼가는 시점에 너무 도리가 아닌 것 같아서 걱정이 컸었다. 근데 기적같이 독서실 총무 일자리를 구하게 되었고, 지금 되돌아보면 취직이 된 지금까지 너무나 좋게 일이 잘 풀린 것 같다.

앞으로 직장생활을 하며 어려움이 있을 때마다, 지금까지 취업준비를 했던 그동안의 힘든 시간들을 잘 생각해 볼 것이다. 내가 이 자리를 얼마나 준비하며 고대해 왔는지, 그리고 또 얼마나 더 열심히 하고 힘을 내야하는지 말이다.

분명히 앞으로 취업시기보다 더 힘든 일이 많을 것이다. 이 모두가 내 인생에서 내가 직접 풀어가야 할 문제이다. 백절불굴의 의지로 이 청춘의 시기에 기초가 잘 다져진 건물처럼 승승장구할 수 있도록 어려운 일도 잘 이겨낼 것이다.

정구희, 파이팅!

3년 뒤 근황

정구희 씨는 3년 넘게 첫 직장에서 일한 뒤 동종 업계로 이직했다.

"어휴…."

9월 18일 오전 08시.

다들 입 속엔 불만이 섞인 숨을 한 가득 내쉬는 출근길 지하철 안이다. 약 3년 전 그렇게 고군분투하고 내 꿈을 위해 달리던 그 열정과 마음들이 아직도 나를 이 불만들로 만석이 된 이 '지옥철'로 발걸음을 재촉한다.

그때 이후로 나는 3년 넘게 계속 한 직장에서 근무를 하고 있다.

업무를 보다 문득 그때를 생각하면, 책상 앞에서 굽어진 내 목과 허리도 다시 펴진다. 그리고 역시나 예상했던 대로 취업을 준비하던 시절과 마찬가지로 만만치 않은 고민과 걱정들과 함께 살고 있다. 취업만 되면 뭐든 해결될 줄 알았는데, 무슨 물건을 하나 사면 또 하나를 덤으로 주는 패키지 상품인지 취업 후엔 또 다른 여러 가지 걱정과 고민들이 딸려 온다. 결혼, 건강, 미래, 그리고 원하지 않지만 해야 할 것 같은 미래를 위한 또 한 번의 이직.

누가 그랬다. 인생은 항해와 같다고. 목표를 향해 달려가다 보면 좌충우돌하는 것은 당연한 일이다. 수많은 풍파를 이겨낼 만한 내 의지와 열정을 찾아내는 것이 이제 앞으로 내 인생의 항해를 어떻게 멋지고 재미나게 펼쳐나갈 것인지를 결정하는 것 같다.

'취업'이란, 항해를 하는데 필요한 도구를 얻은 것일 뿐 이제 미래를 향해 닻을 올려 노를 젓고 돛을 피는 것은 또 만만치 않은 일들이다. 그러나 순풍을 만나서 또 한 번 신나게 달릴 생각으로 살아간다.

아마 인생은 이들의 반복인가 보다.

살아오면서 가장 힘든 게 지금 °

정지원

~~~~~~

정지원 씨는 대학에서 음향제작을 전공했다. 전문직으로 취업이 잘 될 것이라는 예상과는 달리, 이 계통은 아웃 소싱 일자리가 대부분이었다. 그도 졸업 후 8년 넘게 음향 분야에 종사했지만 모두 용역직이었다. 용역이란 딱지를 떼고 싶어서 재취입 전신에 다시 뛰어들었지만 기적은 일어나지 않고 있다.

환경조사 알바부터 청소 알바, 설문조사 알바, 시판 전 테스트, 음성녹음 알바, 문풍지 생산, 택배물류 상하차, 인터넷 쇼핑몰 분류포장, 호텔 서빙 및 식기세척 등등 30여 곳에 이르는 알바 경험은 재취업 준비 과정에서 파생된 생계문제를 해결하기 위해 어쩔 수 없이 선택한 방편이었다. 친구들은 알바를 전전하는 자신을 보며 손가락질하기도 했다. 하지만 그는 아무것도 안하고 빈둥빈둥 시간만 허비하고 있는 친구들에게 오히려 측은지심이 느껴진다고 했다.

O

희춘생일기 · 청지원

그러면서 맞이한 나이 서른여섯. 아무리 탈락의 쓴맛을 거듭 맛보고 있더라도 재취업의 꿈을 버릴 수 없는 연령이다. 그러나 나이가 많아질수록 알바 자리조차 구하기 어려운 처지로 내몰리고 있는 것 또한 사실.

어렵게 아르바이트를 구해 일하던 중에 전에 지원했던 서울의 유명 사립대로부터 전기음향 보조 계약직 자리에 면접을 보러 오라고 연락이 왔다. 하지만 급여는 연봉 1750, 세후 월 135만 원. 8년 전 일을 시작할 때와 같은 금액이다. 현재 알바하고 있는 직원 2명의 영세 업체 단순노무직 아르바이트와 별 차이가 없다.

그냥 조그만 회사라도 정규직으로 월급도 기본만 받으면서 남들처럼 평범한 직장 생활을 하고 싶은 것뿐인데 그게 그렇게 큰 꿈일까?

5월 7일 면접관의 인신공격, 메뚜기냐고?

오늘은 5월 7일. 날씨는 정말로 좋다. 오늘 나는 충무로 쪽 한 회사의 면접을 봤다. 전혀 엉뚱하고 생소한 영업직의 면접을 봤는데, 역시나 예상했던 대로 다른 영업직 경력이 있는 분들에게 질문공세가 쏟아졌다. 나는 거의 질문을 받지 못한 거 같다.

면접관들이 3명이 있었는데, 그 중에 1명은 정말 조용히 계시다가 막판에 인신공격을 하셨다. 어떤 식이냐면, 나를 포함해 4명이 동시에 면접을 봤는데 그 중에 한 명은 3개월 하고 그만두고, 1년 하고 그만 두고, 이렇게 이직을 자주하신 분이었는데 그분에게 메뚜기냐고 이리저리 다니느냐고 인신공격을 퍼부었다. 나에게도 조직생활 잘 할 수 있겠냐, 내가 이력서 보면 여기 있는 모든 분은 조직생활 적응을 잘 못할 거라고 인신공격을 퍼부었다.

마음 같아선 대놓고 한마디 해주고 싶었지만 참았다. 면접을 여러 번 봤는데 이렇게 인신공격 하는 분은 처음이었다. 그냥 그러려니 생각한다.

오늘은 떨어졌을 거라는 예감이 거의 95%이상. 느낌이 온다.

힘내야지, 힘내야지 하면서도 힘이 날 수가 없다.

5월 8일 어버이날, 나도 효도하고 싶다

오늘은 5월8일 어버이날이다. 늘상 눈을 뜨면 똑같은 하루하루, 의미가 없다. 취업 사이트를 보고 알바 사이트도 보고 있다. 부모님께 정말 효도해 드리고 싶은데 그러지 못하고 있다. 맛있는 것 좋은 것 해드리고 싶은 어버이날이지만 통장 잔고가 점점 줄어가기 때문에 좋은 것도 해드릴 수가 없다.

어제 면접을 본 곳은 떨어진 것 같다. 연락이 없다. 사실 그곳은 붙어도 별로인 것 같은 느낌이었기 때문에 붙어도 좋지는 않을 것 같다.

계속 집에만 있으면 더 우울해지고 머릿속이 복잡해지기 때문에 밖에 나가서 좀 걷다 와야 할 것 같다. 고등학교 동창 친구도 프리랜서로 3개월 일하고 그만둔 지 얼마 안됐는데 서울 둘레길을 탐험 중이라고 한다. 왜 그러고 다니느냐고 하니까 안 그러고 집에 있으면 미쳐버릴 것 같다고 한다. 정말 큰일이다.

벌써 36세. 나이는 먹었는데 아직도 자리를 못 잡고 있다니 의욕이 없다. 앞으로 10년, 20년 후에도 이러고 있으면 안 되는데 걱정과 한숨만 늘어갈 뿐이다.

5월 9일 친척 결혼식, 직장 물어볼까 조마조마

오늘은 5월 9일 토요일이다. 오늘은 명동성당에 친척 동생 결혼식을 갔다. 아마 그 자리에서 요새 일은 잘하니 어떠니 물어보는 친척이 있었다면 잘하고 있다고 거짓말을 했을 것이다. 다행히 물어보는 친척은 없었지만, 물어보는 친척이 있어서 잘 다니고 있다고 거짓말을 했으면 그것만큼 괴로운 일은 없었을 것이다.

어제 저녁에 여섯시 반쯤 아르바이트 면접을 봤다. 직원 한 명과 같이 전국의 대학을 다니면서 학원 홍보 전단지를 나눠주는 알바인데, 그것도 그 자리에서 바로 오케이한 게 아니라 다음 주 월요일까지 연락을 준다고 한다.

어휴 모르겠다. 나이는 점점 먹어 가는데 그런 알바 자리를 찾고 있는 내 자신이 한심해진다. 정말 의욕이 안 난다. 잘 되겠지, 긍정적으로 생각하고 싶어도 생각할 수 없는 그런 상황이다.

힘들다.

5월 10일 8년 전보다 낮아진 기간제의 급여

오늘은 일요일. 구직 활동을 시작한 지 한 달하고 일주일이 됐다. 4월3일까지 일하고 그만둔 곳은 서울시에서 하는 서울시립대학교 기간제였다. 이곳은 일당 47000원에 한 달 식비 10만 원, 차비 6만 원, 그리고 보통 알바 같은 경우 일주일 만근을 하게 되면 토요일에 주휴수당이라고 유급을 주는 곳이 있는데 서울시립대가 그런 식으로 되어 있었다.

하지만 5월 같이 근로자의 날, 어린이날, 석가탄신일 등 휴무가 많은 달은 그만큼 급여가 줄어들 수밖에 없다. 서울 시립대는 일당을 3월에 3천 원 올려줘서 일당 5만 원이 된 기준으로 3월 같이 날수가 많은 달은 세전 146, 세후 135가 실수령액이다. 이건 정말 말도 안 되는 급여다. 2007년에도 세전 160을 받았는데 8년 전보다 못하다니 정말 말이 안 된다.

하지만 이런 서울시립대 같은, 국가에서 일용직으로 하는 자리도 이런 것을 많이 봤고 요즘도 젊은이들이 이런 곳에서 들어가서 일하

O

다가 그만두고 다시 이런 곳을 오고하는 악순환이 반복되는 것이다.

국가에서는 취업을 시켰다고 하는데 이런 자리를 취업이라고 이건 정말 말도 안 되는 것이다.

정말 이 나라를 떠나고 싶다. 정말 실망스럽다. 앞으로가 걱정이다.

5월 11일 아르바이트도 떨어지다니

오늘은 너무 답답해서 집에서 나와서 두 시간을 걸었다. 집에 오는데 비가 온다. 비가 오니 더 우울해진다. 지난주에 아르바이트 면접을 두 곳을 봤는데 연락이 없다. 떨어진 것 같다. 나이는 점점 먹어가는데 이게 뭐하는 짓인지. 어릴 때 공부 안한 게 후회되고 내 자신이 초라하고 한심하게 느껴진다.

하늘이여 제발 도와주소서.

마음속으로 기도하고 있지만 그게 쉽게 될 리가 없다. 점점 기운이 없어지고 이게 뭐하는 건가 싶다. 내일은 한군데 직원 면접이 있다. 계약직 면접인데 어떻게 될지는 모르겠다. 거기까지 떨어지면 정말 큰일이다. 잔고도 바닥나고 있는 상태여서 무엇이든지 해야 할 것 같다. 내일 면접에 모든 걸 걸어야겠다. 제발 잘되기를 빌고 싶다.

5월 12일 살아오면서 가장 힘든 게 지금인 듯

오늘은 5월 12일 화요일이다. 세 시에 방배동의 한 회사에 면접을

보고 왔다. 오늘 합격통보 받고 바로 일하기를 바랐는데 그게 아니었
고, 이번 주 안에 연락이 오면 2차 면접을 보고 입사 시기는 미정이라
고 한다. 왜냐면 그곳이 7월에 오픈하는 신규사업장이기 때문이란다.
당장 잔고가 부족하기 때문에 합격해도 중간에 알바라도 해야 할 것
같다. 게다가 면접을 그리 잘 본 것 같지는 않다. 보통 면접 때 긴장
안하는 편인데 긴장이 조금 되면서 머릿속이 백지 상태가 됐다.

정말 의욕이 없다. 온몸에 힘이 쫙 빠진다. 정말 죽을 맛이다. 아
침에 눈뜨면 다시 눈뜨기 싫어지고 그냥 아무것도 안하고 잠만 자고
싶어진다.

어쩌다가 이리 됐을까. 이런 현실이 싫다.

하늘이여 제발 날 도와주소서.

살아오면서 가장 힘든 게 지금이 아닐까 싶다. 정말 힘들다.

5월 13일 총기 난사 뉴스에 씁쓸하지만

오늘은 화창하고 맑은 날씨이다. 예비군 한 명이 총기난사를 해서
본인 포함 두 명 사망, 부상 세 명이라는 기사를 접했다. 24세 밖에 안
됐는데 그 좋은 나이에 뭐가 힘들다고 자살했는지 이해가 안 간다.

오늘 오전에도 일어나자마자 단기알바 열 군데에 이력서를 넣었
지만 아직까지 연락이 오는 곳이 없다. 답답하지만… 그 사람도 무슨
일이 안 풀렸는지 모르지만, 아마 사회에 대한 불만, 현실에 대한 불
만이 정말 많았을 거라고 생각한다. 예비군 훈련 온 사람은 무슨 죄
라고 거기서 죽어야 하는지…. 그거는 아닌 거 같다.

참 씁쓸한 마음을 가지면서 오늘도 하루가 마무리된다. 내일은 또 어떤 좋은 일이 있을지 모르지만, 그래도 어디 한군데 일할 곳은 있을 거라는 조그만 희망을 품고 오늘 하루를 마무리 하려고 한다.

5월 14일 이제는 이런 자리도 떨어지는구나

오늘 신문을 보니 취업 의지가 없는 부류를 니트족이라고 한다. 이런 니트족이 147만 명이라고 한다. 계약직, 용역직, 파견직 이런 곳에서 일을 하다 나와서 떠돌고 또 떠돌고 결국 가도 거기가 거기니까 취업 의지가 없는 그런 부류들인 거다. 그 심정 잘 알 것 같다. 내가 그래왔기 때문이다. 어제 예비군 훈련장 총기 난사범도 24세에 제대 후 용접학원을 다니며 취업을 준비했지만 계속 취업에 실패, 그 외 여러 가지로 예민해 있었다고 한다.

오늘 오전에 마포에 가서 단기 알바 면접을 봤다. 일당 6만 원 4일짜리, 합격 통보는 월요일. 그리고 오후에는 강동구 성내동에 가서 윤선생 영어고객센터 상담직 면접을 봤다. 터무니없이 적은 급여지만 파트타이머로 상담직을 두 달 반 해본 경력이 있기 때문에 면접을 봤다. 출근이 한 시간이상 걸리지만 붙으면 나는 다닐 것이라고 말하고 면접 보는데 그리 기분이 나쁘지 않고 좋은 기분이 들었다.

대답을 잘 하고 나서 밖에서 잠시 대기하면 문자로 합격통보를 보낸다고 하기에 '아 그냥 형식적으로 얘기하는 거지. 뭐 다 될 거야.' 이런 생각으로 한 오 분 있었는데 문자가 왔다. 떨어졌다고. 정말 어이 없고 황당하다. 이제는 이런 자리도 떨어지는구나 싶다.

이제 갈 곳이 없다. 모든 걸 포기하고 싶어진다. 일자리도 없고 아무거나 하려고 해도 도와주지 않는다. 너무 괴롭다. 전생에 내가 무슨 죄를 지었길래 그냥 조그만 회사라도 정규직으로, 월급도 많이 안 바라고 기본 이상만 받으면서 남들처럼 평범한 직장 생활을 하고 싶은 것뿐인데. 그 평범이란 것도 난 해당이 안 되나보다.

5월 15일 물건들을 하나둘 내다팔기 시작

이제 다 포기해야 할 것인가? 며칠 전 면접 본 곳도 이번 주 안으로 연락을 준다고 했는데 아직 연락이 없고 아르바이트 몇 군데도 지원서를 넣었는데 연락이 없다. 나이 때문에 그런가? 정말 이해가 안 간다. 연령제한 없다고 써놓고. 점점 어려워진다는 걸 느낀다.

정말 소원은 평범한 직장생활 하는 것이 꿈인데 어느덧 쉰 지도 한 달 반이 돼 간다. 아침에 눈뜨면 늘 똑같고 혼자서 멍하니 돌아다니는 것도 지친다. 무엇인가를 해야 할 때인데 그 무엇도 할 수가 없다. 연락이 안 오기 때문에 정말 미칠 것 같다.

이제 가지고 있는 물건을 하나둘 팔기 위해서 중고 사이트에 물건을 올렸는데 3일 만에 한 개를 산다고 연락이 왔다. 하지만 봐야 할 일이다. 변심해서 안 살 수도 있는 것이니까.

내일은 오전에 설문 조사 단기 아르바이트를 간다. 한 시간 설문 조사하고 2만 5천 원을 준다. 간간이 하는 아르바이트인데 지금은 이 적은 돈이라도 벌어야할 때인 것 같다. 제발 정말로 평범하게 직장생활 하는 것이 꿈이다.

○

많은 욕심도 안 부리는데 하늘도 무심하시지….

5월 18일 알바 합격. 일당 6만 원이라고…

지난주 금요일 날 저녁때쯤 아르바이트 사이트에서 알바를 넣은 곳이 있는데 오늘부터 일하러 오라고 연락이 왔다. 을지로 4가 쪽이어서 한 시간 거리에 9시 출근, 7시 퇴근이지만 일당 6만 원씩 주급으로 30만 원을 금요일 날 입금해 준다고 한다. 일은 보통 나무나 금속 등의 물건에 레이저를 이용하여서 기계로 글씨를 새기는 작업인데 정말 신기했다. 언제 재취업할지 모르지만, 잔고가 바닥이어서 당분간 이런 알바라도 감사하게 여기고 해야 할 것 같다.

사장님, 과장님, 나 이렇게 세 명인 소기업인데 일은 할 만 했다. 지난 주 면접 본 곳은 2차 면접을 한 번 더 봐야하는데 연락이 없는 걸 보니 떨어진 것 같다. 그곳은 토일 주말근무 필수인 곳이라서 어차피 잘 된 거라고 생각을 하고 있고, 언제 재취업을 하게 될지 모르지만 그동안이라도 열심히 해야겠다.

5월 19일 알바 이틀째

오늘은 알바 이틀째 되는 날이다. 원래 알바를 두 명 구하는 공고를 올렸는데 어제 한 명 안 오고 오늘 오기로 한 사람도 안 왔다.

사장 한 명, 과장 한 명인 영세기업인데 안 하는 게 없다. 볼펜, 뚜껑, 명함첩 등등 모든 물건에 레이저로 각인을 새긴다. 그리고 택배 상자들이 오면 가져오고 가져다주는데 박스가 많을 경우 정말 짜증 난다.

언제까지 할지 모르지만 당분간은 해야 할 듯싶다.

5월 20일 그래도 일을 하는 게 낫다

오늘은 5월 20일 수요일이다. 그래도 아무것도 안하고 놀 때보다 일을 하니까 기분은 나아지는 것 같다. 오늘도 출근해서 탁상용 시계, 엄청 큰 박스로 13박스를 과장이랑 같이 다마스 택배 차에 싣는 작업을 했다. 정말 무겁고 짜증나는데, 똑같은 일을 계속하는 단순 노무 일이 얼마나 짜증나는지 해본 사람은 잘 알 것이다. 그래서 정말 많이 고민을 했다. 이번 주까지만 하고 그만둘까? 다음 주까지만 할까? 두 명 중 한 명 알바생은 구해지지도 않고.

근데 오늘 퇴근할 때 과장이 한 명 알바생이 다음 주부터 나온다고 얘기를 해 줬다. 그 사람도 나와 같은 36살 동갑이라고 한다. 그나마 다행이다. 한 명이 온다는 말에 어떤 사람일까 궁금하기도 하고 동갑이니 반갑기도 했다. 다음 주를 기대하며 당분간 좀 더 다녀야겠다.

О

나에게도 과연 좋은 날이 올 것인가? 취업사이트를 찾아 봐도 괜찮은 일자리는 전혀 없다. 그래도 힘을 내야겠다.

5월 23일 그래도 아르바이트라도 구해서 다행

오늘은 토요일, 과천과학관에 놀러왔다. 주변이 관악산과 자연으로 둘러싸인 곳이라 종종 오는 곳인데 이곳에 오면 정신이 맑아지는 걸 느낀다. 어제는 일이 끝나고 종로에서 친한 동생과 술 한잔을 했다. 그 동생도 비정규직으로 일해서 대화의 화제는 역시 괜찮은 일자리 구하기였다. 그나마 알바를 구해서 다행이다.

어제 주급도 먼저 사장님이 입금해주시고, 입금했다고 문자도 보내주시고 얘기도 해주셨다. 당분간 열심히 알바하며 구직활동을 할 생각이다.

5월 26일 1%의 기대를 가지고 오늘을 살아간다.

오늘은 새로운 알바생이 오는 날. 동갑으로 들었는데 32세였다. 상당히 싹싹하고 말 많고 얘기하는 거 좋아하는 친구 같다. 그래도 착한 사람들만 있어서 다행이다. 내일은 알바인데도 회식을 시켜준다고 한다. 여전히 일자리는 없다. 그래도 알바라도 구해서 정말 다행이다. 못 구했으면 현금서비스 받아서 생활할 뻔했다. 최악의 상황은 면했다.

언제쯤 언더그라운드 중에 언더그라운드 같은 생활을 끝낼 수 있을까? 이런 일도 자존심 상한다고 안하는 것보다는 뭐든 하는 게 좋다고 생각한다. 아무것도 안하면 피폐해지고 우울증에 빠지고… 돈이 얼마든지 이런 일이라도 찾아서 하는 게 좋다고 생각한다.

나에게도 해 뜰 날이 있을까? 나이 때문에 없을 거 같지만 1%의 기대를 가지고 오늘도 난 열심히 살아간다.

5월 27일 회식자리, 말라버린 줄 알았던 눈물샘이 터졌다

오늘은 정말 여러 생각이 드는 날이었다. 알바를 하고 술을 한 잔 먹었다. 삼겹살집에서 회식을 했다. 4명이서. 정말 재미있게 먹었다. 2차로 맥주 집에 갔는데, 거기서 쌓였던 한이 터진 거 같다. 창피했다.

사람이 너무 힘들면 눈물도 말라버린다고 했다. 나도 그런지 오래됐다고 생각했다. 그런데 오늘 눈물이 터졌다. 내 상황을 다들 이해해 줘서 너무 고맙다. 지금은 집에 와 있다. 알바지만 있는 동안이라도 최선을 다하고, 나간 다음에도 연락드릴 생각이다.

정말 열심히 살았는데, 너무 힘들다. 그래도 열심히 살아야겠지 생각을 한다.

내 마음 속에 쌓인 한을 풀 날이 있을까? 없을 거 같다. 하지만 알바로 들어와도 좋은 사람들 만나 다행이고.

오늘의 일기를 마쳐야 할 거 같다. 너무 힘든데… 죽지 못해서 사는 거 같다.

○

5월 28일 영세기업이지만 좋은 사람들

드디어 내일은 주말이다. 벌써 다닌 지 2주가 돼 익숙해져서 시간도 빨리 가서 괜찮은 거 같다. 특히 사장님 과장님이 잘 챙겨주셔서 그나마 다행이다. 이런 영세기업이 잘 됐으면 좋겠다고 생각한다. 보통 회사들 보면 서로 상대방 뒤통수 치고, 어떻게든 남을 이용해 살아남으려고 하는 곳이 많다. 보통 대기업이.

하지만 여기는 사장님 과장님 사이에 보이지 않는 믿음, 끈끈한 정이 있는 거 같다. 실제 회사가 어려워졌을 때, 사장님이 과장님 월급 못 챙겨주셨을 때 과장님이 자진해서 회사를 나갔다고 한다. 그후 회사가 다시 괜찮아져서 알바로 들어왔다가 직원이 됐다고 한다. 그래서 과장님은 사장님과 끝까지 간다고 한다. 근래에 보기 힘든 유대관계가 정말 좋아 보인다.

새로운 곳에서 새로운 사람들 알게 된 건데, 이쪽에서 일해 보는 게 배워가는 거 같아서 좋다. 긍정적으로 열심히 최선을 다해야겠다. 알바가 아닌 직원이라는 생각으로 일해 보려 한다.

5월 29일 한 주를 편한 마음으로 마감, 알바 고맙다

오늘은 주말을 앞에 두고 있는 금요일이다. 정말 더웠다. 31도라고 한다. 너무 더워서 여름이 가까워지는 거 같다. 유달리 오늘은 땀을 많이 흘렸다. 친해진 동생과 이런저런 얘기하며 일하니 시간도 빨리 간다. 역시 아무것도 안하고 노는 것보다 알바라도 하는 것이 정신건강에 좋고 규칙적인 생활을 하게 돼 좋다. 언제 재취업할 수 있을지 모르겠지만 장기로 보고 알바를 해야겠다. 이상한 곳에 취업할 바에는. 이만한 알바 찾기도 힘드니 그게 현명한 생각인 거 같다.

금요일에 편안한 마음으로 한 주를 마감한다. 내일은 비가 온다니 좀 시원해지겠지?

6월 1일 취업사이트엔 멀쩡한 일자리 안보여

오늘은 월요일. 역시 오늘도 엄청 더웠다. 30도가 넘는 날씨. 여름은 왜 이렇게 빨리 찾아오나. 오늘도 여러 제품에 레이저 각인을 새기는 알바를 했다. 동생이 착하고 성격도 나랑 잘 맞아서 다행이다.

알바 3주차인데, 아직도 취업사이트를 보면 제대로 된 일자리는 없는 거 같다. 언제쯤 제대로 된 일자리가 나올까? 이제 거의 포기상태다. 그래도 찾아봐야지. 나에게 희망이 있을 거라는 생각을 하며 오늘도 한 주를 시작한다.

6월 2일 연락 온 계약직, 월급이 8년 전 급여와 같아

오늘도 그렇게 하루가 지나갔다. 신기한 게 1시가 좀 넘어서 연락이 왔다. 내가 2주 전쯤에 지원한 고려대에서 계약직 연락이 왔다. 전기 음향 보조를 뽑는 공고가 뜬 게 있었다. 정말 터무니없는 급여였다. 연봉 1750이라고. 계산하면 세금 떼면 한 달에 135다. 정말 터무니없는 급여.

오늘 갑자기 연락 와서 내일 면접이 가능하냐고 전화가 왔었는데, 그거 하나 알바 하나 급여가 똑같기 때문에 그냥 다른 데 구했다고 안 간다고 했다. 1750이면 내가 8년 전에 받았던 급여? 그 정도 된다. 이런 터무니없고 말도 안 되는 일자리만 있다는 현실이 쏩쏩할 뿐이다.

6월 3일 과장 나이에 알바나 하고 있다니…

벌써 수요일이다. 항상 일자리는 아침, 점심, 저녁 계속 보지만 괜찮은 일자리는 하나도 없다. 머리가 굉장히 아프다. 당분간 아무 생각 없이 알바하기에는 지금이 좋으니, 좀 더 알바를 해야겠다. 용돈 번다는 생각으로.

어쩌다 이 사회가 이렇게 되고 내가 이렇게 됐을까 생각 중이다. 학교 다닐 때 공부 열심히 해 좋은 대학 갔다면 지금보다 좋아졌겠지? 모르겠다. 머리만 아프다. 같이 일하는 동생과 이야기해 보면 그 친구도 막막하다고 한다. 32살이나 36살이나 거기서 거기인 거 같다. 알바를 하고 있다니. 예전에는 30살 되면 안정적인 번듯한 자리 잡아서, 36살이면 대리나 과장 나이인데, 그렇게 될 줄 알았는데, 이게 뭐 하는 짓인가 싶기도 하고.

모르겠다. 편안히 마음먹고 편하게 생각해야지. 긍정적으로 살아야지 뭐 어쩌겠나.

6월 4일 아르바이트 인생, 이제 그만…

벌써 내일은 주말이다. 이번 주 한 주는 빨리 가는 듯하면서도 천천히 갔다. 오늘은 정말로 지겨웠다. 513개의 배터리에 레이저 각인을 다 새기고 금속 링을 290개 찍고 여러 가지를 했다. 현기증이 날 정도로 어지러웠다. 단순 노무 알바는 처음 할 때는 괜찮은데 오래하면 정말 지겹다. 단순알바를 최대 2달 반 정도 해 본 적 있다.

내일은 드디어 이 취업일기 마지막 날이다. 그동안 매일 하기 귀찮기도 했고, 한편으로 마음을 털어놓을 수 있어서 스트레스가 해소되기도 했다. 이 프로그램을 만들게 됨으로써 나처럼 구직 중인 백수나 알바를 하는 그런 사람들이 좋은 곳에 취직할 수 있다면, 그것은 더할 나위 없이 좋은 프로그램이다. 내일 마지막이라 약간 아쉽기도 하고, 이를 계기로 나도 잘 되기를 바란다.

그동안 단기알바, 1~2일, 3~4일 통틀어 30가지 해 봤다. 거의 모든 직업을 체험해 봤다. 환경조사 알바도 했었다. 삼성전기 수원사업장에서 환경 조사업체와 동행해 굴뚝마다 측정기를 조립하고, 불소봉 측정 알바도 해봤다. 청소 알바도 해봤다. 음성녹음 알바도 했었다. 30분 녹음하고 현금 2만 원 받는 알바, 좌담 설문조사 알바, 시판전 테스트도 해봤고, 문풍지 회사에서 문풍지 생산도 해봤다. 택배 물류센터에서 상하차도 해봤고, 인터넷 쇼핑몰 창고에서 송장 들고 다니며 분류 포장도 해봤고, 호텔 서빙, 호텔 식기 세척 등 너무 많은 셀 수 없이 많은 알바를 해봤다.

이제는 이런 많은 일을 체험하기 싫고 한군데서 정년 채울 때까지 일하고 싶은 게 나의 작은 소망이자 꿈이다. 나뿐 아니라 이 시대 모든 청년들, 나와 비슷한 또래들 생각이 비슷할 것이다.

하루살이 인생이 됐지만, 그래도 난 희망 놓지 않고 살 것이다. 내일은 드디어 이 기록의 마지막 날이다. 정말로 기록에 참여함으로써 좋은 일들이 일어났으면 하는 바람으로 이만 마친다.

6월 5일 변화를 원한다, 나의 자작곡처럼

마지막 녹음이다. 이 라디오 프로그램으로 인해서 참가한 나를 포함한 분들이 좋은 곳에 취업했으면 좋겠고. 이 나라도 그렇고 나도 그렇고, 어떤 변화가 필요한 거 같다.

그래서 준비한 게 있다. 10년 전 영국 락밴드 인트로 샘플링해서 드럼 넣고, 집에서 친구와 함께 녹음했던 변화라는 자작곡을 가지고 있다.

첫 파트가 내 거, 후반부가 친구 거. 각 파트 가사는 각자 쓰고, 집에서 마이크 하나로 녹음했다. 제목은 변화다.

이 나라도 그렇고, 나도 그렇고 비정규직이 없어지는 그런 변화가 정말 필요한 거 같다. 마지막으로 이런 좋은 의도의 프로그램을 계획해준 CBS에 감사한다. 그럼 이만 여기서 마친다. 비정규직이 없어지고 모두가 웃는 그런 날이 왔으면 좋겠다.

정지원 씨는 12년 동안 해왔던 일을 접고 최근 전혀 다른 분야에서 새 출발했다.

취준일기 이후 OO화재 자회사의 강남 타워 본사에서 대강당, 임원회의장 등의 행사 진행을 하는 엔지니어로 1년 9개월을 근무했다. 혼자서 일을 하는 파트였고, 사장님회의, 임원회의, 입주사 외부대관 등의 행사를 진행했다. 열심히 일을 해왔고 다른 파트 분들과도 친해지고 재미있게 회사생활을 하고 있었다.

2015년 말쯤부터 구조조정의 얘기가 들리기 시작하더니 2016년 초 구조조정으로 각 파트별로 한 명씩 인원을 줄여서 네 명이 권고사직으로 나가게 되었다. 그 후 2016년 말에 입주사 다섯 곳이 동시에 나가고 30층 건물에 6개 층이 공실이 되었고, 이에 따른 임대수익이 타격을 입게 되면서 나까지 권고사직 당했다. 3월말쯤 계장님에게 통보를 받았는데 배신당한 기분, 뒤통수 맞은 기분이 들었다. 현재는 실업급여를 받으며 구직 중에 있다.

최근까지 예술의전당, 프루덴셜 생명타워, 엘지연구센터 신축사옥에 붙었지만 세 곳 다 입사를 포기했다. 이 세 곳도 전부 용역업체를 낀 도급직 용역직이었고, 더 이상 이 일을 하지 않겠다고 다짐을 했기 때문이다.

다른 취준생들에게 하고 싶은 이야기는, 어디든 찾으면 갈 곳은 많지만 그 자리가 제대로 된 자리냐 아니냐를 반드시 판단하라는 것이다. 그리고 자기계발은 필수라고 생각한다. 물론 회사를 다니며 자기계발해서 더 좋은 곳으로 옮긴다면 더 좋을 것이다.

○

하나 더 덧붙이자면, 정말 아닌 것 같은 곳에서 스트레스 받으며 미련을 두고 일하는 것보다는 과감히 결정하고 자기실력을 키워서 더 좋은 곳으로 가는 게 현명하다는 것이다. 그리고 먹고 살기 위해서라면 어쩔 수 없지만 용역직은 정말 아니라는 걸 강조하고 싶다.

면접도 운이 따라줘야 하기 때문에 어찌 보면 그런 운도 자신이 만드는 것이고, 기회가 오면 그 기회를 잡아서 행운으로 만드는 것은 다 내 자신에게 달린 것이라고 생각한다. 예를 들어 면접 때 자신감 있게 본다면 어디든 다 붙는 거 같다.

7·8년 전쯤 교보생명본사 총무팀 직원으로 교보컨벤션홀 음향영상 엔지니어 담당자로 입사했던 적이 있었다. 그때도 정규직은 아니고 무기 계약직이었지만, 그래도 소위 말하는 갑의 신분이었다. 3개월쯤 다녔을 때 갑자기 삼성계열사이지만 을의 입장인 삼성에버랜드에서 면접제의가 와서 결국 고민하다가 연봉을 천만 원 더 준다고 해서 삼성으로 이직을 한 경험이 있다. 고객사가 수원 삼성전자이고 온갖 궂은일도 많이 하다가 결국 이건 아니다 생각해서 퇴사한 적이 있다.

그때는 몰랐지만 돈이 다가 아니었다. 근무여건도 그랬지만 거리도 멀었다. 매일 새벽 5시에 기상해서 셔틀버스를 타고 7시 반까지 출근했다. 가장 힘든 게 피곤함이었다. 돈도 돈이지만 그곳이 얼마나 오래 근무할 수 있는 환경과 업무강도를 갖춘 곳이냐도 중요한 것 같다. 오래 버틸 곳을 찾으라는 얘기다. 이번에 안간 회사들은 갑을병 중 병의 입장으로 일한다는 걸 잘 알기 때문에 포기한 것이다.

이런 구조가 하루빨리 없어졌으면 좋겠다.

나는 취업 4수생 °

안지훈

~~~~~~

뽑으면 한 자리 숫자. 하지만 뽑을지 안 뽑을지 기약이 없다.

끼 있는 청년들이라면 한번쯤 꿈꾸는 예능PD 채용 이야기다. 안지훈 씨가 졸업 후 30살이 넘도록 준비한 것이 바로 이 예능 PD이다. TV방송사는 많아졌지만 채용 인원은 되레 줄고 있다고 한다. 외주와 경력을 선호하는 경향 때문이나.

고시보다 어렵다는 예능PD 시험.

무엇 때문에 그 험난한 길을 걷고 있냐고 물었다. 그는 재미 때문이라고 답했다.

"예능 프로그램이 재미있고, 예능 프로그램을 보는 게 좋고, 예능 프로그램으로 사람들을 재밌게 해주는 게 좋아서요."

그는 29살까지만 해도 정신적으로 많이 힘들었다고 했다. 결실을 맺어야 한다는 강박관념, 다가오는 서른이라는 나이가 주는 무게감 등이 자신을 짓눌렀다. 특히 상대적으로 나이를 더 먹은 처지가 방송사 면접장에서 아킬레스건처럼 느껴졌다. 하지만 막상 서른이 되고 보니 자유가 찾아왔다고 했다.

○

취준생일기 · 안지훈

대학에서도 1년간 교양 쌓고 이후 3년간 전공 공부를 더 해야 학위를 받는 것처럼, PD로 인정받기 위해서도 최소 3년 정도의 기간은 거쳐야하지 않을까라는 생각을 하게 됐다는 것이다. 그 생각으로 마음이 홀가분해졌고, 준비를 오래한 것이 오히려 장점이 될 수 있겠다는 믿음까지 얻게 되었다고 한다.

안지훈 씨는 신문방송학이나 언론, 미디어가 아닌 정치학을 전공했다. 그래서 촬영이나 장비 등 관련용어에 익숙하지 않았다. 때문에 종종 조연출로 일하며 부족한 것을 배우려 노력했다. 거기에 독서와 스터디, 예능·드라마·미드 챙겨보기, 규칙적인 조조 영화 감상, 강연회 참석 등은 그의 '전공필수'이고 사람들에게 안테나 뻗치기는 '전공선택'에 해당한다.

인도나 중국, 미국으로 배낭여행을 하며 다양한 사람을 만나 많은 경험을 쌓고, 사람들이 모이는 길거리 축제에 참석해 사람들이 무엇을 보고 웃고 즐거워하는지 관찰하면서 사람들에 대한 이해를 높여가고 사람들이 좋아하는 것들에 대한 발견을 쌓아갔다. 이런 것들이 그 자신의 장점이 되고 면접에 가선 강점으로 내세울 무기라고 생각했다.

이렇게 갈고 닦은 안지훈 씨의 무기는 과연 힘을 발휘했을까?

5월 7일 3년간 땀 흘렸다, 올해는 좋은 결실로 맺어졌으면….

오늘 아침에 운동장에 나가서 운동을 했다. 월요일에 나가니까 학교 럭비부 학생들이 있었다. 럭비부를 보면 모두 몸들이 빵빵하다. 근력운동도 많이 하고, 전력질주도 많이 해서 체력도 좋아 보인다. 럭비부가 운동하고 훈련받는 걸 보면 '땀'이란 단어를 생각하게 된다. 운동선수처럼 몸으로 땀을 흘리고 그 흘린 땀만큼 자신의 실력이 늘어나는 것. 그런 모습을 보면서 노력과 시간에 대해 생각해보기도 한다.

벌써 피디 시험 준비하면서 보낸 시간이 3년이다. 럭비선수들이 흘린 땀처럼 나도 3년간 여러 경험, 공부를 하면서 보낸 거 같다. 그동안 보낸 3년의 시간이 올해는 꼭 좋은 결실로 맺어질 수 있으면 좋겠다.

앞으로도 계속 운동 나가서 럭비부가 운동하는 거 보면서 같이 뛰고 몸도 관리하고 건강해져서, 올해는 꼭 유쾌하고 멋있고 재미있는 예능 피디가 되고 싶다.

5월 10일 소박하지만 어려운 꿈

서울에서 혼자 하숙을 하는 나는 먹고 싶을 때 뚝딱 먹을 수 없는 음식들이 좀 있다. 삼겹살이 그렇다. 혼자서는 먹으러 가기 어려운 음식이다. 혼자 먹기 어려운 음식들이 생길 때면 괜히 더 외로워지고 그런다. 그런데 오늘은 삼겹살을 먹고 왔다!

O

가장 가까운 최측근 후배와 저녁을 먹고 왔다. 저녁을 다 먹고
나서 동네 뒷산에 있는 공원으로 소화를 시킬 겸 산책을 다녀왔다.
뒷산에 있다 보니까 동네 야경이 한눈에 들어왔다. 사실 야경들은 다
집이다. 집에 켜진 불들이 모여서 야경을 만든다.

후배와 야경을 보면서 난간에 기대어 이런저런 얘기들을 하다가
'서울엔 이렇게도 집이 많구나.' 하는 생각이 들었다. 후배는 나와 같
은 고향에서 왔는데, 같은 동네에서 하숙을 하고 있다. 하숙을 하는
집은 딱 혼자 생활할 만한 공간이 전부다. 이렇게도 집이 많은데 제대
로 된 집을 서울에 마련하는 것이 어려운 일이라니 가끔 막막하기도
하다.

언젠간, 조만간 서울에서 직장을 갖고, 자리를 잡고, 결혼도 하고
그러고 싶다. 그냥 소박하고 평범한 꿈인데도 취업도 어렵고, 집을 마
련하는 것도 어렵고, 서울에서 살아간다는 건 은근 어려운 일이다.
그래도 언젠간 이런 소박한 꿈들이 이루어지는 날이 있기를 바란다.

5월 12일 현직PD 강연 듣고 자신감 샘솟아

작년에 같이 스터디를 하던 친구가 초대해줘서 한 다큐멘터리PD
의 강연을 듣고 왔다. 유명한 PD였다. 이런 PD들의 강연을 들으면 보
통 두 가지 반응으로 나뉘게 된다. 첫 번째는 '하아, 다행이다. 잘 하
고 있는 것 같아. 조금만 더 하면 될 것 같아.' 하는 생각이 들 때도
있고, 두 번째는 '아아, 난 안 될 것 같아. 뭔가 난 틀린 것 같아.' 하는
생각이 들 때도 있다.

오늘은 강연을 들으면서 다행히도 '난 잘하고 있군. 거의 다 완성이 돼가고 있구나.' 하는 느낌을 받았다. 강연을 했던 PD는 '호기심이 많아야 한다.'고 했다. 항상 '사람들은 왜? 그 사람은 왜? 이런 행동들은 왜?'라고 떠올리는 내 모습과 호기심이 많아야 한다는 말이 어긋나지 않았기에 위로가 됐다.

또 불확실성, 불확실한 상황을 극복하는 것을 넘어서 즐길 줄 알아야 한다고 했다. 벌써 졸업한 지가 3년이 넘었고 어디에도 소속되지 않은 불확실한 상황. 한 해에 열 명 스무 명도 되지 않는 인원을 뽑는 PD라는 자리를 준비하면서도 그 불확실성을 즐길 줄 알고 재미있게 노력하고 공부하다 보면 좋은 결과가 있을 거라고 믿고 있는 나의 모습이 강연에서 했던 말에도 해당된다고 생각했다.

가장 와 닿았던 건, PD가 돼서 콘텐츠를 만든다는 것은 '사람들을 어떻게 하면 즐겁게 해줄 수 있을 것인가, 어떤 재미를 안겨줄 것인가.'를 고민하는 일이라고 했다.

작년 말~올해 초부터 필기시험 준비나 모니터링 하는 것을 넘어서 사람들이 무엇을 재미있어 하는지, 사람들이 어떤 취미활동, 어떤 일들을 하면서 시간을 보내는지 물어보고 다닌다. 이런 것들이 콘텐츠를 만들어내는 데 바탕이 될 수 있을 거란 생각이 가장 많이 들었다.

올해엔 더 공부하고 더 많은 경험을 하고 더 놀러 다녀보면서 아이디어와 콘텐츠가 팡팡 솟아나는 예능PD 지망생이 되고, 예능PD가 꼭 되어야겠다.

5월 15일 뮤직비디오 촬영 조연출하고 왔다

　어제는 뮤직비디오 촬영을 다녀왔다. 아침에 출발했는데 밤 1시까지 촬영을 하고 와서 아침에서야 깼다. 작년 여름에 외주 제작사에서 조연출로 일했던 적이 있는데, 그때 같이 일했던 학교 선배 PD가 담당하고 있는 뮤직비디오 촬영이다.

　내가 가서 하고 온 일은 선배의 '제2의 머리, 제2의 몸'이 되고 오는 것이다. 형이 촬영을 하는 동안 카메라와 화면 속 표정, 가수들의 노래, 이런 촬영에 집중할 수 있도록 부수적인 일들을 모두 도맡아서 해야 한다. 챙겨야 할 것들, 체크해야 할 것들을 빠트리진 않았는지 항상 기억하고 있다가 적절한 때에 맞춰서 이야기를 해주고 확인한다.

　물론 가서 하루 종일 조연출로서 일하는 게 다리도 아프고, 긴장도 되고, 여러 사람들을 대하는 일이라서 어려움이 좀 있긴 하지만 그래도 재미있다. 그게 중요한 것 같다. 신문방송학, 언론, 미디어가 전공이 아닌 나는 촬영을 한다거나 장비들, 용어 같은 것에 익숙하질 않은데, 여러 번 다녀올수록 도움이 많이 된다. 실제로 한 케이블회사 면접에 갔을 때도 나오는 이야기들, 단어들, 영상에 관한 이야기들이 더 자연스럽고 재미있게 입에서 나오는 점들을 보며, 확실히 도움이 되고 있다는 걸 느꼈다.

　그리고 촬영을 맡아서 하는 형은 매 촬영 때마다 새로운 기법들을 시도한다. 그런 것들도 지망생인 나로서는 배울 점이 많다. 다음번엔 또 어떤 가수들의 뮤직비디오를 어떤 새로운 스킬로 찍게 될지 기대가 된다.

5월 16일 청년의 고민, 취업과 연애

오늘 스터디가 끝나고 신촌엘 나갔다. 신촌에서는 신촌 대학문화 축제가 열리고 있었다. 신촌의 큰길이 막혀 있었고, 공연할 수 있는 무대랑 앉아서 쉴 수 있는 그늘, 인조잔디가 깔려 있어서 좋았다. 락 페스티벌처럼 밴드들이 돌아가면서 공연도 하고, 각종 예술품이나 그림, 엽서 같은 걸 만들어서 파는 사람들도 있고. 정말 대학문화를 보여주는 축제의 느낌이었다.

그렇게 돌아다니는 중에 29초 영화제를 준비하고 있는 학생들과 인터뷰를 하게 됐다. 29초 영화제에 출품하려는데 자신들의 작품의 주제는 '청년들의 고민과 고민 관련 스트레스 해소방법'이라며 말을 걸어왔다. 처음에는 그냥 고민 해소방법이라고 그래서 조금 의아하기도 했다.

"평소에 고민이 어떤 게 있으세요?"라고 물어보기에 "다 똑같지 않나요. 취업이랑 연애 아닌가?"라고 대답을 했었다. 그래서 해소를 하기 위해 어떤 것들을 하냐고 물어보길래 "해소를 하려면 취업을 하고 연애를 해야 하지 않을까요?"라고 대답을 했다(재미있게 밝은 친구들이라서 재미있게 얘기를 했던 거고). 실제로는 이렇게 밖에 나와서 축제처럼 사람들이 특별히 하는 게 있으면 구경을 하고 돌아다니고, 혹은 집에서 건담이나 어떤 조립하는 것들을 만들곤 한다고 대답을 했다.

29초 영화제를 준비하고 있다던 그 친구들은 다른 대학을 다니고 있는 미디어 전공 학생들이라고 했는데, 둘 다 방송구성작가를 꿈꾸고 있다고 했다. 나도 예능PD를 준비하고 있다고 했더니 선배님이라고 하면서 반가워했다. 그래서 더 편한 마음, 애정을 갖고 열린 마

O

음으로 얘기를 했다.

　인터뷰의 간단한 질문들에 다 대답을 하고 나서 나중에 더 물어볼 게 있으면 연락을 해도 되냐고 물어보기에 전화번호를 알려주고 인사를 했다. 29초 영화제를 준비해보는 것도 그 친구들한테 좋은 경험이 될 것 같다. 어떤 영화가 나올지, 내 인터뷰는 그 영화에서 어떻게 쓰일지 궁금하기도 하다. 나중에 기회가 된다면 한 번 찾아서 봐봐야겠다.

5월 21일 취업 4수생의 역발상, 되레 장점이고 강점이다

　어제는, 지난주 토요일에 신촌에서 인터뷰를 했던 친구들한테서 연락이 왔다. 회의를 하고 보니까 나랑 더 인터뷰를 해서 29초 영화를 준비하는 데 도움을 얻고 싶다고, 그럴 수 있는지 연락을 해왔다. 그래서 오늘은 추가로 또 다시 만나서 인터뷰를 하고 왔다.

　인터뷰 질문들에는 혈액형도 있었고 좋아하는 유형의 사람, 싫어하는 유형의 사람, 좌우명은 뭔지, 힘들 때 의지하는 대상(본인, 친구나 멘토, 가족, 종교) 중에 어떤 순서로 의지하게 되는지 같은 질문들이 있었다. 취미나 특기도 있었다. 그리고 가장 인상 깊었던 건 질문지 아래에 자신의 인생그래프를 그려보라는 것이었다. 수직선으로 그어진 화살표가 있었고, 맨 끝부분을 지금의 나라고 하면 살면서 인생의 플러스-마이너스를 한 번 그래프로 그려보라는 것이었다.

　인생그래프를 그리다보니까, 유치원 때나 초등학교 때 사진처럼 재밌었던 기억으로 남아있는 때는 좋았고, 입시를 할 때나 군대에

○

가 있을 때처럼 힘들 때는 뭐 역시 또 내려가기도 했다. 그래프를 그리면서 가장 신기하고 인상 깊었던 건, 작년 말엔 인생의 최저점을 찍었고 올 봄 3~4월쯤부턴 인생의 최고점을 찍고 있다는 것이다. 생각해보니 작년에는 '29살의 마지막, 곧 서른 살이 되는데 아무것도 이루어 놓은 게 없다. 언론사 입사를 준비한 지 3년이 다 돼 가는데 아직 좋은 결과를 얻지 못했다' 이런 것들이 초조하게 만들고, 그동안의 시간들이 부끄럽기도 하고 그랬던 것 같다.

하지만 해가 바뀌고 아예 서른 살이 돼버리고, 3년이라는 기한이 지나가버리고 나니까 오히려 해탈을 한 느낌이었다. 준비해 온 시간이 길다고 그게 부끄러운 게 아니라, 오히려 그것이 나의 장점이고 면접에 가선 어필할 수 있는 강점이 될 수 있을 거란 생각이 들었다.

인도나 중국, 미국으로 배낭여행을 다녔던 것, 언론사 준비하면서 여기저기 구경 다니고 사람들 만나면서 경험했던 것들을 이야기해 줬는데 신기해하고 재미있어 했다. 어쩌면 비슷한 분야를 준비하고 있고, 내가 몇 년 정도 더 먼저 시작을 했기 때문일 수도 있겠지만 말이다.

인터뷰를 다 마치고 집에 돌아오는 길에 들었던 생각이 있다. 처음 보는 사람들한테 나의 이야기, 내 인생, 내 취업준비, 그 과정, 경험했던 일들에 대해서 그 사람들이 재미있게, 또 내가 신나게 이야기할 수 있었다는 게 나름 신기하기도 했다. '지금의 나의 삶을 사랑하고 있구나.' 하는 생각이 들었다. 작년 말에 비해서 많이 건강해지고 자신감도 많이 생겼다는 걸 알 수 있는 자리여서 나한테도 더 성장할 수 있는 기회였던 것 같다.

○

6월 4일 케 세라세라… 주눅 들지 말자!

목요일 오후 6시가 좀 지난 시간. 친구를 만나러 여의도에 와 있다. 처음 예능PD를 준비하기 시작할 때 비슷한 시기에 같이 준비를 시작하고, 같이 스터디를 꾸리고, 모든 것들을 처음 할 때 함께 시작했던 친구이다. 지금은 여의도에서 금융 관련 회사를 다니고 있다.

여의도에 오니까 다들 양복차림의 회사원들이다. 사원증을 목에 걸고 다닌다. 기다리는 동안 괜히 주눅 들기도 한다. 벌써 오랫동안 준비를 하다 보니 이미 회사를 들어간 동기들, 후배들이랑 나를 비교하게 될 때도 있다. 하지만 그렇다고 그 회사에 나를 보내준다고 해서 내가 재미있게 일을 할 수 있을 것 같지도 않고. 남들과 비교하기보다는 스스로를 잘 생각해보는 게 중요한 것 같다. 올 하반기엔 여의도나 상암의 방송국에서 나도 '누가 봐도 직장인' 하는 느낌으로 돌아다닐 수 있으면 좋겠다.

너무 주눅들지 말아야지! 되게 될 사람들은 언젠간 되게 되어 있다고 한다(Que sera, sera!). 오랜만에 친구 만나서 즐거운 얘기 많이 하고 들어가야겠다.

6월 5일 본격적인 필기시험 준비 시작

9시가 좀 안 됐다. 학교에 가기 전이다. 이번 주는 평소처럼 도서관 가고, 신문스터디와 작문스터디를 하며 보내고 있다. 벌써 6월 첫째 주가 끝나간다. 9월엔 방송국 공채가 예정돼 있다. 아마 그땐 예전처럼 상식, 방송학, 작문 시험을 볼 테니 6월부턴 다시 공부하면서 필기시험을 준비할 계획이다. 오늘은 그래서 학교서점에서 상식 책을 사고 한번 쭉 읽어보기 시작할 생각이다. 그렇게 3개월 전쯤부터의 상식들을 한 번씩 봐둬야 시험을 앞두고 훨씬 잘 외울 수 있다.

3, 4, 5월 석 달 동안 봄 날씨 좋다고 여기저기 많이 놀러 다녔다. 축제도 많이 보고, 사람들도 만나고, 기분전환도 되고 힘도 많이 얻었다. 그 에너지를 바탕으로 이번 달부턴 밸런스를 맞춰가면서 공부도 하고 책도 읽으면서 필기시험 준비들을 해야겠다.

6월 8일 백수의 월요일이 중요한 까닭

밤 11시쯤. 하루를 정리하고 책상 앞에 앉아있다. 어제, 오늘 부산을 다녀왔다. 친한 후배 아버지께서 돌아가셔서 조문을 다녀왔다. 후배는 2010년 총학생회에서 주관했던 국토대장정을 할 때 알게 되고 친해진 후배이다.

2010년에 했던 국토대장정과 기획단은 고등학교 때부터 예능PD가 되겠다고 마음만 먹고 특별한 준비나 활동들을 하지 않았던 내가 처음으로 해본 'PD지망생스러운' 활동이다. 제일 좋아하는 〈1박2일〉에 나오는 것 같은 프로그램들을 기획도 해봤다. 어디서 머물지, 어떤 길을 걸을지 준비해봤다. 그렇게 기획한 것들을 통해 실제로 100여 명의 사람들과 함께 움직이면서 뜨거운 여름을 보냈다.

자기소개서에서 가장 큰 의미를 담고 있는 활동을 처음 하면서 친해졌던 후배여서 마음이 더 안 좋았다. 조문을 마치곤 저녁에 광안리에 다녀왔다. 오늘이 월요일이라서 심야버스를 타고 서울로 돌아왔다.

나처럼 졸업하고 어디에도 소속되지 않은 채 취업준비를 하는 사람들이 꽤 있을 것이다. 이런 사람들에게 '스케줄', '소속감' 같은 단어들은 오묘하다. 아무것도 안 하고 편하게 지내려면 정말 아무것도 안 하는 '날백수'가 될 수도 있고, 열심히 살아가려면 한없이 바쁘고 빡빡하게 살아갈 수 있다. 수업도 없고, 출근해야 하는 것도 아니지만 월요일은 중요한 의미를 갖는다. 한 주를 제대로 알차게 시작했느냐 못했느냐가 그 주 내내 '내가 취준생으로서 똑바로 잘 살고 있나' 하는 생각들을 하게 한다. 어디에도 소속되지 않은 불안감도 느껴진다. 학교, 직장에 다니거나 가족들이랑 같이 산다면 자신의 삶을 친구, 동료, 가족에게 의지하고 나누면서 살 수 있을 것이다.

하지만 나는 온전히 혼자서 내 삶을 지탱해나간다. 그래야 한다. 어디에도 묶여있지 않다는 그 '소속감 없음'에 대해서 너무 불안해해서도 안 된다. 혼자서 이 불안감들을 견뎌낼 때 오히려 더 건강한 취준생의 삶이 만들어지는 것 같다. 지금까지 그랬던 것처럼, 더 힘내서 이 여백과 불안감과 비어있음을 즐길 줄 아는 PD지망생으로 살아가고 싶다.

6월 9일 1년을 함께 해온 동료와의 헤어짐

화요일 밤 12시쯤. 저녁에 운동을 하고 오니 스터디원에게 카톡이 와있었다. 오랫동안 같이 스터디를 해온 동생인데, 내일이 마지막

○

스터디가 될 것 같다는 메시지였다. 그 동생은 드라마PD 지망이다. 우리 스터디 드라마 지망의 에이스다. 그런 동생이 나간다고 하니 마음이 더 허전하고 걱정도 된다.

동생과는 거의 1년 정도 함께 스터디를 하며 준비해왔다. 특히 작년 하반기엔 각 언론사별로 공채가 많았었다. '공채 쓰나미'라고 표현도 했다. 워낙 띄엄띄엄 예상할 수 없게 공채가 열리곤 하는 방송국인데 작년 같은 경우는 하반기에 몇 주에 걸쳐 열렸기 때문이다. 그런 공채시즌을 함께 동고동락하며 지내온 동생이라서 아쉬움이 크다. 동생이어도 의지를 많이 했었는데.

예능·드라마PD 지망생들이 모여서 하는 스터디는 다른 취업준비 스터디와 살짝 다르다. 상·하반기 공채시즌에 맞춰서 몇 주 혹은 수개월 동안 단기로 인적성시험, 면접, PT를 집중적으로 대비하는 게 아니다. 한 배를 타고 움직이는 팀과 같다. 말 그대로 '동고동락' 해가면서 함께 실력을 연마해간다.

언론사 입사시험의 기본이 되는 작문연습을 한다. 어떤 글이 '합격글'인지 정확한 기준을 잡을 수 없다. 다른 사람의 글이 좋은 글인지 아닌지, 재미있고 메시지가 담긴 글인지 아닌지를 볼 줄 아는 눈을 만들어가는 것이 실력이다. 그런 글을 내가 써낼 줄 아는 것이 실력이다. 이런 실력을 늘리기 위해 오랜 시간 공부를 한다. 그리고 방송프로그램을 만들고자 하는 사람들이기 때문에 모니터링을 한다. 예능지망인 나는 지상파 프로그램들뿐만 아니라 케이블 채널의 이름도 처음 들어보는 프로그램들을 본다. 드라마 지망인 그 동생의 경우는, TV에 나오는 드라마뿐만 아니라 외국의 드라마를 모니터링 한다. 면접에서 '만들고 싶은 프로그램이 있나?' 하는 질문을 받았을 때 회심의 한 방을 준비하기 위해선 기획안을 연습한다.

　이렇게 작문, 모니터링, 기획안을 연습하면서 이 동생에겐 많은 도움을 받았다. 그래서 갑자기 이렇게 스터디를 그만두고 지방에 내려가야 한다고 하니 마음이 더 허전하다. 새로운 사람을 어떻게 충원해야할지, 그 새로운 사람은 더 나은 사람일지 고민들이 많아진다. 내일 스터디에선 아쉬운 마음보단 즐거운 마음으로 보내주고 와야겠다.

6월 10일 프로듀사를 보고 느끼는 단상들

　수요일 밤. 하루 일정을 마치고 책상 앞에 앉아 정리 중이다. 요즘 챙겨보는 드라마가 있다. 인기도 관심도 많던 한 방송국의 예능국 사람들, 기획사 사람들, 연예인들의 이야기를 담은 작품이다. 드라마에 나오는 주인공 중 막내PD가 있다. 스터디에서 이 드라마에 대한 이야기를 하다가 다같이 열 받았던 적이 있다. 이 막내PD의 지원동기 때문이었다.

　실제로 '왜 PD를 하고 싶나' 하는 질문에 대답하는 게 쉬운 일이 아니다. 어떤 특별한 이벤트가 있었다거나 인생에서 큰 의미가 있어서 무언가를 하는 경우는 사실 잘 없기 때문이다.

　드라마 속 막내PD는 대학교 때 좋아했던 선배가 예능국에 들어와서 자기도 예능PD가 돼야겠다고 처음 생각했다고 나온다. '각자 진지한 지원동기가 있는 우리는 그럼 뭐가 되나' 하는 생각 때문에 다같이 성토를 하기도 했다. '순도 100% 리얼 예능국 이야기'라고 얘기하는데, 사실 하나도 안 그런 것 같다. 실제로 면접에서 그렇게 얘길

○

한다면 어떤 실무진과 임원진이 이 사람을 뽑아줄까.

그럼에도 불구하고 이 막내PD의 모습 중에서는 본받을 만한 점이 많이 나온다. 가장 유명한 아이돌 가수의 노래도 모를 만큼 예능에 대한 관심도 없던 사람이 바로 주인공 막내PD이다. 하지만 예능 프로그램들의 계보를 통시적으로 분석해보고, 통계를 공부하는 모습들은 지망생인 나에게도 꽤 참고할 만한 부분이다. 극 중에서는 이런 분석들을 통해서 자기 팀이 맡고 있는 프로그램에 새 콘셉트를 제시하고 채택된다. 그가 했던 분석은 예능프로그램의 순환주기에 대한 것이었다. 그런 부분이 이번 주에 우리 스터디에서 기획안 주제로 잡은 '감동'이란 제시어와 연결되는 것 같았다.

요즘 예능들을 보면 일반인들의 감동적인 이야기가 다시 소재로 나타나곤 한다. 고등학교 때 처음 예능PD를 하겠단 생각이 들게 했던 〈느낌표, 책을 읽읍시다〉나 〈칭찬합시다〉가 떠오른다. 벌써 15년 가까이 된 것 같다. 사람들은 다시 잔잔하고 감동적인 이야기에 공감하는 것 같다. 나도 이번 주엔 예전 프로그램들을 보면서 어떻게 새로운 느낌으로 만들 수 있을지 고민해봐야겠다.

6월 13일 조조영화 보는 날. 사람들에 안테나 뻗치고 살기

토요일 낮. 영화를 보고 와서 오후 시간을 쉬면서 보내고 있다. 오늘은 스터디가 취소됐다. 시험기간엔 스터디가 종종 취소된다. 그래서 아침에 조조영화를 보고 왔다. 7시쯤 눈 뜨자마자 영화를 보러 가야겠단 생각이 들어서 세수도 안 하고 후다닥 다녀왔다. 〈엘리펀

○

트 송〉이란 영화였다. 큰 사건이 많이 나오는 건 아니지만, 정신질환이 있는 듯한 모습의 주인공의 연기, 이 사람을 상담하면서 사라진 사람을 추적하려는 박사 사이의 대화가 긴장감을 끌어서 빠져들었던 영화다.

작년부턴 일요일에 조조영화를 보는 것을 원칙으로 삼고 있다. 예능PD를 준비한다는 건 대중문화와 사람들의 삶 구석구석에 안테나를 뻗치고 사는 일 같다. 영화도 많이 봐야 하는데, 예전엔 영화를 생각만큼 많이 보지 않았다. 그래서 개봉작은 매주 하나씩은 챙겨보면서 왜 뜨는지, 왜 실망하게 되는지를 직접 느끼고 있다.

오늘 본 영화의 경우는 3명의 주인공만으로도 1시간 반이란 시간을 끌고 갔단 점에서 도움이 된 것 같다. 또 '일요일엔 조조영화'라는 원칙을 세워놓음으로써, 새로운 일을 시작할 때 주저하는 단점을 고쳐나가는 데에도 도움이 된다.

여름에는 예전부터 해보고 싶었던 그림 동호회를 해보면 어떨까 싶다. 어떤 문화 활동을 하게 되고 어떤 사람들을 만나게 될지 기대된다.

6월 17일 뚝딱 지나는 취준생의 하루, 쌓인 시간이 인정받길…

수요일, 운동을 갔다 와서 쉬고 있다. 오늘은 수요일이라서 원래 스터디를 하는 날이지만 스터디가 취소됐다. 그래서 다른 날들처럼 도서관엘 다녀왔다. 매일 가는 도서관이지만 원래는 스터디를 하는 날 가니까 왠지 조금은 느낌이 새롭기도 했다. 나처럼 졸업을 하고 나서 취업준비를 하는 사람들에겐 시간이 참 많다. 일주일 내내, 하루 하루를 내가 생각한 대로 쓸 수 있다. 시간은 엄청 빨리 지나간다.

나의 하루는 이렇다. 아침에 7시 반쯤 일어나서 씻고 하숙집 식당에서 밥을 먹으면서 〈인간극장〉을 본다. 밥 먹으면서 보는 동안 사람들의 살아가는 모습을 접할 수 있다. 9시~9시 반쯤엔 도서관에 도착한다. 아침에 학교에 가서 제일 먼저 하는 일은 신문을 읽는 것이다. 예전 언젠가 언론사 준비 아카데미에서 강연을 들었던 것 중 기억에 남는 게 '신문을 봐야 한다.'는 얘기였다. 언론사를 준비하는 사람들에겐 신문이 밥과 같아야 한다고 했다. 밥을 매일 안 먹으면 견딜 수 없는 것처럼 신문도 그래야 한다는 것이다.

신문을 구독한 지도 몇 년이 됐다. 거의 매일 신문을 봐오고 있다. 읽은 신문에서 재미있는 기사, 인상 깊은 기사, 기획안에 쓸 수 있을 이야기가 있으면 스크랩을 해둔다. 그러고 나면 시간이 금방 지나간다.

점심을 먹고 나면 나른하다. 그래서 예능이나 드라마 모니터링을 한다. 1~2회만 봐도 두어 시간이 뚝딱 지나간다. 저녁엔 집에서 취미 생활을 한다. 올해 들어서 내가 재미를 붙이고 있는 건 건담 프라모델을 조립하기이다. 미드를 많이 본다. 사람들이 재밌다고 하는 미드를 보며 무엇이 왜 유행인지 알게 된다. 가장 좋아하는 라디오인 〈배철수의 음악캠프〉를 들으면서 음악도 듣고 팝에 대한 상식도 쌓게 된다. 그리고 봄~여름엔 역시 야구다. 야구를 좋아하는 이유는 투수들이 멋있기 때문이다. 마운드 위에서 무슨 공을 던질지 혼자 결정하고, 던져내고, 아웃을 잡는 모습이 취준생인 내 모습이랑 어딘가 닮아있는 것 같다.

밤엔 학교 운동장에 나가서 운동을 하고 온다. 하루가 뚝딱 흘러 간다. 뭘 막 엄청 달달달 공부를 한 것도 아니고, 그렇다고 팡팡 놀기만 한 것도 아닌데 하루가 잘 간다. 이렇게 지나간 시간들, 쌓여온 시간들이 인정받을 수 있는 때가 올해 안엔 왔으면 좋겠다.

6월 18일 도서관 출근 그만하고 회사 출근하고 싶어

아침, 학교 도서관에 가고 있다. 재학생들 시험기간이라서 요즘엔 도서관에 사람들이 바글바글하다. 그래서 아침에 조금이라도 늦게 가면 출입구 주변이나 너무 시끄러운 곳밖에 자리가 없다. 시험은 재학생들이 보는데 내가 다 급하고 바쁘다. 매일 도서관에 가는 게 나한텐 출근과 같다. 실제로 출근하는 사람들도 자주 본다. 나도 이제는 도서관 말고, 도서관을 벗어나서 회사로 출근하고 싶다.

- 하는 것이 힘이다. -

나는 여전히 학교 근처 그때 그곳에 살고 있다. 간지 나는 방송국 PD가 되지는 못했다. 대신 간지 터지는 외국 비디오그래퍼(videographer)들을 롤 모델로 선배와 함께 활동하고 있다. 선배 역시 일과 가정의 균형, 시간과 돈의 균형을 추구하며 산다. 나는 이걸 내 마음대로 '미래 지향적 유러피언 라이프스타일'이라고 그럴싸하게 포장해 말하곤 한다.

그 사이, 나는 팟캐스트 〈듣보잡의 듣보잡〉을 했었다(별 거 아닌 시시한 얘기니까 꼭 한 번 들어봐요). 지난해엔 온스타일에서 소녀시대 서현과 리얼리티 프로그램(〈혼자 살아보니 어때?〉)을 했다. 여름엔 2PM 우영, 모델 아이린과 웹예능(〈무엇이 무엇이 좋을값쇼〉)을 했다. 그리고 틈틈이 일상에서 특별한 일이라도 생기면 영상으로 찍어 편집해보고 있다(고 하기에는 아직 찍어만 두고 손 안 댄 것들이 밀려있다). 그리고 광고도 만들었다. 요즘은 일본위성방송에 나가는 음악쇼 프로그램을 제작하고 있고, 친구가 하는 스타트업 웹드라마/웹예능 제작도 돕고 있다.

웬만한 사람들에게 시간과 돈은 반비례 한다. 시간이 많을 땐 돈이 없고, 돈을 벌면 바빠서 정신이 없다. 그리고 우리나라에서는 직업을 갖기 시작하면 그 중간이 잘 없다. 나는 그 '중간'을 찾아가고 있다. 조금 일해서 조금 벌고 있는 나의 목표는 이렇다.

1단계: 조금 일하고 적당히 벌기

2단계: 적당히 일하고 많이 벌기

3단계: 조금 일하고 많이 벌기

그렇다면 방법은? 아직은 1단계까지도 못 갔으니 나도 확신할 수 없지만, 뭐든 마음대로 많이 해보는 게 아닐까.

스스로 다짐한 게 하나 있다. 다른 취준생들에게도 전하고 싶은 말을 써보라고 하니, 나는 그걸 얘기해볼까 한다. 내가 옳다는 것도 아니고, 내가 대단하다는 것도 아니다. 그냥 권민철 기자님의 요청으로 주절거리는 나의 이야기일 뿐이다.

'주저하지 말고 쭉쭉 나아가자.'

어려서부터 바른 학생이었다. 부모님의 기대에 맞춰 잘하는 게 중요했다. 잘하려면 틀리지 말아야 했다. 틀리지 않으려다보니 주저하는 경우가 많아졌다. 새로운 일을 맞닥뜨리면 속된 말로 쫄았다. 내가 잘 해낼 수 있을지 걱정부터 들었다.

그게 몸에 밴 채로 20대를 보내다보니 새롭게 도전한 경험을 이야기해보라는 자기소개서 문항은 나를 주눅 들게 했다(그렇다고 내가 쭈구리는 아니고, 나름 도전의 경험들이 있다). 그렇게 몇 안 되는 방송국 공채들을 거듭 지원하는 동안 서른두 살이 되어버렸고, 뒤돌아보니 5년이나 방송국 공채에 매달려 있었다. 나 같아도 서른두 살짜리 신입을 후배로 받는 건 꺼려질 것 같았다. 더 어리고 실력도 비슷한 사람들이 많을 테니.

결단이 필요했다. 그 즈음, 엠넷 출신 프리랜서 PD인 대학 동아리 선배가 같이 팀으로 일해보자고 제안했다. 몇 년 전부터 뮤직비디오 촬영에 내가 쫄래쫄래 따라다녔던 그 선배다. 봄이 오기 전 선배의 제안을 받았다. 쫄지 않

○

기로 했다. 새로운 봄이 오고 있었으니까. 그동안 쫄다가 날린 기회가 은근 많았을 테니까. 너무 고민하지 말고 그냥 해보면 된다고 생각했다.

처음부터 엄청 잘할 필요도 없다. 일단 하다 보면 어떻게든 된다. 잘 되면 좋은 거고, 안 되면 경험치 쌓인 거다. 어디 가서 그 경험치를 바탕으로 더 잘하면 된다.

그러니까 여러분. 너무 주저하지 마시고, 너무 고민하지 마시고, 일단 고고.

하는 것이 힘이다.

。호오오옥시라도 영상 관련 일을 준비하는 분이 있다면 내가 좋아하는 외국 비디오그래퍼들의 유튜브 채널을 추천한다. [Peter McKinnon]과 [Matt WhoisMatt Johnson]과 [Brandon Li] 정도?

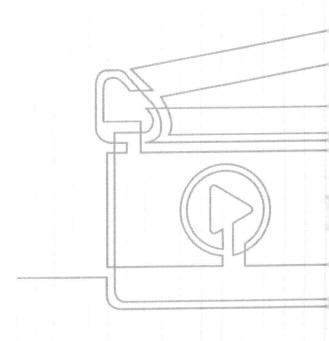

자소서에 특기가 뭐냐고? 거참…°

김상래

~~~~~~
　　　　　　　　　　　~~~~~~~~~~~~~~~~~~~~~~~~~~~~~~

　　김상래 씨는 스포츠 기자, 더 정확히는 축구 기자가 꿈이었다. 대학교 1학년 때부터 이미 정해진 진로였다. "축구만 아는 것은 아무것도 모르는 것과 같다."는 유명한 축구감독의 말을 듣고 축구 이외 분야의 지식과 경험을 쌓기 위해서도 많은 에너지를 쏟았다. 영어를 전공하면서 경영학을 부전공으로 공부했고, 독서클럽에서도 열심히 활동했다. 어렵사리 작은 인터넷 언론사에도 합격했었다. 그렇게 원하던 기자 명함을 갖게 돼서 기뻐했지만, 여건은 너무 열악했다. 정치부에 배속됐지만 현장 취재보다는 '기사 수 늘리기'를 강요받는 일이 반복됐다. 인턴 기자 월급도 96만 원에 불과했다. 결국 5개월 만에 퇴사했다. 그곳을 나왔으니 그보다는 더 여건이 좋은 언론사에 들어가야 했다.

　　함께 취업준비를 하던 3살 아래의 여동생은 번듯한 직장에 합격해서 출근을 앞두고 있었다. 여동생이 잘된 것을 축하하고, 또 둘 중 한 명이라도 취업을 해서 마음이 가벼워지는 것 같다가도 오빠로서

○

취준생일기 · 김상래

아직 자리 잡고 있지 못한 자신의 모습이 답답하고, 어린 동생이 먼저 취업을 했다는 것이 착잡하기도 했다. 사업을 확장할 수도 있으니 영상 제작일을 배워보라고 권하는 아는 형의 제안을 흘려들을 수 없는 것도 그 때문이었다.

한 분야에 집중하고 싶지만, 그 분야에서 실패할 때를 대비해서 다른 것을 준비해야 할까 고민도 됐다. 그는 취준일기 녹음 당시 FC 서울 명예기자단으로 성실하게 활동했다. 보수도 없고 강제성을 띠고 있지 않는 일이지만 열심히 활동하겠다고 약속을 하고 들어간 만큼 자신의 말을 지키고 싶었다. 그런데 다른 사람들은 적당히 할 건 하고 빠질 때 빠지면서 나중에 '활동 이수' 또는 '수료'라는 결과는 그와 똑같이 가져간다. 그런 사람들을 볼 때면 그는 자신이 바보 아닌가 헷갈린다고 했다.

성실과 책임으로 새겨진 그의 취준일기와 3년 뒤의 모습을 비교해 보자.

6월 24일 남자는 주머니가 비면 안 된다더니

나는 지난 1월, 짧게 몇 달간 다니던 인터넷 언론사를 퇴사하고 재취업을 준비 중인 취준생이다. 생각보다 재취업 기간이 길어지다 보니 아무래도 금전적인 부분을 무시하기 어렵다. 그래서 지난 수요일 단기 알바처럼 일한 게 있는데, 금방 입금이 될 줄 알았는데 아직도 안 되고 있어서 마음이 허전하다. 형님이 영상 프로덕션을 하고 있어서 전남지방 지역 특산물 홍보 영상을 촬영하는데 작가 겸 조연출로 하루 일하고 왔다. 본래 목적은 용돈이라도 벌려는 것이지만, 앞으로 취업하는 데 혹시라도 도움이 될까 하는 마음도 있다.

어른들이 하는 옛말에 남자는 주머니 비면 안 된다더니, 요새는 무슨 말인지 알 거 같다. 주머니 사정이 넉넉지 않으니 몸에 힘도 없는 거 같고, 내일은 학교 후배들이 오랜만에 만나자고 하는데 나가야 할지 모르겠다. 후배들이나 나나 비슷한 처지지만 그래도 만나면 밥이라도 한 끼 사줘야 할 텐데… 마음이 가볍지 않다.

지난번에도 형님 소개로 전남지방에 내려가서 영상 촬영했는데, 그 날은 바로 다음날 통장에 입금이 돼서 기뻤는데 이번에는 까먹었는지 입금이 안 되고 있다. 내일은 인터넷 뱅킹 어플에 입금 알림이 꼭 뜨길 기대해 본다.

O

6월 25일 여동생 첫 출근

어제는 오랜만에 여동생이 집에 왔다. 동생과 둘이서 지방에서 올라와서 서울에서 학교를 다녔는데, 원래는 동생은 기숙사에 따로 살다가 작년부터 투룸을 얻어서 함께 살기 시작했다. 지난 2월, 비슷한 시기에 졸업을 하고 동생은 국내 모 기업에 번듯한 직장이 생겼다. 출근 날짜가 7월이기에 지난 두 달간 유럽 전 지역을 여행하고 고향에 일주일간 내려가 있다가 어제 올라왔다. 혼자 편하게 지내다가 누군가 또 한 명이 집에 있으니 약간은 불편하기도 하고 답답한 마음도 든다.

집안에 두 명이 같이 취업 준비생으로 있다가 한 명은 갈 곳이 생겼다는 게 다행스럽기도 하고, 뭔가 마음이 가볍기도 하면서 동시에 세 살 터울의 동생이 그렇게 됐다는 게 한편으로는 착잡하기도 하다. 복잡한 심정이다. 그래도 결과적으로는 마음 한켠의 짐을 던 것 같기도 하고, 나만 잘되면 되는 거다. 굉장히 배가 아프다거나 그런 것은 아니다. 착한 동생이기 때문에, 유럽 여행 기간 동안 오는 길에 선물도 섭섭하지 않게 사다주고⋯. 하지만 아무리 생각해도 세 살 터울의 동생이 먼저 취업을 했다는 게 마음이 무겁기도 하고 복잡하다.

내일은 군 시절 전우들과 만나기로 약속을 했는데, 성격상 거절을 못하고 부르면 나가는 성격이라 다들 오랜만에 만나는데 '뭐하고 지내냐'고 물어보면 뭐라고 대답해야 할지⋯. 마음이 또 무겁다. 그리고 내일은 동생이 본격적으로 출근하기 전에 회사에 오리엔테이션이 있다고 하는데 시간 맞춰 잘 갈 수 있도록 챙겨줘야겠다.

내가 동생한테 먼저 잘해주면 회사생활을 본격적으로 시작했을 때 나에게도 잘해주지 않을까, 그런 생각이 든다.

6월 28일 슈퍼매치 무승부, 내 마음도 '허무'

이번 주말에는 프로축구 K리그에서 흥행카드로 꼽히는 FC서울과 수원삼성 블루윙즈의 '슈퍼매치'가 있었다. 나는 지난 2월부터 경력도 쌓고 많은 경험도 할 겸 FC서울 명예기자단으로 활동을 하고 있다. 여러 팀 내 소식에 대해서 취재도 하고 기사도 작성하는 등 일을 하고 있는데 아무래도 이번 주가 가장 중요하다고 할 수 있는 경기가 있었기 때문에 경기 전부터 많은 준비를 했다. 함께하는 명예기자들과 여러 번 회의도 거쳤고 이번 빅게임을 위해 많은 준비를 했다.

명예기자라는 것이 구단 홍보팀과 관련이 많기 때문에 어떻게 하면 사람들에게 경기를 더 홍보하고 많은 팬들이 경기를 즐겁게 즐기도록 할 수 있을까 고민한 끝에 포털 사이트에 기사를 올리는 등 많은 일들을 했다. 이전 경기들은 개인적으로도 항상 재미있었던, 많은 기록들을 남긴 경기였다. 그런데 막상 뚜껑을 열어보니 여러 언론들의 표현과 같이 '소문난 잔치에 먹을 것 없는' 모습을 보여 아쉬움이 남는다.

골이 중요한 축구경기에서 양 팀이 0 대 0 무승부를 기록했다. 비겼을 뿐만 아니라 경기 내용이 재미가 없고 좋지 못해서 경기 이후에 명예기자로서 해야 할 일들을 하지 못하고 허무하게 경기를 마치고 집으로 돌아왔다. 명예기자의 입장에서 팀의 성적이 좋아야 일하는 사람이 더 활기차게 할 수 있을 것 같은데 승패를 떠나 아쉬운 결과가 나왔다.

임금이나 활동비를 받는 일은 아니지만 앞으로 내가 일을 하는데 있어서 도움이 되길 바라고, 도움이 될 것이라고 생각하며 하고 있는 명예기자 활동을 앞으로도 열심히 할 계획이다.

O

7월 1일 재취업활동 6개월, 체력에 정신력도 바닥

2015년도 6개월이 지나 7월을 맞이했다. 7월이 됐다는 것은 내가 이전에 다니던 직장을 그만두고 일을 쉬게 된지 6개월이 됐다는 뜻이다. 나는 지난 1월 작은 언론사를 다니다가 퇴사하고 다른 직장을 알아보고 있는데, 지난 6개월간 좀 게으른 생활을 한 것 같아 많이 후회가 된다. 그다지 부지런한 편이 아니라서 많은 것을 이루지 못한 것 같아 내 자신이 한심하게 느껴지기도 한다.

지난 6개월을 돌아보면, 나름대로 뭔가 계속 한 것 같은 느낌이 들기는 하지만 결과적으로 FC서울 명예기자에 합격해서 활동하고 있는 것과 여러 입사 지원서를 냈지만 모두 서류전형에서 탈락하고 한 개 회사에 면접을 봤던 것 외에는 이룬 게 없는 것 같다. 그리고 내가 위염을 앓고 있기도 하고 건강하지 못한 것 같아서 체력이 약해 정신력까지 약한 것 같은 느낌이 들어 헬스클럽에 등록을 했는데 열심히 다니지 못해 신체적인 발전 또한 없었던 것 같아 아쉬운 느낌이 든다.

2015년의 새로운 6개월이 시작된 만큼 새로운 마음으로 남은 시간들을 더욱 알차게 보내도록 해야겠다.

7월 2일 "영상 일을 배워보라"는 형의 권유에 고민

오늘은 주말로 예정된 FC서울 경기와 관련된 기사를 작성해서 FC서울 홍보팀으로 보냈다. 내가 활동하고 있는 FC서울 명예기자의 가장 주된 임무는 경기 당일 발행되는 매치데이 매거진에 들어가는 기사를 작성하는 것이다.

　기사를 쓰고 있는 중에 명예 기자단의 영상 부문에 소속돼 있는 형이 연락이 왔다. 그 형은 영상 프로덕션을 운영하고 있는 사장님인데 그 형이 나를 가끔씩 데려다가 영상 촬영하는 현장에 작가라든가 스태프로 일을 시켜줘서 용돈 벌이로 단기 알바처럼 일을 조금씩 했는데, 이번 달에 촬영이 있다고 연락이 왔다. 진짜로 내 능력이 필요해서 그런 건지 아니면 나를 챙겨주려고 하는 건지 정확히는 알 수 없지만 그 형이 나를 꽤 마음에 들어 하는 느낌이다. 며칠 전에는 빈말인지 아닌지 모르겠지만 그 형의 사업이 확장될 수도 있어서 나에게 영상 제작 일을 배워보라고 권유하기도 했는데 요즘 같아서는 그런 말을 쉽게 흘려들을 수만은 없다.

　아무래도 지금 하고 싶은 일이 수월하게 되지 않고 채용 공고가 새로 뜨지 않는 이상 특별한 일정이 없다보니, 다른 일을 알아봐야 하는 것은 아닌지, 자격증 공부라도 해야 하는 것인지 그런 생각이 든다. 솔직히 뭐가 맞는 것인지 고민이 된다. 한 분야에 대해서 집중을 해야 하나, 아니면 그 분야에서 실패할 때를 대비해서 다른 것을 준비해야하나…. 적지 않은 나이임에도 아직 정답을 찾지 못하겠다. 대학 생활 중에도 항상 고민을 했던 것 같다. 내가 원하는 분야는 아니지만 일반 기업의 영업사원으로라도 취직을 하기 위해 경영학과 복수전공을 하기도 했다.

　암튼 여러모로 고민이 깊어지는 밤이다.

ㅇ

7월 4일 조문 가서 만난 스포츠 기자들

오늘은 FC서울 직원의 빙부상에 함께 명예기자로 활동하는 친구와 다녀왔다. 구단 직원의 빙부상에 굳이 가야하나 하는 생각을 하기도 했지만, 아무래도 명예기자 관련 업무를 담당하고 있는 과장님이셨기 때문에 명예기자단을 대표해서 가는 형식으로 다녀왔다. 의정부에 있는 병원이라 가깝지 않은 거리였지만 같이 가는 친구가 자가용을 가지고 있어서 비교적 편안하게 다녀왔다.

장례식장에 갈 때 오늘이 이틀째라 저녁 시간에 많은 손님들이 몰릴 것으로 예상해서 저녁을 살짝 앞둔 시간에 가서 인사를 드리기로 했다. 많은 사람들이 있지는 않았고 식사를 하고 있는 손님들 중에 현직 스포츠 기자 한 무리가 있었다. 과장님께 인사를 드리고 친구와 함께 밥을 먹고 있는데 기자들이 있는 테이블을 바라보며 많은 생각이 들었다. 어쨌거나 현재로서는 나도 그들을 목표로 하고 있기 때문에 나도 그 무리에 언젠가는 끼고 싶다는 생각이 들었다.

그리고 이번 주에 FC서울과 관련해서 큰 이슈가 있었는데 그분들은 아무래도 나보다 그 일에 대해서 아는 것도 많은 듯 이야기들을 나누고 있었다. 친구와 나는 명예기자이기 때문에 아무리 구단소속이라도 중요한 사안에 대해서 정보를 얻지 못하고 있는데 그 분들은 그런 얘기를 하고 있는 것이 더 멋있게 보이고 나도 앞으로 더욱 부지런히 움직여서 다음에 그런 자리가 또 있다면 그 사이에 앉을 수 있도록 노력해야겠다고 생각했다.

7월 6일 상반기 우수 명예기자에 선정됐다.

오늘은 FC서울의 홈경기가 있는 주말이었다.

오후 6시로 예정된 홈경기 2시간 전인 4시에 명예기자들이 모여서 홈경기 관련 콘텐츠 제작에 대해 아이디어 회의를 가졌다. 5분 정도 늦게 도착해서 미안한 마음으로 회의실로 들어섰는데 명예기자들의 참여율이 낮아 회의 분위기가 그다지 좋지는 못했다.

올해 명예기자는 11명으로 시작했는데 2명이 그만둬서 9명이 남았고 홈경기나 아이디어 회의에 참여율이 낮아서 안타깝다. 아무래도 보수를 받는다거나 자기가 하고 싶은 것을 마음껏 하지 못하기 때문에 처음 시작에 비해 흥미가 떨어지는 것은 사실인 것 같다. 그래도 선발 과정에서 면접도 있었는데, 자신들이 책임감을 가지고 열심히 하겠다고 말했을 텐데 그런 것을 지키지 못하는 것이 아쉽게 느껴지기도 한다.

그리고 이번 회의 때는 상반기 결산의 느낌으로 우수명예기자를 선발하고 시상식을 가지기도 했다. 말이 시상식이지, 문화상품권 5만 원을 전달하는 형식이었는데 부끄럽게도 내가 2명 중 1명으로 선정돼 상품을 받았다. 시키는 대로 했을 뿐인데 그런 걸 받아서 부끄럽기도 하고 한편으로는 뿌듯한 기분이 들기도 했다. 경기는 아쉽게 무승부를 거둬서 경기 이후에 이뤄지는 짧은 인터뷰라든가 기자회견 참여와 같은 기회는 없었지만 자그마한 보상으로 앞으로의 활동에 동기부여가 생기는 느낌이다.

7월 7일 더 나은 삶을 위한 비슷한 고민

오늘은 지난번에 진행됐던 영상촬영 일에 제작자, 배우, 촬영팀 미팅이 있어서 그 곳에 다녀왔다. 나를 소개해준 형님이 그런 자리에 가는 것도 나쁘지 않을 것 같다고 해서 비록 많은 일을 담당하는 것은 아닌 진행팀이지만 미팅에 다녀왔다.

배우, 클라이언트, 촬영팀이 함께하는 미팅이었는데 내가 큰일을 하는 위치에 있지는 않기 때문에 주로 이야기를 듣는 입장이었다. 클라이언트가 일이 바빠 자리를 먼저 떠난 후에 배우들과 이런저런 이야기가 오고갔다.

배우들은 다 내 또래로, 남자배우는 나보다 한 살이 많은 스물아홉, 여자배우는 동갑인 스물여덟 살이었다. 그들도 내 또래의 사람들이 그렇듯이, 특히나 정기적으로 일이 있는 직업이 아니었기 때문에 나와 비슷한 고민들을 하고 있는 것 같았다.

남자 배우는 그동안 계속 연기를 해오던 사람이었고, 지난 5월까지 공연을 하고 그 이후 얼마 전까지 단막극 촬영을 마치고 현재는 딱히 일이 없는 상태였다. 지금 이 시간을 기회로 앞으로 또 공연을 시작해야 할지 더 큰 일을 맡기 위해 노력해야할지 고민하는 것 같았다.

여자배우의 경우는 모델 일을 하다가 연기까지 분야를 넓히게 된 사람이었는데 현재는 쇼핑몰 피팅 모델을 위주로 하고 있지만 피팅 모델이라는 것이 어린 나이에 주로 이뤄지는 일이고 언제까지 그 일을 계속할지 모르기 때문에 연기를 본격적으로 해야 하나 하는 고민을 하고 있었다.

남자배우의 말이 공감이 갔다. 나도 분야도 다르고 비슷하진 않아도 이전까지 짧은 기간이었지만 작은 회사에서 일을 했었고 그만두게 됐는데 또 다시 비슷한 규모의 회사에 가야하는지, 어렵지만 좀 더 나은 환경으로 가야하나… 그것을 위해서는 시간이 좀 더 걸릴 것 같은데 적지 않은 나이에 시간을 투자해야 하는 것인지 마음이 복잡하다.

어쨌든 2주 뒤로 촬영이 예정돼 있기 때문에 당장 맡은 일을 열심히 해야 할 것 같고, 다음 주부터는 촬영 현장을 물색해야 하므로 열심히 하고 본연의 일에도 최선을 다해야 할 것 같다.

7월 10일 자소서 쓰는 일은 어렵고 힘들어~

오랜만에 취업 정보 사이트에 들어가서 여러 회사들의 구인정보를 탐색했다. 그동안 이런저런 핑계로 그런 정보 탐색을 안 하고 있었는데, 짧은 시간이었지만 그간에도 여러 회사의 구인 공고들이 있었다는 것을 확인하면서 나태했던 내 상황을 반성하는 계기가 됐다.

내가 지원할 만한 회사는 두 개가 있었는데 오는 주말을 이용해서 이력서와 자기소개서를 성심성의껏 작성해봐야겠다.

취업준비를 하는 많은 사람들이 느끼겠지만, 자기소개서를 쓰다 보면 과연 기업의 인사 담당자들이 내가 열심히 작성한 자기소개서를 읽어볼까 하는 의구심이 든다. 사실 그동안에도 내가 최선을 다한 자기소개서는 서류에서 줄줄이 탈락을 했고 그다지 열정을 기울이지 않은 경우에는 합격을 하기도 했는데 과연 어떻게 하는 것이 정답인

O

지 애매하다.

친한 친구들 중에 반 정도는 일을 하고 있고 반 정도는 나와 같이 구직활동을 하고 있는데 지난번에 친구들끼리 만났을 때 한 친구가 자기소개서 작성에 대해 고충을 토로한 적이 있었다. 다른 친구는 "그동안 준비한 기간도 길고 많은 자기소개서를 썼는데 또 새롭게 써야 하나?" 하는 질문을 던졌다. 그 친구는 앞으로 계속 '복사, 붙여넣기'를 하다보면 하나쯤 얻어걸리지 않겠냐는 의견을 제시했는데 경험자로써 하는 말이라 믿음이 가기도 하고 그게 아닌 것 같기도 하고 혼란스러웠다.

아무튼 앞으로 당장 닥쳐온 두 개 회사에 넣을 이력서와 자기소개서 작성에 몰두해야겠다.

7월 12일 등산가서 알게 된 친구의 소식

오늘은 두 명의 친구들과 함께 북한산에 다녀왔다. 비가 오는 날씨였지만 개의치 않고 산에 다녀왔다. 사실 친구들과 나는 활동적인 것을 좋아하긴 하지만 귀찮아하는 경향이 있어서 밖에서 많은 활동을 하진 않았다. 그런데 최근 친구 중 한 명이 자신의 자가용을 보유하게 됐고 이동이 편해지면서 시간이 나는 대로 여기저기 돌아다니고 있다.

등산은 친한 친구들 사이에서 작년부터 시도를 해보자는 의견이 많았지만, 사실 등산이라는 것이 그 과정 중에 땀을 흘리거나 옷이 더러워졌을 때 대중교통을 이용하면 다른 사람들에게 피해를 줄 수

○

도 있다는 핑계로 미뤄 왔었다. 이제는 친구의 차가 생긴 덕분에 지난 주엔 불암산도 다녀왔다. 나를 포함해 세 명이 다녀왔는데 한 명은 마침 지난 봄에 십자인대 파열로 무릎 수술을 했고 나머지 한 명은 비만이 심하기 때문에 재활운동, 체중감량을 목표로 하기도 했다. 물론 등산을 거의 해보지 않았기 때문에 북한산은 처음이었지만 오히려 비가 와서 날씨가 덥지 않아 지난주보다 수월하게 다녀왔던 것 같다.

몸무게가 많이 나가는 친구는 나와 똑같이 취업을 준비하고 있는데, 그 친구는 아무래도 오랫동안 그런 상황이 지속되고 그다지 사교적이지도 않아 집에 혼자 있는 시간이 대부분이다. 그래서 그런지 지난 주중에 갑자기 연락이 와서 기분이 우울하고 가슴이 답답하다는 말을 했다. 평소 어지간하면 나에게 먼저 연락을 하지 않는 친구라 전화를 끊자마자 친구를 찾아갔었는데, 친구가 사실은 통화할 때 눈물을 흘렸다는 고백을 했다. 그 이야기를 듣고 당황스러웠지만 한편으로는 이해가 가기도 하고, 지금 상황이 그 친구에게 많은 스트레스를 주고 있는 듯 했다. 나 또한 그런 스트레스를 갖고 있기 때문에 이해가 되기도 했다.

그래서 이번 등산이 기분 전환을 하는 계기가 됐던 것도 같다. 그 친구가 주로 집에서만 생활하기 때문에 밖에서 새로운 것을 보고 느끼며 마음을 치유하는 것처럼 느껴졌다. 오늘을 계기로 해서 그 친구도 나도 앞으로 더욱 더 본래의 임무에 매진할 수 있는 계기가 됐으면 좋겠다.

O

7월 14일 내 특기는 뭘까? 그게 취업에 필요한 걸까?

오늘은 지난 주말동안 한 회사에 이력서·자기소개서를 제출한 이후 또 다른 곳의 이력서와 자기소개서를 작성하는 데 많은 시간을 할애했다. 오늘은 문득 이력서의 취미와 특기란에 대해 생각해보았다.

사실 나는 취미와 특기에 내세울 만한 것이 없다고 느껴진다. 나뿐만 아니라 내 주변의 친한 친구들 또한 습성이 비슷해서 마찬가지라고 생각이 되는데, 다른 사람들은 이 부분을 어떻게 처리하는지 궁금증이 생겼다. 사실 취미보다도 특기 부분을 채우는 것이 더 어렵게 느껴졌다.

취미라고 하면 평소에 축구를 좋아해서 직접 즐겨하기도 하고 주말이면 경기장을 찾아 경기를 관람하기도 하기 때문에 그런 것을 적을 수도 있겠지만, 특기는 내가 딱히 잘한다고 할 수 있는 것이 무엇인가 하는 생각이 든다. 나뿐만 아니라 많은 사람들이 그런 고민을 한다고 느껴지는 것이 인터넷 포털사이트에 검색을 해보면 수많은 사람들이 특기 또는 취미란에 무엇을 채워 넣어야 하는지에 대해 질문하는 것을 쉽게 찾아볼 수 있다.

나도 여러 번 검색을 해봤기 때문에 특별히 기억에 남는 특기는 '고민상담'이라는 것이었다. 과연 고민 상담이라는 것이 이력서의 특기로 적절한지 의문이 들기도 하지만 답변을 하는 많은 사람들이 효과를 봤다거나 기업에서 좋아할 것이라고 주장하는 것을 쉽게 발견할 수 있다. 기업의 인사 담당자들을 만나서 과연 취미와 특기를 인재 선발에 있어서 얼마나 중요하게 생각하는지, 그렇다면 어떤 취미와 특기를 가진 사람을 선호하는지 물어보고 싶다.

아직 완벽하게 마무리하지 않은 이력서에 오늘은 또 어떤 취미와 특기를 적어서 제출할지는 아직 모르지만 이 부분은 끝까지 궁금한 상태로 남을 것 같다.

7월 15일 단기 알바, 몸보다 마음이 더 힘들다

오늘은 지난번에 얘기가 됐었던 패션 회사 홍보영상과 관련해 촬영팀 미팅을 다녀왔다.

이번에는 자막이나 내레이션이 영상에 안 들어가기 때문에 내가 맡은 일은 진행을 돕고 촬영 이전에 장소를 섭외하는 일이었다. 그래서 촬영 내용에 대한 회의 이후에 영상 내용에 어울리는 장소를 찾기 위해 돌아다녔는데 찾아야 할 첫 번째 장소는 큰 빌딩의 1층 로비였다. 넓은 로비가 있는 빌닝은 많아서 찾기 어렵지 않아 쉽게 생각하고 길을 나섰다.

하지만 생각보다 협조가 쉽게 이뤄지지 않았다. 여기저기를 돌아다니며 1층 안내데스크에 촬영 가능 여부를 물어보면 방재실이나 건물 관리실의 담당자에게 다시 내가 찾아간 이유를 설명해야 했고 대부분 촬영을 허락하지 않았다. 더운 날씨에 돌아다녀서 땀도 많이 나고 몸이 굉장히 힘들기도 했지만 한편으로는 심리적으로 지치는 느낌도 있었다.

오늘 돌아다닌 장소가 상암동 디지털미디어시티역 부근이었는데 아무래도 언론사 건물들이 많았기에 많은 언론계 종사자들을 볼 수 있었다. 그들이 길거리나 건물 내에서 돌아다니는 모습을 봤을 때 아직 내가 취업 준비생이라 그런지 그들의 여유로운 표정들이 부러워 보였다. 또한 땀을 뻘뻘 흘리며 돌아다니는 내 자신이 더욱 초라해 보이기도 했다. 비록 단기 알바를 위해 돌아다녔지만 다시 한 번 자극을 받는 계기가 됐다.

7월 15일 나도 멋진 선배가 되고 싶다

오늘은 대학생활에서 가장 친했던 선배와 만나 저녁식사를 하고 지금은 집으로 들어가는 길이다. 그 선배는 나와 한 학번 차이, 나이도 한 살 차이 나는 선배로 현재 일간지 2년차 기자로 일하고 있는 중이다. 공교롭게도 가장 친한 선배와 희망 직종이 같아서 서로 많은 도움을 주고받고 있는 상황이다.

그 선배는 나에게 여러 가지 충고를 해주고 나도 종종 그 선배의 일을 종종 돕고 있다. 특히 작년에 내가 일을 하고 있을 때 회사가 가까워서 굉장히 자주 보곤 했었다. 오늘 오랜만에 만나 식사를 하는데 그 선배가 이런저런 취업에 대한 조언들을 해주었다. 물론 그 선배도 좋지만 대학생활 중에 더 많은 선배들을 알았다면 더 많은 도움을 얻지 않았을까 하는 아쉬움이 들기도 한다.

그런 아쉬움이 있어서 나도 내가 후배들에게 그런 선배가 되고 싶다는 생각이 있기는 한데, 지금 상황이 일을 하지 않고 있기 때문에 그것이 좀 어려운 것 같다. 아무래도 후배들 입장에서 놀고 있는 사람이 훈수를 두면 뭔가 믿음이 가지 않는 느낌이라, 그런 후배들에게 조언을 하는 멋진 선배가 되기 위해서라도 얼른 직장을 찾아야 할 것 같다.

7월 17일 자신감을 길러야 한다

오늘은 지금 하고 있는 취준일기와 관련해서 CBS 권민철 기자님과 인터뷰를 했다.

내가 누군가를 인터뷰를 한 경험은 몇 번 있지만 인터뷰의 대상이 되는 것은 처음이라 하기 전에 긴장도 좀 했고 기대가 되기도 했다. 처음엔 긴장을 한 탓에 약간 움츠러들어 있었지만 기자님이 분위기를 편하게 만들어 주셔서 나중에는 내가 할 이야기를 마음껏 했던 것 같다.

인터뷰를 통해서 취업일기에 대해 다시 한 번 생각해보는 계기를 갖게 됐는데, 취업일기를 매일 녹음하며 약간은 게을렀던 생활에서 매일매일 뭔가를 해야 한다는 것이 약간 규칙적인 생활로 변하게 만들었다. 그리고 일기라는 것의 특성상 그날그날 나 자신을 되돌아보고, 잘못한 것은 반성하고 다시 한 번 그날 있었던 일이나 생각을 정리하는 것이 나에게 긍정적으로 작용한 것 같아 하길 잘했다고 느껴졌다. 또한 아무래도 녹음을 하는 형식이다 보니 말솜씨를 더욱 좋게 하는 훈련이 되는 것 같기도 하다.

인터뷰의 대상이 된다는 새로운 경험도 특별했지만 기자님과 이야기를 나누면서 또 나 자신을 돌아볼 수 있는 계기가 될 수 있어 좋았다. 가장 기억에 남는 것은 기자님께서 자신감에 대해 이야기해주신 것이다. 다른 것보다도 자신감을 키운다면 좋은 결과가 있지 않겠냐는 충고를 해주셔서 그에 대한 많은 생각이 들었다.

내가 생각해도 나 자신에 대한 자신감이 부족한 것은 사실인 것 같다. 자신감이라는 것은 스스로가 많이 채워져 있다는 확신이 들면

O

저절로 따라오는 것 같다. 더 나은 앞날을 위해 자신감을 길러야 하고 그러기 위해서는 나 스스로를 채워가는 시간을 갖도록 해야겠다.

7월 17일 취업해서 고향에 떳떳이 내려갈 수 있었으면…

오늘은 오랜만에 부모님과 연락을 주고받고 최근에 고향 집으로 데려온 강아지의 사진을 받아보기도 했다. 스무 살 때부터 대학교에 진학하며 서울로 올라와 부모님과 떨어져 살게 됐는데 학교를 졸업하고 직장을 구하지 못한 상태로 있으면서 아무래도 고향에 내려간다거나 부모님과 연락하는 빈도가 조금은 줄어든 것 같다. 학교에 다니고 있거나 작년과 같이 대단한건 아니지만 일을 하고 있을 때보다는 연락이 줄어든 것이 내가 떳떳하지 못한 면이 있어서 그런 것 같다고 느껴진다.

솔직히 지금은 정기적으로 나가는 곳이 없기 때문에 아침에 늦게 일어난다거나 그런 것을 굳이 부모님께 알리고 싶지는 않은 심정이다. 집에 내려가는 것 또한 전보다 줄어들었는데, 내려가 있다 보면 부모님과 근황에 대해 이야기를 많이 나누게 될 텐데 그것 또한 그다지 유쾌하게 느껴지지 않는 것이 사실이다.

나는 사실 같이 서울로 올라온 고향 친구들보다는 집에 자주 내려가고 연락도 자주 하지만 일을 그만두면서 빈도가 줄어든 것은 확실하다. 얼른 직장을 가져서 고향에 떳떳하게 내려갈 수 있는 날이 오기를 기다려 본다.

7월 19일 여의도 오케스트라 공연, 생각이 많아진다.

오늘은 친구들과 여의도 공원에 다녀왔다. 친구들과 운동도 할 겸, 노량진 고시원에 살면서 공무원 시험 준비를 하고 있는 친구도 만날 겸 여의도에 갔다. 또 한 가지 여의도를 찾은 이유는, 내가 개인적으로 좋아하는 가수가 여의도 공원에서 오케스트라 프로젝트로 하는 클래식 공연을 보기 위함도 있었다.

우선 공무원 시험을 준비하고 있는 친구는 아주 오랫동안 시험을 준비해왔다. 햇수로는 5년 정도, 본격적으로 시험 준비에 뛰어든 것은 3~4년 정도가 된 것 같은데, 친구들 사이에서도 걱정이 많다. 친구의 성격 자체가 진득하니 앉아서 시험 준비를 하는 것보다는 워낙 활발하고 사람 만나는 것을 좋아하는 친구라 지금 현재하고 있는 것이 본인의 성격에 맞는지 의구심이 들기도 한다.

정말 친한 친구로서 열심히 하라는 충고를 해줄까 하는 생각도 들지만 나 자신이 충고를 당당하게 할 수 있는 입장은 아닌 것 같아서 어떻게 말을 해야 할 지 어렵기도 하다.

부끄러운 이야기지만 좋아하는 가수의 클래식 공연을 보면서 오케스트라 단원 멤버 중에 나보다 어린 사람도 있고 그 가수는 나와 나이가 같은데 그들은 벌써 사회생활을 시작하고 경제활동을 하고 있다는 것이 다시 한 번 나 자신에 대해 반성하는 계기가 되기도 했다.

결론적으로는 오랜만에 여의도 공원에서 오픈된 장소에서 열리는 공연이라 무료로 문화생활도 즐기고 신체활동도 하고 앞으로 일주일에 대한 힘을 충전하기도 했지만 한편으로는 많은 생각이 들기도 한 하루였다.

7월 21일 성실한 게 바보짓일까?

활동을 함께 하고 있는 친구와 만나는 자리를 가졌다. 그 친구는 명예기자 중에서도 사진 파트를 담당하고 있는데, 사진을 찍는 것뿐만 아니라 사진 위주의 기사를 작성하는 임무도 맡고 있다. 그 친구가 자신의 포토스토리라는 제목의 기사를 만드는 데 어려움을 겪고 있어서 아이디어도 제공할 겸 만났는데 둘이서 머리를 맞대고 고민을 하다 보니 어렵지 않게 기사 구성에 대한 결과물을 낼 수 있었다. 그리고 나서 이런 저런 이야기들을 나눴는데 '책임감'에 대해 다시 한 번 생각하는 계기가 됐다.

아무래도 명예기자라는 것이 보수도 없고 강제성을 띠고 있지 않기 때문에 명예기자단 멤버들의 참여율이 떨어지는 것이 현실이다. 그 친구와 나를 포함해 서너 명 정도가 그나마 꾸준히 일을 하고 있는 편인데 나머지 멤버들에 대해서는 불만이 있는 것이 사실이다.

오늘 대화의 요점은 처음 이력서 제출과 면접 과정을 거쳐 뽑힌 인원들이기 때문에, 그리고 면접 과정에서 구단에서 우선시 했던 것이 "과연 열심히 활동 할 수 있는가."였기 때문에, 이러한 과정을 거쳤음에도 불구하고 현 상태에 많은 문제점이 있다는 생각이 든다는 것이었다. 지금 참여율이 떨어지는 그들 또한 면접 당시에는 무조건 적극적으로 나서겠다는 말을 해서 합격이 된 인원들일 텐데 자기가 했던 말도 지키지 못하는 모습이 안타깝기도 하고, 뭔가 내가 했던 말을 곧이곧대로 지키고 있는 내가 조금은 바보 같은 것인가 하는 생각이 들기도 한다.

대외활동이라고 할 수 있는 활동이 처음이기 때문에 다른 집단도 이러한 분위기가 있는지 궁금하기도 하고 이러한 상황 속에서 새로운 것을 배우기도 하는 것 같다. 물론 구단이나 다른 사람들이 보기에 열심히 하는 사람은 인정을 받고 그렇지 않은 사람은 반대겠지만 결국은 나중에 취업활동에 있어서 서류상으로는 '활동 이수' 또는 '수료'와 같은 상황은 똑같이 반영이 되는데, 그들처럼 적당히 할 건하고 빠질 땐 빠지는 것이 옳은 건지, 아니면 나나 오늘 만난 친구처럼 열심히 하는 것이 맞는 건지 헷갈리기도 하는 것 같다.

물론 그것이 헷갈린다고 해서 나의 태도를 바꾸거나 하지는 않을 생각이다. 그래도 최소한 이러한 일에 있어서만큼은 최선을 다해 일하는 사람이 그렇지 않은 사람보다 조금이라도 뭔가 얻어가는 것이 있을 것이라고 생각한다. 그리고 그렇게 됐으면 좋겠다는 바람이다.

7월 21일 연봉, 어느 선이 적정한 걸까?

오늘은 갑자기 친한 고등학교 1년 후배에게서 전화가 왔다. 그 친구는 고등학교를 졸업하고도 자주 봤고 지금은 동기생 친구처럼 지내는 후배다. 고향에서 대학을 졸업하고 현재는 나와 같은 상황으로, 구직활동을 하고 있다.

오늘 전화가 온 이유는 서울 강남에서 한 회사의 면접을 보고 고향으로 내려가는 길에 내가 터미널에서 가까이 살고 있기 때문에 식사를 하려고 연락이 왔다. 그 후배의 얘기를 들어보니 면접을 본 회사는 동영상 강의를 제작하는 회사였고 직무 또한 그런 직무였다. 면접에서 분위기도 좋았고 합격이 예상됐지만 후배는 고민이 많은 것

○

같았다. 회사에서 줄 수 있는 연봉이 1800만 원 정도였기 때문이다.

연봉이 1800만 원이면 한 달 월급이 약 150만 원 정도라는 건데, 그 정도로는 우리처럼 지방에서 올라온 사람들은 주거비용으로만 50만 원을 쓰고 나머지로 저축 등 생활을 하기에는 너무 빠듯하다. 또한 50만 원으로 주거비용을 쓴다고 해도 작은 원룸이거나 원룸을 구할 보증금이 없다면 화장실, 샤워실도 딸려있지 않은 고시텔에서 살아야하는 경우도 있다.

그런 고민거리가 있을 땐 나에게 이야기를 많이 하는 후배이기 때문에 함께 이 일에 대해 생각해봤다. 아무래도 후배는 합격이 되더라도 이 일을 하지 않는 쪽으로 결정할 것 같다. 돈이 가장 중요한 것은 아니지만 어쨌든 직업이라는 것이 돈을 벌기 위해 하는 일인데 절대 무시할 수 없는 요소가 된다. 아무래도 주거비용이 적지 않기 때문에 서울에서 나고 자란 사람들이 부럽기도 하다.

우리가 이런 생각을 가지면 고향에서 직장을 가지면 되지 않느냐고 반문하겠지만, 중소도시에서는 일자리가 많이 창출되지 않기 때문에 서울에서 대학을 다니지 않았더라도 수도권에서 직장을 구하는 경우가 많다.

나도 앞으로 면접도 보고 직장에 들어갈 텐데 희망 연봉을 물어볼 때 어떤 대답을 해야 할 지 고민이다. 연봉을 포기할 수도 없고 높은 연봉을 지급하는 회사는 경쟁이 치열하고… 어떤 선까지 타협을 해야 할 지 판단이 잘 서지 않는다.

또 한 번 고민이 깊어지는 밤이다.

3년 뒤 근황

그동안 내 생활에는 많은 변화가 있었다. 매일 스스로를 돌아보는 취준일기를 쓰며 마음을 다잡았지만 '좋은 소식'이 쉽게 들려오진 않았다.

한참의 시간이 지난 재작년 4월에서야 〈일요신문〉사에 인턴기자로 합격 통보를 받았다. 그리고 인턴과정을 거쳐 정식 기자가 된 지 2년이 지났다. 회사에서 스포츠에 관심이 있던 나를 인정해줘 스포츠 분야를 담당하고 있다. 하지만 기자 개인의 목소리를 존중해주는 회사 방침에 따라 때론 사회 분야나 미디어 관련해서도 다루고 있다. 폭넓은 분야에서 이 글을 읽는 많은 분들의 제보 기다리고 있겠다.

이전까지는 취업만 하면 모든 게 끝이고 행복할 것 같았지만 현실은 달랐다. 취업이라는 관문을 넘어 또 다른 과제가 기다리고 있었다. 소 뒷걸음질 치다 직장을 갖게 됐지만, 직장에서의 성공은 또 다른 일이었다.

과거에는 '이력서에 한 줄'을 추가하려 애썼지만 그 시기에 '인간적인 내공'을 쌓았으면 어땠을까 하는 생각이 든다. 과거의 활동들이 취업 관문을 넘는 데에는 어느 정도 도움이 됐을지 모르지만 현재에는 큰 의미가 없는 듯 느껴진다. 너무나도 추상적인 이야기이긴 하지만….

일상생활에서도 다소 변화가 일어났다. 지방에서 상경한 나는 동생과 여전히 함께 살고 있다. 취준일기를 쓸 때 이미 취업에 성공했던 동생과 달리 나는 대부분의 집안일을 도맡았다. 반면 가스비, 전기세 등 생활비는 동생의 차지였다. 하지만 이제는 상황이 달라졌기에 동등한 위치에서 분업화가 이뤄졌다.

취준일기를 쓰던 당시 그 시간이 고통스럽게 느껴졌었다. 남들보다 다소 늦게까지 직장이 없이 지내는 생활이 견디기 어려웠다. 하지만 지금 떠올려보면 나 자신을 되돌아보고 사회에 나올 준비를 할 수 있는 좋은 기회였다. 취업을 하려 여러 가지 활동을 하며 좋은 경험을 쌓기도 했다. 부끄럽지만 내 기록이 이렇게 책으로도 출간된다. 많은 분들이 보시리라 생각된다.

그 중에서도 그 시절 나와 같은 처지에 있는 취준생들이 자신감을 잃지 말고 자신의 내면을 채우는 시간을 가질 수 있길 기대해 본다.

원하지 않는 직장,
합격하면 행복할까? °

민준기

(민준기 씨의 이름은 가명이다.)

민준기 씨의 집에는 음악CD 400장이 꽂혀 있다. 팝에서부터 재즈, 클래식까지 다양한 장르의 음악 CD들이 그의 빈 시간을 채운다. 자신과 다른 사람들을 구분 짓는 상징물이자 현재의 자신과 과거의 자신을 연결 짓는 매개체다.

그는 청소년시기부터 음악과 함께 했다. 가수, 작곡에 소질이 있어서가 아니라 음악 자체가 좋았다. 음악은 그에게 위안이었고 희망이었다. 하지만 음악은 늘 현실 너머에 걸려 있었다. 부모님에게서 독립하는 데 도움을 줄 것이라는 믿음도, 음악을 도구 삼아 세상을 살아보겠다는 용기도 없었다. 때문에 대학시절은 음악과 무관하게 보냈다.

우선, 전공으로 선택한 컨벤션산업 분야에 시간을 투자했다. 전도유망하다고 해서 열심히 공부해 장학금도 받았다. 하지만 머지않아 그곳의 이런저런 현실을 접하게 됐다. 젊음을 바쳐 일할 만한 분야는 아니라는 확신에 이르렀다. 그래서 군대를 제대하고는 공인회계사로 진로를 바꿨다.

1년 가까이 준비했지만 이번에는 자신과 맞지 않는 것 같다는 느낌

○

때문에 접었다. "정말 원하지도 않는데 공부를 해서 이 일을 하게 되면 내가 행복할 수 있을까"라는 생각 끝에 얻은 결론이었다. 졸업을 유예해가며 닥치는 대로 입사 서류를 내고 있지만 실패의 연속이었다.

그러던 중 독취사라는 카페에서 스터디그룹을 찾던 그는 희한한 경험을 했다. 답장이 즉각적으로 오지 않아 왜 그런지 물어봤더니 스터디 하려는 사람이 많아서 같이 할 사람을 선별하느라 그런다며 나중에 연락을 주겠다고 했다. 입사지원도 아니고 입사를 준비하기 위한 스터디마저 누군가와 경쟁을 해서 들어가야 한다는 사실이 그를 안타깝게 했다.

예비군 훈련장에서 며칠을 보냈던 때가 있었다. 무위, 할 일 없음의 대명사인 예비군 훈련장은 사색하기에 좋은 공간이었다. 그곳에서 자신의 과거를 되돌아봤다. 동시에 미래를 내다봤다. 잊고 지냈던 음악에 대한 열정이 다시 꿈틀대는 걸 느꼈다. 음악이 한때 자신의 꿈이었던 사실도 다시금 음미해봤다.

그는 이날의 감정을 자신의 '취준일기'에 이렇게 기록했다.

"정말 하고 싶었던 일이 뭔지를 까먹고 살았던 것 같다."

○

6월 25일 은행 인턴 최종결과 기다리는 중

지금 내가 기다리고 있는 전형은 기업은행 하계인턴 면접 딱 하나뿐이다. 나머지 지원한 인턴들은 다 떨어지고 딱 이거 하나 남았다. 솔직히 기업은행 하계인턴도 될 줄 몰랐는데 덜컥 갑자기 서류전형에 합격해버려서 준비를 많이 못한 부분도 있다. 그리고 자소서 위주로 면접이 이루어진다는 이야기를 듣고 이에 대해서 준비를 해갔는데 막상 면접에서는 전혀 생각지도 못했던 질문들이 나와서 당황스럽기도 했다.

그래서 결과가 어떻게 될지도 모르니까 더 걱정이 많이 된다. 또 방학 내내 아무 일도 못해보고 마냥 취업준비만 해야 된다는 사실이 싫기도 하다.

6월 26일 느낌 좋은데, 금융권에 너무 무관심했었나?

지금 자소서 쓸게 있나 확인하러 카페에 잠시 왔다. 근데 카페에 오면서 갑자기 난 왜 이때까지 금융권을 준비하지 않았지 하는 생각이 들었다. 생각해보면 나는 경제학을 복수전공으로 하기도 했고, 대외활동으로 금융위원회에서 하는 활동을 하기도 했다. 그리고 저번 학기에 최종면접까지 간 유일한 회사도 금융권이었고.

근데 난 왜 이때까지 금융권을 가고 싶어 하는 사람이 많으니까 내가 지원해봤자 안 될 거라는 생각을 가지고 있었을까? 생각해보니까 이번 기업은행 인턴에 서류에 붙은 것도 그렇고 저번에 최종면접까지 간 금융권 회사도 그렇고, 어떻게 생각해보면 내가 가장 맞는 사업이 그런 금융권일 수도 있는데 나는 왜 내 맘대로 내 능력에 한계를 그어버렸는지 모르겠다. 어떻게 생각해보면 나를 잘 아는 사람은 내가 아닐지도 모른다는 생각이 들기도 한다. 그래서 사람들이 취업준비를 할 때에는 이곳저곳 다 써봐야 한다는 말이 괜히 있는 얘기도 아니고, 내가 가장 잘 할 수 있을 것이라고 생각했던 분야가 내가 잘할 분야가 아닐 수도 있는 것 같다. 물론 그 기업의 인사팀이 그 사람을 잘 몰라봐 줄 수도 있으니까.

그런데 내가 이때까지 금융권을 준비하질 않아서 어떻게 준비해야 할지 막막한 것도 사실이다. 독금사라는 금융권준비를 전문적으로 다루는 카페가 있는데 그런 인터넷카페에 들러서 자세히 알아봐야겠다.

6월 28일 마냥 축하해 주기엔 힘들다

취업 준비를 하면서 가장 불편한 감정은 주변사람이 취업에 성공했다는 말을 들었을 때이다. 지난 학기에 같이 스터디를 했던 형이 취직에 성공했다는 카톡이 왔다. 축하할 일이고 좋은 일이긴 하지만 왠지 기분이 좋지만은 않다. 이건 약간 질투랑 시기랑은 다른, 내 개인적인 자존감의 문제인거 같다. 나도 면접결과를 기다리고 있다고 하긴 했지만 확실함과 불확실함과는 많이 차이가 있는 것 같다. 제발 30일에 나오는 결과가 내 입장을 확실히 해줬으면 좋겠다.

6월 29일 인턴결과 발표 연기에 타는 가슴

원래 내일 발표가 날 예정이었던 기업은행 인턴결과가 수요일로 미뤄졌다. 발표가 연기됐다는 문자가 처음 왔을 때 정말 심장이 터지는 줄 알았다. 취업준비를 하기 전에는 카톡 오는 소리가 제일 기대되는 소리였는데, 이제는 문자 오는 소리가 제일 기대되는 소리로 바뀌었다.

기업 입장에서 업무가 많다 보니 발표를 연기시키는 것이 이해는 되지만 그럴수록 취준생들이 더 하루하루 피 말라간다는 것은 좀 알아줬으면 좋겠다. 전체문자 한 통에 또 독금사 카페가 들썩이고 있다. 독금사의 기업은행 이야기방에 계속해서 문자에 관한 내용이 올라오고 있는데 나도 또 이틀 동안 여기서 눈팅을 하고 있을 것이다.

7월 1일 인턴 탈락, 부모님한테 뭐라 말해야할지….

기업은행 인턴에 떨어졌다. 같이 면접을 봤던 두 사람하고 카톡을 나눴었는데 그 두 명은 합격하고 이제 준비를 하고 있다고 한다. 축하한다는 말을 하긴 했지만, 물론 축하할만한 일이지마는 기분이 좋진 않다. 아까 다섯 시에 확인을 하고 기분이 안 좋아서 친구를 만나고 술을 마시고 이제 집에 돌아가는 길이다.

내가 면접을 잘 못 보기는 했지만, 아 정말, 이거 하나밖에 안 남아서 될 거라고 혼자 생각하고 있었는데 또 부모님한테 뭐라고 말해야 할지 막막하다.

○

7월 3일 울산 폭발사고 희생자도 취준생… 자소서 때문이었을까?

오늘 울산에 어떤 공장에서 폭발 사건이 일어나서 6명이 사망했다고 한다. 그 중에서 한 명은 취준생이었다고 한다. 사회경험을 쌓기 위해서 잠깐 해보려고 시작한 건데, 하필 오늘이 마지막 날이어서 되게 안타까운 상황이 만들어졌다고 한다.

이 취준생은 이 기업에 들어가고 싶어서 자소서에 쓸 이야기를 만들려고 아르바이트를 시작한 것일까? 자소서에 쓸 이야기를 만들어내기 위해서 끊임없이 고민했던 내 지난 경험을 돌이켜 보면 왠지 이 취준생이 사회경험을 위해서 아르바이트를 했다는 것이 자소서를 위해서 그런 것이 아닌가 하는 생각이 들었다.

이때까지 많은 공장에서 사건사고가 발생했었는데 나랑 같은 처지에 있었던 취준생이 이런 사고를 당했다고 생각하니까 왠지 더 짠하고 부모님들이 얼마나 속상할까 하는 생각이 든다.

7월 4일 한국사검정시험 공부

지금은 한국사 공부를 하려고 도서관에 가고 있는 중이다. 8월 8일에 한국사검정능력시험이 있어서 그걸 치려고 준비하고 있는 중인데, 취업준비를 하면서 이런 평소에 공부를 하지 못하는 부분도 공부할 수 있는 거는 좋은 것 같다. 학교를 다니면서 전공만 공부하고 다른 부분은 이런 상식이나 이런 인문학적인 기본요소를 공부하지 못했는데 이런 상식을 배양할 수 있어서 좋은 기회인 것도 같다.

7월 5일 고향에 내려왔다.

지금은 화요일부터 예비군 훈련이 있어서 예비군 훈련을 받으러 고향에 내려왔다. 고향에 내려오면 부모님도 만나고 친구들도 만날 수 있지만 솔직히 아직 취업이 확실하게 정해지지 않은 나에게 이런 친구들이나 부모님을 만나는 것이 그렇게 유쾌한 일만은 아닌 것 같다.

뭐 부모님은 아직 하반기도 남아있고 기회는 남아있으니까 걱정하지 말라고 말씀하지만은 당연히 부모님도 내가 빨리 취직해서 빨리 돈을 벌길 바라고 계실 테니까.

지금 아버지도 정년 퇴직하셨고, 좀 있음 엄마도 일 그만 두신다고 하시니까 내가 빨리 취직을 해야 되는데. 부담이 많이 되지만 열심히 해야지. 열심히 해서 하반기에 꼭 취직을 해서 독립을 해아겠다.

7월 10일 예비군 훈련장에서의 깨달음

예비군 훈련이 끝나고 집에서 짐 정리를 하고 있다. 예비군 훈련의 특성상 교육이 없는 시간 동안에는 별로 할 것이 없기 때문에 사람들은 잠을 자거나 멍 때리는 시간이 많이 주어진다. 그래서 그 시간 동안 난 앞으로 내가 취업준비를 위해서 나아가야 할 방향을 생각하고 있던 중에, 2년 전에 내가 예비군 훈련을 받았을 때가 떠올랐다.

원래 대학생으로 재학하고 있으면 학교에서 예비군을 받게 되는데 휴학을 하게 되면 대학교 예비군에서 편성이 제외되기 때문에 따로 주소지에 따라서 예비군 복무를 해야 한다. 내가 2년 전에 CPA공부를 준비하고 있어서 휴학을 했었고 그 당시에 대학교 예비군에서 원래 하루만 훈련을 하면 되지만 2박 3일 동안 주소지에 따라서 예비군 훈련을 받았던 기억이 떠오른다.

이 생각이 갑자기 떠오른 이유는 CPA공부를 하면서 취업에 대해서 정말 고민을 많이 했던 시기이기 때문이다. 사실 처음 CPA 공부를 시작하게 된 것은 회계사라는 직업을 정말 하고 싶었다기보다는 내가 살아오면서 이때까지 정말 내가 생각했을 때 정말 이때만큼은 공부를 열심히 했다는 그런 생각을 가질 수 있을만한 기간이 없었기 때문에 '정말 제대로 공부를 해보자.'라는 생각으로 CPA공부를 시작했는데, 막상 공부를 계속 하다보니까 내가 정말 원하지도 않는데 공부를 하면서 이 일을 하면 내가 행복할 수 있을까 라는 생각을 많이 하게 되었다. 그러면서 그때 가장 많이 생각이 났던 기업이 바로 로엔 엔터테인먼트라는 기업이었다.

사실 나는 어렸을 때부터 노래 듣는 것을 굉장히 좋아해서 나중에 꼭 음악과 관련된 일을 해보고 싶다는 생각을 가지고 있었는데, 내가 음악적인 능력이 있어서 가수가 될 수 있는 것도 아니고 작곡가가 될 수 있는 것도 아니기 때문에 꼭 그러한 산업에 관련된 일이면 뭐든지 할 수 있을 것이라고 생각했다.

그래서 멜론이라는 음악 포털사이트를 가지고 있는 로엔 엔터테인먼트에서 일하고 싶다는 생각을 정말 많이 했었는데, 그런 생각을 계속하다 보니까 CPA공부를 하는 것에 대해서 좀 의지를 잃어가고 있었고 결국 작년에 CPA공부를 하는 것을 포기하게 되었고 이제 취업준비를 하게 되었다. 그래서 작년에 로엔 엔터테인먼트에 지원을 했었는데, 서류까지 통과를 했었는데 그 다음에 결과가 좋지 않아서 포기하게 되었다.

예비군을 하면서 정말 이상하게 로엔 엔터테인먼트가 정말 많이 생각이 났다. 저번 상반기에는 로엔 엔터테인먼트에서 채용을 실시하지 않았기 때문에 다른 기업에 많이 지원을 했었는데, 그러면서 내가 정말 하고 싶었던 일이 뭔지를 까먹고 살았던 것 같다. 그런데 또 내가 저 일을 해본 것이 아니기 때문에 그 일을 막상 하게 되었을 때 내가 생각했던 것만큼 그렇게 즐겁지 않을 수도 있으니까 그런 생각으로 뭐 다른 여러 가지 기업에 지원을 했었는데… 아무튼 여러 가지 복잡한 생각이 많이 드는 예비군훈련이었다.

7월 11일 <u>취업스터디 그룹도 바늘구멍</u>

인턴도 다 결과가 나왔고 예비군도 다 끝내고 나니 앞으로의 계획을 세우는데 불확실한 것들이 다 사라졌다. 그래서 하반기 공채를 준비하기 시작하려고 스터디그룹을 독취사라는 카페에서 찾아보고 지역이 비슷한 곳에 있어서 나이와 학교 그리고 전공을 카톡으로 남겼다.

그런데 답장이 즉각적으로 바로 오지 않아서 왜 그런지 물어봤더니 너무 스터디를 하려는 사람이 많아서 같이 할 사람을 선별하느라 나중에 연락을 주겠다는 답장이 돌아왔다. 입사지원도 아니고 입사를 준비하기 위해서 하는 스터디그룹에서마저 누군가와 경쟁을 해야한다는 사실이 참 뭔가 좀 안타까웠다. 그런데 이를 두고 뭐라고 말할 수도 없는 것이 기업 입장에서도 그렇고 스터디그룹을 하려는 사람 입장에서도 그렇고 좋은 결과를 내기 위해서 어쩔 수 없이 해야 하는 과정이기 때문이다.

뭐 거기까진 이해할 수 있지만 카페에서 보다 보면 이러한 스터디그룹을 돈벌이 수단으로 보고 여러 가지 교육 관련한 기업에서 스터디그룹에까지 사업 분야를 확장하려고 하는 그런 글들이 많이 보인다. 좀 더 정신 차리고 준비하지 않으면 이 경쟁에서 살아남지 못할 것이라는 생각이 드는 그런 경험이었다.

7월 12일 NCS, 효과적인 걸까?

하반기 공채를 준비하는 사람이라면 누구나 NCS에 대해서 들어봤을 것이다. 불필요한 스펙이 아니라 해당 직무에 맞는 능력을 갖춘 인재를 채용하겠다는 것이 이 정책의 기본 골격이다. 공기업들을 중심으로 이미 상반기에 이를 이용한 채용절차가 이루어졌고 일반기업에서도 이에 대한 직무능력중심으로 채용방향을 변화시킨다고 한다.

솔직히 잘 와닿지 않을뿐더러 이것이 과연 올바른 경쟁이라는 문제를 해결해 줄 수 있을까라는 의문이 든다. 내가 생각했을 때 기업의 인사팀에서 가지고 있는 신입이나 아님 경력직원을 채용하는 그런 철학이 인사채용에 가장 중요한 요소라고 생각하는데 이러한 부분을 약간 퇴색시키진 않을까 걱정이 든다.

7월 13일 하반기 취업전선 대비 담금질… 체력관리도 중요

벌써 하반기 채용 예상 일정 리스트가 나왔다. 8월 20일 국민은행으로 시작해서 12월까지 수많은 기업들이 줄지어서 채용을 준비하고 있다.

저번 상반기를 생각해보면 너무 계획 없이 취업 준비를 했던 것 같다. 일정표를 보고 내가 미리 준비해야 할 것들을 차례차례 하나씩 준비해가면서 꼭 하반기에는 이 목록에 있는 기업 중 한 곳에 최종합격할 수 있으면 좋겠다.

그리고 어제부터 헬스장을 다니면서 체력관리를 시작했다. 취직을 하게 되면 이렇게 운동할 시간이 많이 없고 미리미리 체력을 준비해놓지 않으면 업무를 할 때에도 지금 취업준비를 할 때에도 많이 힘들 것 같아서 미리미리 체력관리를 하려고 헬스장을 등록했고 오늘 또 이제 좀 있다가 갈 것이다.

7월 15일 의지가 중요해!

지금은 학교도서관에 한국사 시험을 공부하러 가는 중이다. 원래 더 일찍 일어나서 가야 하는데 어제 늦게 자는 바람에 피곤해서 늦잠을 자버렸다. 뭔가 강제성이 있으면 그 강제성에 맞게 따라 움직일 텐데, 이렇게 내 자유의지에 따라서 해야 되는 일은 이렇게 흐트러지기 쉽다. 뭐든지 취업준비를 하는 것도 그렇고 다른 일을 할 때도 그렇고 이렇게 의지가 얼마나 강하냐가 중요한 요소인 것 같다.

○

7월 17일 스터디 그룹에 합격

방금 스터디 그룹에서 합격했다는 문자가 왔다. 회사에 취직하는 것도 아니고 취직을 준비하는 스터디에서 이런 합격했다는 문자가 오니까 뭔가 자신들도 회사에서 하는 인사채용을 따라 하는 것 같은 기분도 들고 뭐 이런 짓을 하지라는 생각이 든다.

또 내가 지원했던 다른 스터디그룹에서는 카톡을 보내도 아무 답이 없고 그래서 안 된 것 같다. 안 되면 안 됐다고 이야기를 해줘도 상관이 없는데 그렇게 대답을 안 해주면 어떻게 하자는 건지…. 그래서 이 합격했다고 온 스터디 그룹이 일단 이번 주 토요일에 모인다고 하니 거기에 가서 어떤지 확인을 해보고 스터디 그룹을 할지 정해야 겠다.

7월 18일 스터디 그룹에 현직 인사담당자가…

방금까지 스터디 그룹에서 첫 만남을 가지고 이제 집으로 돌아가는 길이다. 인사팀에서 실제로 근무하고 있는 현직자분들이 직접 이 스터디 그룹을 운영하고 직접 멘토 역할을 해준다고 해서 기대가 크다.

사실 인사팀 분들이 운영을 하긴 하지만 내가 지원할 회사의 인사팀도 아니고, 뭐 실제로 자소서를 쓰거나 면접을 하는 것은 내가 하는 일이니까 뭐 꼭 그런 인사팀에서 실제로 현직자로 근무하시는 분들이 운영한다고 해서 달라질 건 없지만…. 그래도 좀 더 많은 정보를 얻을 수 있고 실제로 인사 프로세스가 어떻게 진행되고 있는지 아는 분들이니까 그래도 도움이 어느 정도는 될 것이라고 생각한다.

7월 19일 아르바이트와 취업준비를 병행하는 삶

지금은 아르바이트가 끝나고 집에 돌아가는 길이다. 많은 취준생들이 부모님들에게 손을 벌리지 않기 위해서, 스스로 돈을 벌기 위해서 이렇게 아르바이트를 하고 있을 것이다. 내가 인턴이 됐으면 이런 아르바이트를 안 하려고 했었는데 인턴에 떨어지는 바람에 어쩔 수 없이 아르바이트를 계속 해야 했다.

나 같은 취준생들 중에서도 이렇게 아르바이트를 병행하면서 취업준비를 해야 하는지 아니면 취업준비에 몰두해야 하는지 고민하고 있는 사람들이 많을 것이라고 생각한다. 그런데 그것은 굳이 고민해야 할 필요가 있는지 그런 생각이 든다. 자신이 생각했을 때 자기가 이러한 스케줄로 아니면 자신만의 계획을 가지고 취업준비를 할 수 있다고 생각하면 계속해서 아르바이트를 하면서 준비해도 되는 것이고, 본인이 이렇게 아르바이트를 하면서 취업 준비를 하는 게 도움이 안 될 것 같다고 생각이 들면 안 하는 것이겠지만.

답이 없는 문제인 듯싶다.

7월 20일 취업 못하니 졸업식도 부담

이번 학기를 끝으로 8월에 졸업을 한다. 졸업이 앞으로 다가오니

○

까 친구한테서 연락이 왔는데, 이 친구는 이랜드에 합격을 했다고 나는 혹시 채용에 대해서 결과가 없냐고 연락이 왔다. 그 친구도 같이 졸업식에 온다고 하는데, 아… 솔직히 별로 만나고 싶지가 않다. 부모님이 오기로 했는데…. 부모님이 졸업식에 오길 원하셔서 어쩔 수 없이 졸업식에 참가해야 할 것 같은데….

이렇게 취업에 대해서 결과가 없는 사람은 졸업식을 가는 것도 이렇게 힘든 일이 되어버린다.

3년 뒤 근황

민준기 씨는 취업을 했으나,
최근의 상황을 별도로 알려오지는 않았다.

나가며

필자가 당초에 '취준일기'를 기획하게 된 동기는 이 시대를 살아가고 있는 취업준비생들의 처지를 보다 생생하게 사회에 알리기 위해서다. 그들의 내면을 있는 그대로 그려내 보이기 위한 방법을 모색하던 중 음성일기를 떠올렸다. 라디오 기자로 20년을 살아오면서 필자는 음성의 매력을 체감할 때가 많았다. 음성은 보여 줄 것이 따로 없으니 필연적으로 이야기(story telling) 형식을 빌어 내용을 전달할 때가 많다. 듣는 사람은 상상력을 발휘해 이야기를 접한다.

음성의 큰 특징은 가식이 없다는 것이다. 귀로만 듣기 때문이다. 귀와 눈 모두를 충족시켜야 하는 영상과 달리 음성은 자극적이지 않고 담백한 편이다. 음성은 또 수사의 꾸밈을 받기도 어렵다. 활자보다 진솔한 것이 음성인 것이다. '취준일기'를 활자가 아닌 음성으로 기록하도록 기획한 것이 바로 이 때문이다. 취준생의 심리를 더욱 리얼하게 드러내기 위한 목적에서였다.

잠자리에서 쓰는 활자 일기와 달리 음성 일기는 상황이 벌어진 그때, 그때 즉흥적으로 스마트폰에 녹음할 수 있다. 따라서 음성일기는 활자일기보다 더욱 생생하다. 생생한 기록은 또렷한 기억으로 남는다. 그 때문인지 '취준일기' 프로젝트에 참여했다가 중간에 그만 둔 사람도 드물었다. 프롤로그에서 밝힌 바 대로 그야말로 '아무나' 참여토록 했으나 중도 포기자는 단 1명에 불과했다. 그마저도 자신의 처지가 공개되어 부모님이 알게 되면 속상해 하실 것 같아서 못하겠다는 이유였다.

'취준일기'는 취준생들의 이야기를 공감해 주고 이해해 주고 취준생들에게 힘을 주기 위해 기획됐지만, 뜻하지 않은 소득도 나타났다. 음성일기를 기록하던 취준생들이 자신의 음성에 매료되기 시작한 것이다. 일부 참가자들은 음성일기를 통해 오롯이 드러난 자신의 감정과 소회에 스스로 감격하거나 힘을 얻었다고 한다. 가끔씩 나약해지고 방황하고 힘들 때 자신이 녹음했던 목소리를 찾아들었노라고 털어놓은 사람들이 적지 않았다.

따라서 취업준비를 하는 다른 많은 청년들에게도 각자 음성일기를 기록해 볼 것을 권유한다. '취준일기' 참여자들과는 달리 퍼블리싱을 목적으로 한 것이 아니기 때문에 보다 더 자유롭게 자신만의 이야기를 남길 수 있을 것이다. 만약에 자신의 일기를 사회에 알리고 싶다는 청년들이 많아진다면, '취준일기'는 시즌(season) 형식으로 다시 재개될 수도 있다. 그렇게 되면 '취준일기'는 구술사(口述史)라는 형태로 시대상을 역사에 남기는 독특한 플랫폼으로 자리 잡을 수도 있을 것이다.

사실 라디오 기획으로 끝났던 '취준일기'가 한 권의 책으로 부활한 것은 포항 CBS 조중의 본부장의 역할이 컸다. 그는 나의 메말라가던 영혼에 여러 영감을 부어주며 출판을 독려했다. 그가 아니었다면 청년 17명의 이야기가 담긴 1.59 기가바이트의 음성 파일은 필자의 컴퓨터 어디엔가 굴러다니다 마침내 delete 키에 의해 분해됐을지도 모른다.

이 페이지를 빌어 감사를 표하고 싶은 분들이 또 있다.

취준일기 프로젝트에 참여해주고, 자신들의 이야기가 활자화되는데 흔쾌히 동의해준 이 책의 주인공들에게 다시 한 번 고맙고 또 미안하다. '취준일기' 프로젝트를 진행한 이후부터 지금까지 필자의 카카오톡 즐겨찾기 공간을 차지하고 있는 이들은 필자에게 늘 초심을 잃지 않게 한다. 50을 바라보는 나이에 언론사 간부로 살아가며 때로는 시간의 숲에서 길을 잃고 헤맬 때, 때로는 사람의 바다에서 허우적거릴 때 그들의 존재는 20여 년 전 그들과 똑같이 취업준비를 했던 필자의 젊은 날의 기억을 소환시킨다. 그들의 필사적인 이야기는 필자의 무너진 청년성을 그때마다 복원시켜주곤 했다. '취준일기'를 읽고 함께 의견을 나눠준 또 다른 취준생들인 이강진, 천세울 씨 그리고 마지막까지 원고를 토씨 하나 흘리지 않고 꼼꼼히 챙겨주신 권정선 선생님에게도 감사의 인사를 전한다.

마지막으로 흡사 터널 속 같았던 취준생 시절을 관통하던 그때나, 여전히 미숙하고 모자란 생의 한가운데를 지나는 지금이나, 든든히 믿고 한결같이 응원해준 부모님께 존경의 마음을 전해드린다. 나 역시 사랑하는 아내와 함께 두 아이들(원의, 효원)을 변함없이 믿고 기다려줄 것을 다짐한다.